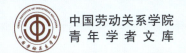

中国劳动关系学院
青年学者文库

# 事业单位职员制度研究

## 身份、岗位与职业化

A STUDY ON STAFF SYSTEM OF
PUBLIC INSTITUTIONS

Status, Position and Professionalization

王俊杰　著

社会科学文献出版社
SOCIAL SCIENCES ACADEMIC PRESS (CHINA)

# 前　言

　　20 世纪 50 年代事业单位作为一个具有中国特色的组织概念被提出，60 多年的发展历程展现了一部绚丽的改革史。从财政、管理体制、功能分类等宏观制度改革到职称、工资福利、编制等内部管理制度调整，改革成效逐渐显现。自引入"岗位"概念以来，事业单位改革的逻辑起点从以"人"为中心逐步转向以"事"为中心，由此事业单位步入向管理要效率的新阶段。事业单位职员制度是在岗位设置框架之下，面向聘任到管理岗位上的工作人员，围绕职级、薪酬、考核、培训等核心模块以求提升管理效率和促进管理人员职业发展的制度。本书立足于事业单位提供公共服务的组织使命，从组织特征、组织变革以及制度改革的视角探索事业单位管理人员身份、岗位、职业化等问题，以实现管理人员职业发展和事业单位使命达成的双赢局面。研究关注的是事业单位普通管理岗位的工作任务、性质与工作人员，对于一般管理的分析回归到泰勒的科学管理原则，对于普通管理人员的成长回归到职业发展理论。管理工作专业化和管理人员职业发展，共同构成了事业单位管理人员职业化的内涵。研究的核心共分为六大部分。

　　第一部分是通过对事业单位的政策变迁进行梳理，探讨事业单位的变化及其主要特征，并在此过程中厘清事业单位管理人员的身份变化，在事业单位特征和岗位设置办法中归纳管理岗位工作的特点，形成对事业单位管理人员职业化背景和条件的分析。

　　第二部分是对事业单位管理人员工作现状的调查分析。通过对不同岗位、不同类型单位、不同工作年限人群在工作价值选择、满意度、敬业度、职业倦怠方面的差异性分析发现：管理人员职业发展具有一定的阶段性特征；管理与技术"兼职"现象严重影响到岗位管理秩序，并让工作人员产生消极情绪；管理人员对事业单位的定位存在一定偏差；管理人员晋升需求强烈；事业单位对提升管理水平和职业化管理队伍建设的需求十分迫切等。数据资料初步反映了事业单位管理人员的工作现状，探索了管理人员职业化构建中应关注的环节。

第三部分是对事业单位管理人员的制度分析。通过回顾职员制度改革历程，梳理文献和访谈资料发现，职员制度改革的核心在于以职级设计为核心的职员纵向发展、以职员岗位转换为核心的横向发展、以职员激励为核心的单位内部管理、以编制数量为核心的编制约束等。在如何以职员制度改革为契机推进管理人员职业化方面，提出建立职业化的管理人员队伍需处理好职级设计与薪酬匹配、岗位管理与编制管理、职员纵向发展与横向发展、事业单位分类与岗位分类、考核与激励等关系，以实现将职员制度改革推向新的阶段——管理人员职业化。

第四部分是对国外类似事业单位的组织及其相关人事管理制度的分析。由于事业单位具有特殊性，无法在国际比较中寻找到匹配的对象，因此选择从隶属关系出发借鉴独立性机构，从社会功能出发借鉴非营利机构，从行业出发借鉴科学、教育和卫生机构。最后总结出以职员制度建设为契机推进职业化的有益经验。

第五部分是对事业单位职员制度深化改革所做的一个推论。通过对职员制度的政策环境、政策价值和政策演进的过程的分析发现，事业单位职员制度所解决的问题并非"真"问题。事业单位内部的改革十分"微小"，大部分调整围绕外部适应性问题，而解决组织使命达成和组织人员发展有效结合的内部适应性问题才是关键所在，但所有的制度改革都针对外部而忽视了内部。这三种可能是：其一，像职业经理人一样，通过市场价值来确定自身定位；其二，回归公务员身份，通过国家政策调整建立一种类似公务员的职业通道；其三，继续转型，等待事业单位"非营利能力"的提高。所有深化改革的核心都将围绕管理人员的身份和岗位，进一步深化改革的目标在于职业化。

第六部分是对事业单位管理人员职业化的简要设计。通过对比职业化概念以及分析职员制度改革存在的问题和框架，提出事业单位管理人员职业化模式的建构需落脚在使命定位、职级设置、专业能力和职业道德规范四个方面。最后在现有职员制度框架之下，尝试对管理人员职业化的四个方面进行初步建构。事业单位管理人员职业化的障碍更多体现在制度层面，以职员制度改革为契机，推进管理人员职业化是提升事业单位管理水平，提高事业单位公共服务水平的重要途径。在事业单位管理人员职业化进程中，编制管控、市场力量、社会行业特性都会影响到管理人员职业化的最终方向和特点，每个角度都值得进一步分析和探讨。

# 目 录
## CONTENTS

# 图目录

# 表目录

# 第一章

# 绪　论

## 第一节　研究背景与意义

由"事业"和"单位"两个具有中国特色的概念组合成的组织——事业单位，正面临一场颠覆性的变革。分类改革的持续推进让事业单位、企业的边界更加清晰；事业单位对公共服务的"垄断"地位主动"退让"，日益壮大的非营利组织加入公共服务提供者的队伍中，公共服务事业供给规模得到进一步壮大；事业单位中"单位"一词的内涵进一步弱化，曾经单位办社会的单位制逐步被更具效率的市场化代替，事业单位得以在"瘦身"之后更加专注组织的使命问题，保留在事业单位序列中的组织将更加突出公益性。尽管如此，事业单位依然面临一个重要的挑战——难以满足公众日益增长的公共产品和服务需求。依靠技术创新手段来实现有效供给的传统思路仅在"量"上有所突破，但在"质"的控制上捉襟见肘，在供给过程中，效率低下、分配不公、政策寻租等问题，更令事业单位饱受非议。如何扮演好公共服务提供者的角色，已经成为事业单位改革的核心课题。在宏观分类改革框架下进行微观的制度调整成为事业单位改革的一个基本思路。向管理要效率、向事业单位人力资本要回报成为探索提升事业单位公共服务供给水平的一个重要价值取向。

在事业单位进行自我改革的同时，国家改革事业单位的政策力度也在进一步加大。政府购买公共服务的概念从提出至今，已从一个理念变成了具体的行动方略。"十三五"规划提出，"创新公共服务提供方式"，"推动供给方式多元化，能由政府购买服务提供的，政府不再直接承办"，"引入竞争机制"，加快社会事业改革，"创新从事公益服务事业单位体制机制"。2016 年 11 月 30 日，财政部、中央编办印发的《关于做好事业单位政府购买服务改革的意见》提出："通过政府购买服务改革支持事业单位分类改革和转型发展，增强事业单位提供公共服务能力。"用"倒逼"一词来形容政府购买公共服务对事业单位的影响不为过，用市场优胜劣汰规则优化公共服务提供者——市场是"倒逼"形势形成的真正缘由。在此背景下，作为中国公共服务最为重要的提供者，事业单位的身份已经从政府机构的服务者、从属者，转变为一个参与产品供给的竞争主体，对于其自身来说，是否承接服务，承接多少服务，不仅关系到维系生存的资源，还关系到自身存在的合理性。由此，政府购买公共服务背景下的事业单位改革问题可以概括为：政府如何在保障公共服务购买质量的前提下，平衡社会力量与事业单位等承接主体；市场化竞争方式的形成对原有事业单位改革思路与进程是否有影响；在众多具备资格参与政府购买公共服务的行动主体中，事业单位如何深化自身改革，找到竞争优势；在传统合作模式向新模式的转变中，事业单位内部效能的优化路径在哪里。事业单位更加关注的是如何在这样一个背景下通过整合人力和物力发挥其在公共服务供给中的竞争优势。相比传统情况下专注物质资源的改造，事业单位职员制度更关注人力资本，直面事业单位管理效率低下的困局，力图从激励和盘活管理人员角度打破现实困境。但是从职员制度改革现状来看，由于设计以及执行偏差的存在，这一目标远未达成。管理人员的专业水平、发展定位、职业规范等还处于混沌状态。与此同时，各类有益于事业单位管理人员职业能力和水平提升的资源并未得到有效的利用。公共管理学科体系的完善和人才队伍的成长并未与事业单位需求进行有效的衔接；不断壮大的非营利组织在公共服务供给上的管理经验和制度创新尚未得到重视；企业的科学管理理念和模式"启蒙"了政府的新公共管理理论，但其对于以公共管理为基石，以公共服务为目标的事业单位并无吸引力。

所有围绕事业单位管理人员水平提升、效率提高的问题，通过现代人力资源管理的技术和方法可以得到有效解决，诸如科学的岗位设计、合理的用人制度、严格的招募标准、职业伦理教育等归结于一个概念——职业化之下。职业化是一个职业发展和成熟的标志，是一个规范和标准的确立，它是有助于发挥个体才能，有助于组织运作并实现组织目标的社会过程。无论是作为一个学术问题还是一个实践性问题，职业化都是亟待研究的一个社会主题。具体到事业单位管理者个人角度，将管理作为一种职业，需要从长计议。传统等级设置、薪酬激励的效用在不断地减少，工作本身所具备的价值在现代社会中对于个人的影响在不断地加强，当工作不再作为一个简单的劳动和报酬关系，而更具伴随个人一生的职业概念色彩时，个人与工作的契合就更加紧密，提升组织管理效率和实现管理人员自身发展都会汇集在职业的框架之中。当今社会已开始关注不同群体的职业化问题，尝试通过提升个人和群体的专业性来实现组织使命。诸如，法官专业化、医院院长专业化、校长专业化等都取得了一定的成效。探讨事业单位管理人员的职业化将是一个全新的尝试，对于特殊组织、特殊群体的研究具有实践和理论双重价值。

## 第二节 研究的主要内容

本书以职员制度改革为视角阐释事业单位管理人员职业发展中的问题，从事业单位组织特征、事业单位改革脉络、事业单位管理岗位等方面系统分析和探索管理人员职业发展的可能性与思路。当前，对管理的分析大多是将管理看作一个"统帅"的角色，其糅合了领导力、胜任素质能力等，带有权力、命令、权威等因素，鲜有关注管理工作一般特征的分析，大量普通的管理工作也就被忽视了。而在现实中，一个组织内高层管理的决策任务和普通管理的执行任务是两类差异很大的任务。将对高层管理的研究结论套用在普通管理上所产生的效用甚微。因此通过"剥离"领导职务来看管理岗位与管理人员是本书研究的一个基本策略。当前针对事业单位的改革政策非常多，事业单位管理人员的发展问题需要在各项改革政策框架下探讨（如图 1 - 1 所示）。

具体而言，本书涉及以下研究。

第一部分，概念与理论的梳理。以职业、专业、职业化、职员制度和管理人员职业化等概念辨析为起始点，梳理各类职业特别是事业单位相关行业从业人员的职业化研究现状；以事业单位职员制度的核心内容与职业化核心内涵的比较结果初步划定事业单位管理人员职业化的范畴；以分工理论、科学管理原理和职业发展理论为指导，阐释事业单位管理人员职业发展的可行性。

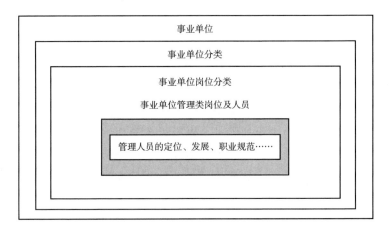

**图1-1 事业单位改革制度框架下的管理人员**

第二部分，事业单位变革与管理人员的身份变迁。通过对事业单位组织的内涵和特征、事业单位管理工作的价值和特点的归纳分析，总结特定组织的特定岗位对人员素质和能力要求产生的影响。通过总结事业单位在不同时期的变革特点，分析事业单位管理人员身份的变迁，总结、发现其不同身份变化的趋势和当前变革环境下所面临的挑战。

第三部分，事业单位管理岗位的分析与比较。聚焦事业单位的管理岗位、专业技术岗位，以管理岗位及其工作人员为核心，对比专业技术岗位及其工作人员的工作状态，从微观角度探讨薪酬对管理工作的影响，管理与技术兼职化现象、管理的定位以及管理岗位的规范问题。

第四部分，事业单位职员制度改革分析。以改革时间为切入点分析职员制度改革的基本脉络，通过对改革内容的分析，特别是职级设计、职员岗位、职员考核激励和职员编制控制等来分析职员制度改革的价值。针对职员制度本身分析在整个职员制度改革中应处理的核心关系，并在处理好上述关系后探索深化职员制度改革的思路。

第五部分，国外比较与经验借鉴。由于国外并无事业单位的概念，选择合适的对比对象是该部分研究的起点和重点。以组织行业特性、组织与政府关系、组织使命等为判断依据选择类似的组织与国内事业单位对比，同时也从行业视角、隶属关系视角和社会功能视角选择不同组织的管理人员制度作为分析样板，以总结、提炼其可以借鉴的基本经验并探讨这些经验对于事业单位管理人员职业发展的启示。

第六部分，深化职员制度改革的方向选择。从政策角度分析事业单位职员制度改革的历程和前景，以探讨当前事业单位改革大背景下职员制度推进的环境和新价值定位，从市场化、行政化和非营利化三个方向分析职员制度改革的三条路径，即可以是职业经理人、公务员和非营利管理者。三条路径的选择并不背离一条主线——职业化管理人员。

第七部分，事业单位管理人员职业化路径的建构。可行的职业化路径建立在合理的逻辑和稳固的建构依据上，从而分析并得出事业单位管理人员职业化的简要模型。走向职业化的事业单位管理人员要在使命定位、职级设计、专业性和职业规范上实现突破，这可实现事业单位发展和管理人员发展的共赢局面。事业单位管理人员从身份变迁到岗位的明确再到职业化的设计是职员制度设计的演进逻辑，更是时代提出的必然要求。

## 第三节　研究方法与技术路线

事业单位职员制度的研究涉及事业单位组织特点、人事制度改革的背景、职业理论等多个方面，需要综合几类方法来实现研究目标。

文献研究法。通过文献研究梳理事业单位改革进程，特别是人事制度改革的历程和研究现状，搜集国外与中国事业单位类似组织的管理资料，整理有关管理职业化的理论支撑等，初步厘清事业单位管理人员研究的基本框架。

访谈法。从文献研究中得出的一些研究问题和假设需要经过初步的验证，可以通过访谈法了解事业单位存在的具体问题，发现新问题以及文献中被忽视的方面，了解事业单位管理人员的真实情况，了解不同群体对事业单位管理人员职业化问题的基本看法，最终整理出有关事业单位管理人员的一个问题集。

问卷调查法。鉴于访谈可能存在一些弊端，本书将通过问卷调查来了解事业单位管理人员职业化存在的问题，最后对问卷结果进行整理和分析。

研究技术路线如图1-2所示。

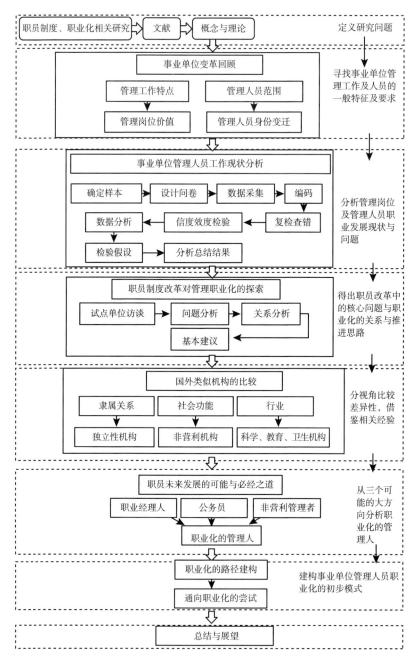

**图 1-2 研究技术路线**

# 第四节 创新点

本书从政策分析入手，力求从学术角度分析事业单位职员制度改革的后续方向，以提供有益的参考。创新点如下。

一是研究角度的创新。本书打破从组织角度研究事业单位的传统思路，聚焦特定的岗位，选择管理岗位及人员作为分析的主要对象，讨论其在事业单位中的定位、价值和职业发展。

二是研究思路的创新。本书在现有职级框架之下，寻找最可行的管理人员职级改革思路，以为事业单位管理人员晋升、发展提供切实可行的职级设计方案。

三是解决方案的创新。从供给角度探讨事业单位管理人员专业知识和能力发展，提出公共管理教育改革与事业单位管理人员知识、能力需求相匹配，以公共管理专业教育补给来提高事业单位管理人员的专业素质。

四是研究问题的创新。事业单位职员制度改革的问题不在制度本身，而在政策环境，从事业单位管理人员的转型升级过程（从身份到岗位再到职业化）可以洞悉得到。

# 第二章
# 研究综述与理论基础

## 第一节　相关概念的梳理与界定

### 一　工作、职业、专业与职业化

在人力资源研究中常常涉及劳动、工作和职业的概念。三者在工业社会之前有很大的相通性，但在现代社会则存在较大的差异性。一般来讲，劳动是哲学、经济学领域中常常提及的概念，马克思对劳动概念的解释是：围绕生产、生活资料进行的生产活动，以及为社会提供的非物质的服务活动。在亚当·斯密的观点中，劳动被视为一种资源，它与资本、土地并称为生产的三大要素。工作这一概念通常用在社会领域，劳动的社会性反映了劳动分工，当劳动逐渐成为社会个体成员必然参加的集体活动时，就有了社会秩序，加上组织活动以及劳动的报酬性，就在事实上创造了工作的概念。工作产生后，就有了广义的一般劳动和狭义的有报酬性劳动的概念差异，劳动就限定在一定的组织中，也有了雇佣关系和经济交换出现之后的新劳动概念。

与劳动、工作的概念相比较，职业的范围比较狭小。《现代汉语词典》（第七版）对职业的解释是个人在社会中所从事的作为主要生活来源的工作。从拉丁语意上可以对工作和职业的概念进行区分，工作即 Job，有零活、事情的意思，职业即 Career，原意为道路、轨道，有事业、生涯和速度的意思。可以看出，二者有短期和长期的时间性差别，个人的短期劳动行为更多体现为对雇主负责，长期劳动行为则更多体现为对自己负责。

职业这一概念通常用在社会科学研究之中，建立在劳动和工作的概念基础之上。劳动的分工为职业划分提供了专门的"通道"，而工作的有序性使职业向更为稳定的方向发展。职业主要强调专业化与劳动分工的最终形式，这种定义主要突出劳动个体在工作中的专业程度。但是劳动分工看上去"具有"专业化的原则，而专业化的适用性在于劳动过程之中①。

职业是劳动者能足够稳定从事的有偿工作，但并非所有工作都能成为职业，一类工作专业性增强、社会需求量大且稳定，以致能吸引劳动者长期稳定地投身其中，才能成为职业，劳动者从事这个职业，能够足以保障和提升个人生活的物质与文化需求水平，并在此过程中扮演稳定的社会角色。在现代社会，职业是人之所以为社会人的主要标志，是源于分工和专业化的结果，专业性成为职业的基本属性②。从社会学角度看，职业是社会分工体系中的一个社会位置，涉及同一定权力和利益相连的从事某种相同工作内容的职业群体③。一般而言，只有从事某个社会职业，个人才能获得持续的收入，从而能够长期稳定地从事该职业，"承担"相应的社会分工。职业包括四方面的内容：与人类的需要及职业结构相关，强调社会分工；与职业的内在属性相关，强调利用专门的知识与技能；与社会伦理相关，强调创造物质和精神财富；与个人的生存生活相关，强调物质生活来源，并涉及精神生活④。

对劳动、工作和职业的概念进行辨析之后可以归纳出职业是社会中劳动不断发展演变的概念。从劳动和工作向职业发展的基本前提是分工并形成专业化的劳动，这个基本前提只是从客观上满足了职业产生的条件。从劳动者角度看，职业产生的条件还包括提供与个人知识和技能相匹配的岗位，工作能够为个人带来足够的精神满足和保障生活的基本物质利益。从社会角度看，职业还应有利于社会的发展与和谐，因此，对劳动者和组织来说，职业还应有一定的准入资格要求和伦理道德要求。上述三个方面的考虑构成了职业产生的条件。

---

① 汉娜·阿伦特将劳动专业化作为现代人的基本条件，参见〔美〕汉娜·阿伦特《人的条件》，竺乾威等译，上海人民出版社，1999，第107~108页。
② 袁方、姚裕群主编《劳动社会学》（第二版），中国劳动社会保障出版社，2004，第2页。
③ 邓红：《基于人力资本增值的职业生涯管理》，西南交通大学出版社，2010，第49页。
④ 邓红：《基于人力资本增值的职业生涯管理》，西南交通大学出版社，2010，第50~52页。

在拉丁语中，专业一词为 Profession，意为具有专业知识并需要长期和深入学习准备的职业，也可称为职业（Vocation）①。Profession 最初意思是声明、宣誓的行为，今天则指从业者"宣称"个人比他人在某领域拥有更多的知识。Occupation 是职业的英文表达，有占有之意，指一个人生活中占有和从事的主要业务。德语中职业一词为 Beruf，意味着宗教的一种感召，就是这种带有信仰性质的感召，随着工业化的到来，转化为一种内在的职业观念。从词语结构上看，Beruf 与封建制度里的地产权（Stand）相联系，就形成了行业（Berufsstand）。德语里职业的概念与英语里职业的概念相比要更强调基于宗教的伦理观念以及对特定工作领域的占有，但与英语里职业的概念类似②。

从上述定义推理，站在高低水平差异上看，专业所含技能成分要高于职业。专业是职业发展的结果，在社会中是指需要专门知识和技能的职业。从社会分工、职业分类的角度来看，专业是指一群人经过专门教育或训练，具有高深的和独特的专门知识和技术，按照一定标准进行职业活动，最终实现个人劳动价值——获得与之相当的薪酬及社会位置的专门职业。专业在社会领域，被赋予了更多的内涵和要求，在现实生活中，我们也通常认为从事某种职业的人并不一定达到专业要求。但随着社会分工以及社会学、人力资源管理学的发展，职业化这一融合职业和专业内涵的概念开始盛行于相关行业和学术领域。

对于职业化的理解是多样的。职业社会学将职业化看作社会分工的结果，是人类社会发展到一定阶段的特定产物。从宏观角度研究，职业可以分为非专业性职业、半专业性职业和专业性职业，其中专业性职业特指那些需要高深的专门知识和技能，目的在于提供专门性服务的职业。区别于普通职业，专业性职业具有一套系统的、不断发展的知识体系，拥有专业的判断标准、专业的道德和信条，获得了社会的认可，形成了一个专业的文化体系。③《美国传统词典》中对职业化

---

① 韦氏词典对 Occupation 和 Vocation 的现代解释是一样的，本书将 Occupation 作为职业的英文对应词。
② 刘思达：《职业自主性与国家干预——西方职业社会学研究述评》，《社会学研究》2006年第1期，第197~221页。
③ Magali Sarfatti Larson, *The Rise of Professionalism: A Sociological Analysis* (California: University of California Press, 1977).

（Professionalization）的解释是：遵循某种专业标准开展工作；具有某种专业特长或成为某一领域专家；全新投入既定的工作并视之为职业或靠它维持生计。从学术的角度看，职业化是职业群体逐渐符合专业标准，成为专业性职业并获得相应的专业地位的动态过程。① 综合上述概念不难发现，大多数人认为职业化就是形成职业的价值观、态度与行为规范；或是一种社会的职场准则，是特定职业人的基本素质；或是一种潜在的文化氛围，是特定职业专有的语言和规则；或是为达到职业要求所应具备的素质和追求成为优秀职业人的历程。可以看出，作为一个静态的概念，职业化包含专业知识与能力、职业规范、晋升发展通道、明确的工作内容、薪酬待遇增长等。

## 二 事业单位管理人员的职业化

由于管理工作存在于各种行业中，管理人员的职业化可以从管理的专门知识谈起。从知识层面看，不同学科与管理挂钩就产生了新的管理学科。在公共部门，例如行政管理、教育管理、医疗卫生管理等都已经形成了专门的学科体系，而这类学科体系的产生也是社会需求增加，特别是不同行业对管理效率追求的必然结果。学科细分通常是与社会分工和社会组织需求紧密联系的，但是市场滞后性和学科理论的前瞻性使得二者之间的结合存在一定的空隙，即可能导致专业人才供过于求，也可能导致超前的专业设置不能有效契合社会需求。如果管理专业设置不能预测好组织所处环境的变化，不能与组织特性紧密结合，就将使管理专业设置成为空洞的理论研讨。不难看出，从管理学科设置角度分析，管理的种类众多，细分专业会使管理更为专门化，但具体到管理工作人员是否实现职业化问题，其影响因素包括了社会需求、组织稳定性、学科与社会组织的紧密程度及课程设置等。

从管理的基本职能看，管理包括了对组织的计划、协调、控制、组织、领导②。但从职能本身来看，五项管理行为描述并没有一个明确的

---

① 赵曙明：《我国管理者职业化胜任素质研究》，北京大学出版社，2008。
② 参见法约尔对管理职能的论述，而对于西蒙所强调的决策职能、古利克和厄威克所强调的报告及预算职能，以及希克斯所强调的创新职能，由于不同组织中管理层级存在差异性，就本书所论的一般管理而言，笔者认为法约尔所论更具代表性。

标准，不同行业也很难形成一个普遍的规范，所以必须强调组织的特性和一般共性，即从狭义上看是某一特定组织的管理达到组织目标或达成组织使命所必要的标准，而从较为广义的角度看则是一类相同性质的组织，例如企业、政府机构和非营利组织等，需要拟定基本的管理规范和达成组织使命所需的管理标准等。通过组织性质与管理行为的结合，形成专业化的管理，这样管理岗位的人员才可能用稀缺、独特、专业的技能实现自身的职业化。在市场化程度较高的企业界，职业经理人队伍的产生和壮大就是一个很好的例证，同时，在管制比较严格的行政部门，由于复杂规则限制，具有准入资格的人员需要经历科学而又复杂的评测，从而获得稳定的工资福利等制度保障，公务员队伍在某种程度上已经开始迈向职业化。

从职业化的标准分工、胜任能力与职业道德、职业组织与资格认证来看，管理总体上并不算是一个专业性职业。以企业管理为例，企业中存在与财务管理、人力资源管理、后勤管理等相关的大量管理机构和人员，也存在职业经理人等综合性管理人员。财务管理和人力资源管理等具有专业化的分工、严格的考试制度和基本的职业道德规范，并且其专业性的组织和认证资格基本建立，可以被认为是职业化的管理。企业中高层管理人员中的职业经理人同样符合职业化的几个标准，但对于中低层综合管理人员来说，职业化的标准基本上是难以达到的。大量的中低层综合管理人员，就其管理职能而言只是重复简单地协调、控制与沟通，日常工作极为琐碎，职业道德依照的是社会规范，诸如"爱岗敬业，友好互助"等，职业性组织诸如协会等并不存在，也没有严格的资格认证系统，所以，在企业，一般性岗位综合管理人员的职业化基本是不存在的。在事业单位，相同的问题依然存在，大量的一般性岗位综合管理人员的职业化也是缺失的，例如在公立的高校、医院，管理岗位人员要么被看作领导，要么被比拟为工勤人员，管理岗位人员在整个事业单位运作中没有一个核心定位，其价值也难以得到事业单位的认可。

假如管理可以被视为一种职业，则一是组织管理将具有更可控的流程与绩效；二是管理工作将和其他专业工作一样凸显专业与职业属性。在具有一定相似性的组织中，也可以依照工作相似度建立一套科学、高效的工作规范，依照科学管理原则是完全可以做到的。从某种程度看，学习无法把一个人完全塑造成另外一个人，但学习者可以像"榜样"一样采取行动。高效管理者的共同行为方式是可以习得和传递的，通过总结那些指导优良行为的管理原则，拟定重要的管理任务，熟练使用管理工具，管理可以变成一种职业，并且能够达到与其他职业同样的水准。[①] 依据职业化的内涵，管理者职业化有两个层次的含义：其一，管理职业本身逐渐发展成熟，拥有了专业性职业的特质，符合职业化的要求；其二，管理者不断提高其专业素质和社会地位以获得普遍认可。[②] 从过程层面看，职业化取决于以下几个因素：与行业活动相关的基本知识和能力；获得知识和实践的机会；行业从业者自我意识的发展；行业外部对该行业作为一种职业的认同[③]。从结果层面看，管理者职业化的特征包括：具有专业而又系统的科学知识；具有职业应有的价值判断（表现为具有职业道德，以与利益相关者建立基本的信任）；管理职业获得社会认可，体现在享有较高的社会地位和收入上。尽管如此，但相对医生、律师等，管理者的职业化程度还有待提升。不同领域的实践者和研究者对职业化的解释有较大的差异，但基本都会考虑到专业性、职业道德、行业标准等因素。在技术性较强的领域，诸如化工、冶金领域等，掌握了专业知识或具有熟练技能的人，可以被称为职业人。在对职业伦理要求较高的领域，例如法律事务领域等，具备公平公正职业态度的人，也可以被称为职业人。在培训领域，大量的培训师在对公司"白领"进行培训中，通常将礼仪、服饰等作为判断其实现职业化的主要依据。

事业单位管理人员的职业化，需要考虑事业单位的公益性、管理岗位的特点、事业单位的管属关系、管理工作的定位等内部因素，也要兼顾到外部因素，诸如，自发的职业组织、一定的职业薪酬水平及其社会声望和地位等。由于事业单位"国有"的背景和公益特性，其管理人员的职业化很难像企业中的经理人员一样通过依靠市场力量来推动。因此，对事业单位管理人员的职业化解释主要围绕单位特性、岗位特点等内部工作要求标准展开。事业单位管理人员职业化的基本

---

① 〔奥〕弗雷德蒙德·马利克：《管理成就生活》，李亚等译，机械工业出版社，2009，第9~23页。

② 赵曙明：《我国管理者职业化胜任素质研究》北京大学出版社，2008，第5页。

③ Freidson E., The Futures of Professionalisation, Health and the Division of Labour, 1977, pp. 14–38.

内涵在于一个职业标准的建构，包括专业知识与能力、职业定位、晋升发展通道、合理的薪酬待遇等，以实现事业单位管理效率提升和管理人员职业发展。

### 三 职员制度与管理人员职业化

当前职员概念泛指担任行政或业务工作的人员。[①] 在政策话语中，职员这一称谓是对事业单位管理人员的一个统称，它是事业单位在探索"去行政化"过程中，对管理人员这一群体的"代号"。职员制度是专门针对事业单位管理人员设计的人事管理制度，包括职员职级设计、岗位设置、聘任、考核与培训、待遇等内容。从人力资源学科角度上看，职员可以被认为特定职位（岗位）上的工作人员。

职员制度的核心在于聘任制度和岗位管理制度，岗位分类是事业单位岗位管理的第一步，通过岗位分类，管理岗位从混乱的岗位中独立出来，也就正式赋予了管理成为一种专业性职业的可能性；职级设计是岗位管理的基础，是人员职业发展的最直观的体现，建立管理人员晋升通道更是对管理作为一种专业性职业的认同。职员制度改革关注职员薪酬待遇随职级晋升而正常增长，薪酬结构的调整也是职员制度改革的核心内容。在考核上，建立以岗位职责为基本考核内容的考核体系也成为职员管理的根本出发点。职员制度也涉及为满足工作需要和晋升需要所应具备的培训等。可以说，事业单位职员制度是围绕管理人员建构的专门管理制度，勾勒出了管理人员工作与发展的基本框架。

事业单位职员制度的核心内容与职业化的内涵在多个方面存在一致性。就职员制度与职业化要素比较而言，知识和能力的专业性、职业规范、职业使命、保障性收入，以及职业发展通道等，基本上都在职员制度改革中有所体现。例如，职员制度中岗位对应职业化要素中的职业使命，职级与晋升通道相对应，培训对应于专业性和职业规范，考核则与职业规范、职业使命对应（如图 2-1 所示）。二者的不同之处在于，职员制度从设计目标上看更关注规范管理的作用，职业化要素则不限于规范，对于专业性和效率都有要求。职员制度是以组织使

---

① 《现代汉语词典》（第七版）对职业的定义是：机关、企业、学校、团体里担任行政或业务工作的人员。

命和服务为核心，从事业单位公共服务水平提升的角度建立一套符合
管理人员特征的人事制度，而事业单位管理人员的职业化对个人职业
能力、职业素养和职业伦理提出了更高的要求。不难看出，职员制度
从内容和最终目的上都和职业化联系紧密，以职员制度为契机，推动
事业单位管理人员职业化是非常值得探讨的议题。建立事业单位职员
制度并非事业单位管理人员的最终目标，这一过程只是管理人员通向
职业化的一个过渡阶段。

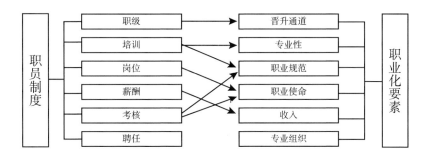

图 2 - 1　职员制度与管理人员职业化内涵的比较

## 第二节　职员制度与职业化研究综述

### 一　职员制度的研究概况

　　由于事业单位的范围比较广泛，已有文献中对于事业单位管理人员的
研究比较分散①。比较而言，对高校事业单位管理人员的研究较多，对科
研和医疗卫生事业单位管理人员的研究则相对较少。大量研究都在探讨
事业单位管理人员工作中存在的问题及原因。在教育事业单位中，有研
究者认为大部分事业单位人员以专业技术人员为主，管理人员基本上处
于从属地位，管理人员存在待遇偏低、工作积极性低、知识结构不合理、
缺乏相应的专业知识和技能问题，这主要是由于学科知识体系的不完善
以及并没有真正通过学科知识教育和专业训练培养出专业大学管理人员

---

　　①　为了便于归纳职员制度的相关研究内容，保留原始文献的内容，在本部分，职员特指事
　　　　业单位中的管理人员，二者概念是通用的。

（李爱民，2009）。也有学者关注事业单位中的"兼职"现象，最突出的在中层，大量中层管理人员"双肩挑"，造成角色冲突，制度不健全，职责划分不清（肖红，2004；杨静，2007）。对于事业单位职员制度改革的意义，相关研究认为这种建立在工作任务设计基础之上，将传统的对人管理转向对事管理进行改革有利于淡化单位的行政化色彩（徐颂陶，2007；陈金圣，2010）。事业单位"去行政化"的问题也是学者关注的重点。以高校为例，行政化管理的倾向具体表现为两个方面，一是政府对高校的行政化管理，二是高校内部的行政化管理，"去行政化"之后，高校管理者要走职业发展道路（汤兆武、曹南山，2011）。职员制度对于已有陈规陋习的打破具有积极的作用，大多数研究都对此制度的推行持积极的态度。诸如，有助于理顺高校等事业单位内部各类人员的关系；在事业单位中有利于建立与教师、医生等专业技术人员相应的竞争机制和激励机制，避免了高校"全员皆师"的乱象；解决"教授不教""研究员不研""讲师不讲"的职称评聘问题（徐元俊，2011）；可以有效破解管理人员激励难的困境，管理人员通过职级晋升获取职级工资，承担行政领导职务和工作，获取职务津贴，并且可以通过设计独立科学的薪酬体系，解决工资增长与职务挂钩的难题（李桂宾，2009）。职员制度改革是一个循序渐进的过程，不同的改革逻辑和思路可能会产生不同的效果，有学者提出事业单位管理人员职业化应分层、分步骤进行，以高校为例，首先是实现以校长为首的职业化管理，其次是实现管理者职员制度，再次逐步取消双肩挑干部管理模式，最后是促使高校管理者明确权责（汤兆武、曹南山，2011）。

在职员制度改革过程中，涉及与管理人员职业化的相关因素的研究值得参考。建立合理的治理结构长期以来是提升管理效率的重要路径。有研究从治理结构改革探讨提升事业单位管理水平的意义，认为中国事业单位的管理可以借鉴欧美大学和非营利组织普遍采用的理事会制度，理事会作为决策组织，其以"外部人"为主，可以防止"内部人"控制及其所带来的一系列偏离公益目标的问题，从组织上予以保障，同时也可以提高事业单位的决策质量和运行效率（岳云龙，2008）。职级设置是各类职业群体有序发展的制度保障。在晋升的职级体系设计上，有研究认为应根据制度改革的进度调整职级设计的原则，在职员制度改革初期，对职员职级的设置宜简不宜繁，宜粗不宜细（张海涛，2005）。

也有一些学者提出职级体系设计的基本原则，例如，岗位与职级结合，以事为中心，因事设岗，因岗择人，并以事务为中心，考虑人力资本投资回报以及工作熟练度和创新方法与意识。设定能级对应原则，即依据职级高低与能力大小，划分决策、管理和执行几个层面以体现个体能力，匹配相应职级。再者，职级体系设计应以年功积累导向为原则，职员通过自身的努力，提高各方面素质，若达到上一级职员的任职条件，一样可以正常晋升，其在职级上甚至超过处在领导管理岗位的职员，从而获得相应的待遇，这逐步成为管理人员职业发展的过程（曹文军等，2008）。

在职员的聘任问题上，厘清聘任关系，使多种聘任方式相结合是一个重要的思路。有学者提出在职员的选用问题上先有劳动关系的聘用制，后有各职级职员的职务聘任制。单位根据自身实际情况改进职员的任用办法，依照权限和程序，采用直接聘任、招聘聘任、委托聘任等多种任用形式，也可以通过社会中介，借鉴职业经理人认定模式，逐步引入资格认证制度，职员在获取任职资格后通过聘任取得职务。从聘任期限的合理性上看，聘用合同的期限和聘任上岗合同的期限不宜相同，聘任上岗合同的期限一般以两年至三年为宜，但又要依据单位的特点和现状分别对待（邓晓海，2006）。

在管理人员考核、培训问题上，事业单位参照公务员考核内容确定的德、能、勤、绩、廉的考核标准是粗线条的，需要通过提取考核要素进一步丰富考核内容。职员的考核要依据职员在单位中的定位，从高校管理人员的定位看，应考虑由管理和服务对象——教师和学生根据其在工作中的表现评分（李凤学、汤晓红，1999）。职员培训方式和类型是多样的，一般可分为：对新聘任人员的岗前培训，根据专项工作需要进行的专门业务培训和以更新知识为主要内容的在职职员培训。新聘职员要按照国家有关规定，接受岗前培训，获得培训合格证书，做到持证上岗。职员在培训期间的学习成绩作为其任职和竞聘高一级职员岗位的依据之一。管理人员的培训可以从态度、知识和能力三个方面进行，具体而言包括服务意识培训、业务知识培训、管理技能培训（徐银燕、罗小兰，2007；熊艳，2012）。

在薪酬待遇问题上，大量研究认为，由于事业单位管理人员在职能、工作任务和工作特点等方面均存在很大差别，需要与其他工资制度脱钩，建立符合自身特点的工资制度将更好地体现按劳分配的原则。工资制度一方面要体现职务高低、责任大小和工作难易，又要体现能力和资历。在工资制度中设计职级工资、职务工资及同一职级的档次差将是推行职员制度的关键（尚子扬，2006）。当前对事业单位薪酬的研究尤其关注事业单位管理人员工资与专业技术人员工资的平衡；事业单位管理人员工资相比其他行业同类人员工资的竞争性（林健，2003）；管理人员的社会保障体系（张伟杰、王玉芝，2003）。

对当前事业单位管理人员薪酬制度批判的观点是，晋升高一级职级成为当前高校管理人员薪酬增长的主要渠道。一方面，这种薪酬调整机制不够科学、合理，会导致大家关注、追求职级的晋升，而过分关注职级晋升，会出现"工作浮躁""急功近利"等主观现象；另一方面，管理人员晋升的空间是有限的，而且越往上空间越小，容易与晋升职级的个人愿望产生矛盾，将影响大家工作的积极性。最后，当前管理人员薪酬制度是带有"平均主义"色彩的分配制度，存在"干多干少一个样""干好干坏一个样"的现象，在薪酬分配中未充分体现个人工作业绩的差异（高久群等，2010）。

从职员制度改革的研究概况中不难发现，管理人员作为该制度关注的核心群体，在薪酬、职级、聘任、考核等层面均出现了一些问题。其原因可归结于制度改革的设计不合理，也可归结于现实中改革的阻力过大。在不同类型事业单位职员制度改革探索中，教育事业单位走了前列。比较而言，行政类、医疗卫生、科研事业单位的职员制度改革并没有更深入的探索。总体来看，职员制度改革面临的主要问题体现在以下几个方面。第一，职员制度改革具有重要的理论意义与实践价值，但是在实践上存在较大的障碍。在理论层面上，大多数学者对于职员制度改革寄予了很高的期望，认为此项改革不仅是对特定群体的规范性调整，而且对事业单位改革方向和力度都会产生影响。但是在实际的执行过程中，诸如薪酬、考核、晋升等环节的硬性规定，并不适用于类别众多的事业单位。第二，职员制度改革的框架的限制性作用可能大于指导性作用，作为一个自上而下的制度安排，与职员制度改革相关的指导性文件给出了一个大致的方向和范围，一些地方的探索研究表明，限制性的内容，诸如职级等级设置、职数比例等都是需灵活设置的，事实上也是控制较严格的。第三，职员制度改革中管理诉求效率提升的目标并不明确，改变称谓和解决管理人员不能随职务晋升而增长工资的问题并不能成为职员制度改革的最终目标，借助科学的岗位设置，灵活用人的聘任制度将职员制度改革推向实现管理人员职业化，提升管理效率，提高公共服务水平才是改革的根本之道。

## 二 职业化的研究概况

国外的文献研究更关注整个社会的职业化问题，对于特定领域关注的焦点也不一样。医疗卫生行业是研究的重点。有学者从医疗卫生行业分析，重点探讨了伦理性的职业化，即医疗卫生行业的职业化首先是医生的职业道德问题，但是在医疗卫生机构，伦理性的职业化并不能解决所有问题，需要制定实践性的标准和建立审议程序（Roigt，2012）。也有学者对护士职业化进行了研究，从职业化的三个核心维度——知识、能力和伦理分析了影响护士职业化的因素，护士虽然在治病救人中没有扮演关键角色，但在医疗救助中发挥着越来越重要的作用，其专业素质得到更多的认可，对其伦理进行规范的呼声也越来越高。回顾职业化的历史，围绕医疗伦理是否属于职业化要求的范畴，有学者认为医疗伦理是职业化至关重要的一个方面，因此需要建立一个标准的职业伦理规范，即使职业伦理规范不能成为职业化的一个标准，也会对从业者产生一定的引导作用（Lorid，2012）。在教育领域，国外的研究有一定的特殊性。由于教师的职业化更多地被学科所定义，这在宗教国家存在一种价值冲突：在教师的雇佣标准上，大多数人拥护那些违背专业和纪律规范的标准，而反对那些限制学术自由却又符合职业的标准，这一看似矛盾的立场，最终要在信仰与学习整合的基础上达成一致（Parker，Mencken et al.，2007）。从整体上看，国外对职业问题的探讨是比较深入的，并没有因为职业化是一种趋势而完全持赞同态度，而首先会去质疑这一趋势所带来的社会后果。大多数人会追求职业化带来的好处，而对其意外结果却很少关注。

关于职业化问题，应关注职业化的进程和特征，因此也就产生了六个问题，这些问题不是简单回答职业化是好是坏的判断题，而是职业化的目的是什么，在哪些领域，达到什么程度以及时间进程等。当前对职业化的主要解释是职业的专业化，其标志是专业和可以转移的技能，标准的工作安排，许可证和认可资格等，但这些松散的标准和要求对于传统组织来说可能会重要一些，但对于新兴组织来说并不是最重要的。就新的职业而言，从业者实现职业化的过程也是权力和地位争夺的过程。对于职业化的评判标准不是过于笼统和模糊，就是过于狭隘和具体，另外，职业化过程中的一些问题也在不断出现，相比官僚制威胁到自主权，其弱化服务理念的后果更值得担忧；以客户为中心的导向削弱了从业者的自主权以及使专业规范欠缺；非常少的职业能够维护专业的权威；如果把一切都倒向职业化，那么我们将掩盖新出现的结构形式（Wilensky，1964）。也有学者批判道，职业化已经被误解，仅仅关注职业团体、许可、伦理规范等单个职业的组织形态问题，忽视了职业活动的具体内容和不同职业之间的竞争，而所谓相对确定的职业化事实上是不存在的（Abbott，1988）。无论在公共部门还是在企业，职业化都已经成为治疗社会组织病症的一个良方。职业化能带来更高绩效并没有被充分证明。相比技术专业化，一些国家的非政府组织的专业化管理水平提升更倾向于借助员工的专业化和结构的专业化。

　　国内对职业化的研究并不多，主要集中在特定的领域、特定的群体，理论和实践各有侧重。职业化在中国的研究中最为集中的一个领域是企业。对于企业的职业化研究更偏重实践意义，集中表现为职业化研究成果的作者大多是从事管理咨询的人员，他们通常将"职业化"作为培训的重点。有从个人能力、态度方面详细罗列职业化的经理人应具备的特征的（姜荀，2009）；也有以团队为对象进行职业化研究的，并结合案例提出职业化团队建设路径（付述信，2012）；还有专门从情商视角分析如何使员工职业化，对新入职员工进行职业化培训的（宋振杰，2008）；更有从企业制度角度分析企业家职业化的必然趋势的（杨朝仁、叶远西，2005）。一方面，企业职业化的研究大都注重规范性，即就一般工作而言，通过职业化的流程、制度规范，让员工产生职业行为；另一方面，则是注重对高级管理人员的研究，例如对职业经理人职业化的研究是在企业所有权、法人财产权和经营权分立的基础上进行的，研究高级管理人员出售自己管理能力换取高额回报的合理性，并对企业普遍雇用职业经理人的优劣势进行分析，以及对高级管理人员能力进行特征分析，以探索职业经理人的胜任模型。对于职业经理人的发展问题的研究较少，部分原因在于一般职业经理人都已处于管理的较高位置，不必为晋升考虑，对于薪酬回报反倒是其关注的核心。对于职业化研究的另一重点领域是从教育到就业层面关注大学生的职业化培养。它们大多从理论和实践两个层面论述大学生群体职业选择及职业意识和价值观培养，注重从大学教育如何更切合社会需求角度，探索大学生职业化教育和培养的方法和经验（理清，2006；陈龙海、李忠霖，2008）。这方面的研究更多关注教育本身，由于大学生并没有真正走入社会，所以研究主要涉及宏观性的指导——教育大学生如何准备好走上工作岗位，以及教育大学生如何符合职业化的一般要求。

在其他群体中，也有相应的研究，但对职业化的理解都是有差异的。在部队文职人员队伍建设中，已逐步实现文职人员队伍职业化。《军队文职人员管理规定》的施行，有利于进一步构建更加完善的军队文职人员制度体系。[①] 有学者从社会学角度针对农民职业化进行研究，探讨职业农民的价值和可能（殷晓清，2005），也有通过研究国外经验，从政策性引导和培训角度提升农民职业化水平（李红，2008；邹慧，2009）。对于农民职业化，研究强调的是在城镇化背景下，减少农民群体因收入因素流入城市，取而代之的应该是通过就地城镇化实现对农业强大需求的满足，通过提高科技普及水平，加大对农民培训力度，提高农民基本素质以实现农民与农业发展"匹配"，实现农业发展与农民收入增加的目标。对于公务员职业化的研究，不少学者从公务员职业化的理论和内涵，以及国内公务员队伍与国外公务员队伍建设的比较角度，在公务员职业素养、职业行为和职业技能三个方面，设立了公务员职业化评价体系和职业化指数（谭功荣，2009；景亭，2009）；也有研究从公务员制度层面分析，如何完善、更新培训、激励和发展机制等，以引导和推动公务员的职业发展（贺永祥，2008）。在法律行业，对于职业化也有一定的探索，比较而言，对司法领域职业化的探索相对较早，也相对成熟；律师、法官的职业化随着中国法制化建设的进程也在不断加快，大多围绕法官职业化进行分析，以探讨司法的民主特性与司法从业者职业化的关系问题（赵小锁，2003；何兵，2005；马建华，2004）。

从行业角度看，针对事业单位管理人员职业化的研究比较分散。在医疗卫生机构，主要关注院长职业化，通常借鉴国外医院管理经验

---

① 有报道称，全军已聘用文职人员2万余名，参见《国防大学教授公方彬：解读全军招聘文职人员》，《光明日报》2013年10月29日05版。

或从当前医院院长胜任能力等角度分析医院管理，强调院长需要从"专家管理"走向管理专家；也有从整个医院管理团队建设角度分析管理职业化的必然性的，并从人力资源管理角度论述建立职业化管理团队的途径（雷婷，2004；范洁，2007）。高校辅导员职业化也是较为热门的研究：由于高校辅导员担负大学生心理、安全、思想修养提升等职责，建立职业化的辅导员队伍成为提升高等教育质量的关键；对于辅导员职业化的研究，大多从职责、职业规划和岗位需求等角度探索（吴月齐，2008；龚春蕾，2011；秦红艳，2011），也有从准入、培训、保障、发展和考核机制分析的（周先进，2006）。大学校长职业化是一项重要的研究课题，对大学校长职业化的研究首先表现为构建大学校长职业化的理论体系，大学校长职业化在中国的一个特殊意义还在于改革计划经济教育体制的弊端（王继华，2003）。大学校长职业化的最终目标在于建立一种制度安排：大学校长从科研的重负中解脱，从官僚体系中解放出来，让具有终身办学志向的人不受任何名利干扰和诱惑，完全献身于教育事业（朱庆葆，2011）。大多研究从校长的定位、遴选制度、任期制、权力与责任、薪酬与激励制度等方面构建大学校长职业化的平台（牛维麟等，2009）。有学者从校长职业化和专业化来论述，认为职业化的校长是一种职业而非职务，校长专业化是指校长专业素质、品格等不断提升并符合设定标准的过程；校长职业化强调职业资质、意识和道德，校长专业化则强调专门知识和技能（颜丽红，2006；张新平，2004）。中小学校长职业化也受到了关注，类似于有关大学校长职业化的研究，基本是从聘用、准入、激励和约束等机制来探讨（杨海娜，2006）。在体育事业的职业化研究中，大多数学者从宏观社会环境分析，探讨了体育作为一个事业发展的重要性，一些具体运动项目诸如篮球、乒乓球等的职业化运营以及运动员的职业化培养问题（陈钧，2001；兰彤，2007）。

总体上看，针对职业化的研究是多维度、多层次、多群体的，由于研究的差异性，各类职业化的研究结果也千差万别。但是不难从中总结出共同的规律。第一，职业化的研究关注的是标准、规范、效率。通过建立一定标准，规范工作人员的职业行为，以实现管理流程更加有序、专业水平有所提升，最终在提升个人专业水平、群体劳动产出更多的同时，实现组织目标的达成。第二，在事业单位各类群体的研究中，高层管理者和普通管理人员都得到了广泛关注。这也反映出从管理制度角度研究事业单位管理人员的必要性和迫切性。考虑到各个行业的差异性，各类事业单位管理人员的职业化特点会存在一定差异，但对于其共性的关注并不够，特别是在既定的组织框架下，面对各种政策和制度的推行，更需要从整体上把握职业化的标准和价值。第三，无论是对何种职业化的研究，基本都强调了职业群体的自主性和其对当前社会环境的适应性。考虑到其背后的动力，不难发现市场力量与现有行政管束之间存在博弈。譬如校长职业化，校长是政府任命的一种行政职务，并按政府指令以行政手段管理学校，拥有职务权力，称为"职务校长"。校长职业化就是要把不介入市场的官本位的职务校长，化为能够介入市场经营教育产业的"职业校长"[①]，行政职务和社会职业的差异恰恰解释了这个难题，即政府和社会之间的冲突与协调。市场力量的灵活性、高效率、公平等要素对于长期受制于行政约束的各类职业群体产生了较大的吸引力，其渴求方式表现为一种更为合理的薪酬水平和职业发展路径，这种方式符合社会发展的价值趋势，本质上有助于优化资源配置。社会活动可被规制的方式有三种：通过市场的方式、通过国家的方式和通过职业自身规制的方式。然而不管采用何种方式，政府更加倾向于选择国家和市场，而忽视职业自身的力量。政府这样做的根本原因在于它的意识本能是减少社会自治所带来的冲击，而社会自治最强大有力的追随者之一就是那些公共领域的职业人士，他们立基于社会服务职业主义和需要而非支付能力，将提供服务作为自己的职业理念。为了改变这种社会自治意识形态，新的工作实践将不得不予以贯彻执行。这些新的实践将鼓励一种市场或准市场导向、预算限制、企业家主义、效率以及成本有效性等，并将有希望摧毁旧有的职业意识形态，代之以一种更加商业化的变体。但是不管这些职业人士是否正在提倡一种商业化的职业主义，一种社会服务型的职业主义或者一种直接的管理主义的计划正是关键之所在。[②]

---

① 王继华：《校长职业化与教育创新》，北京大学出版社，2003，第185页。

② Burrage M., Mrs Thatcher against Deep Structures: Ideology, Impact & Ironies of Her Eleven-year Confrontation with the Professions, Institute of Governmental Studies, University of California at Berkeley, 1992, pp. 23 – 24.

# 第三节　事业单位管理人员职业化的理论阐释

探讨事业单位管理人员职业化问题，一方面要从管理工作的特性入手，另一方面要从管理人员自身寻找。由此，本书的理论支撑选择依据是从分工理论开始寻找管理成为工作的缘由；在对事业单位管理工作内容的评价上，将采用科学管理原理来解析；对于事业单位管理人员的发展用职业发展理论进行解释。

## 一　分工理论与科学管理原理

分工理论是现代管理最为核心的理论，最初的分工产生效率的论断来自亚当·斯密在《国民财富的性质和原因的研究》中的论述。后来的专业分工、管理职能分工、社会分工理论都深受其影响，在管理实践中，以汽车制造业为代表的福特公司，也形成了以市场为导向，以分工和专业化为基础的工业生产模式，这被称为"福特主义"。[①] 分工是职业化的一个重要前提，职业化所带来的效率和专业水平提升都是在分工基础上产生的。用亚当·斯密的原话讲："劳动生产力上最大的增进，以及运用劳动时所表现的更大的熟练、技巧和判断力，似乎都是分工的结果。"[②] 分工能提升工作效率和技能有几点解释：个人对工作内容和操作设备熟练程度的增加，削减了重新认知工作的时间；分工也可以减少由一种工作转向另一种工作的时间损耗，同样的人随着分工劳作，必然能够完成更多的任务量；通过不断地重复学习和实践，个人对特定工作内容的熟悉和对工作经验的总结，比把注意力分散在许多事物上更能发现实现目标的便利方法，这些创新的工作方法，在制造业中体现为机械的发明创造，在非生产性劳动上体现为工作思路和方法的改进。[③]

---

① 福特主义（Fordism）一词源于安东尼奥·葛兰西，他使用"福特主义"描述基于美国方式的新的工业生活模式，它是指以市场为导向，以分工和专业化为基础，以较低产品价格作为竞争手段的刚性生产模式。

② 〔英〕亚当·斯密：《国民财富的性质和原因的研究》（上卷），郭大力、王亚南译，商务印书馆，1972，第5页。

③ 〔英〕亚当·斯密：《国民财富的性质和原因的研究》（上卷），郭大力、王亚南译，商务印书馆，1972，第8~10页，非生产性劳动，按照亚当·斯密的解释，即有一种劳动加在物上，能增加物的价值；另一种劳动，却不能够。前者因可生产价值被称为生产性劳动，后者被称为非生产性劳动。

　　分工理论可以解释生产性的分工，在学科知识的细分上也非常明显。以管理学科为例，最初管理学是一门单一科学，现在已分为管理科学与工程，工商管理，农林经济管理，公共管理，图书馆、情报与档案管理等，这些一级学科下面又划分了更为具体的二级学科。这些学科的产生随着社会发展和分工的需要而产生。最初，分工理论也提及哲学分工和专业化的可能。亚当·斯密认为，哲学家或思想家的任务不在于制造任何实物，而在于观察一切事务，所以他们常常能够结合利用各种完全没有关系的事物。随着社会的进步，哲学和推想也像其他各类职业那样，成为某一特定阶级的主要业务和专门工作。此外，这种业务或工作也像其他职业那样分成了许多部门。哲学上的这种分工，像产业上的分工那样提高了技巧，节省了时间，各人擅长各人的特殊工作，不断增加全体的成就感，而且大大丰富了科学的内容。[①]

　　分工理论为管理人员职业化提供了一个重要的理论支撑，即无论是从效率提升还是从专业性的提高来看，分工所产生的直接影响是个人工作的熟练程度提高，这就有助于个人加深对工作的认识和理解。尽管亚当·斯密的分工理论能够诠释大多数生产效率提升的原因，但在分工的范围上并未对其加以限制，即不是所有类型的工作都可以通过分工来提升效率，亚当·斯密的分工更多的是技术的分工，而在缺乏技术，或者是流程简单的工作中，分工所带来的积极效果并不明显。分工可以看作对工人工作的安排、工作流程的分解包办，这种安排降低了工人对全流程的认识，工人只能被动、机械地接受管理命令，这样不利于员工积极地参与全面的质量管理。因此，管理人员的职业化要考虑管理工作性质、内容以及市场问题，它比一般生产性劳动更特殊。正如亚当·斯密所讲，由于分工起因于交换能力、分工的程度，因此分工总是受交换能力大小的限制，市场要是过小，那就不能鼓励人们终生专务一业。[②]

　　科学管理原理追求管理工作效率。科学管理原理的重要价值不仅在于几项围绕效率的原则性解释，还在于提出"管理为谁"的问题，即管理的

---

　　① 〔英〕亚当·斯密：《国民财富的性质和原因的研究》（上卷），郭大力、王亚南译，商务印书馆，1972，第11页。

　　② 〔英〕亚当·斯密：《国民财富的性质和原因的研究》（上卷），郭大力、王亚南译，商务印书馆，1972，第16页。

主要目标是使雇主和员工财富实现最大化。虽然雇主和员工之间有利益分歧，但在科学管理原理下二者的矛盾不是根本矛盾，还具有一致性。只有实现雇主财富最大化才可能实现雇员财富最大化，反之也是如此，而财富最大化，只能是生产率最大化的结果。①

科学管理原理关注效率低下的根本原因。提升效率需要解决工作中磨洋工现象。磨洋工有两个根源，一是人的天性使然的"本性磨洋工"，一般人都会选择松散的工作态度和方式以利于自己休息，只有在特定压力或动力下，例如标杆榜样作用、自我良知发现、监管压力等，才会选择快速的工作节奏；二是"故意磨洋工"，即由于人际关系错综复杂而形成的一种工作态度和方式，这一现象出现在各种不同的管理制度中，而且是员工深思熟虑后的结果。在计时工资制度下，"懒散松懈"思想不断蔓延。② 解决这一问题需要改造传统管理的方法。传统"积极性加激励"的原则③选择把所有题目留给员工个人处理，员工的精力和时间全部用在了具体的操作层面，纵然有一定的知识水平、能力，或者良好的学习习惯，也没有时间和精力去思考专业知识。④

与传统依靠激励工人的积极性来提升效率不同，科学管理制度通过四项原则⑤在尽可能大的范围内采用一致性的方式调动员工积极性，以全力建构良好愿景，让个人充分展现能力，进行创新。在科学管理原理下，除了员工方面的改进外，管理者需要承担前所未见的新职责。诸如负责员工已有知识的汇集整合与分类，制定制度以规范和提升日常秩序的合理性。也正是员工积极性的发挥与管理人员新职责的有效契合，最终让科学管理

---

① 〔美〕弗雷德里克·泰勒：《科学管理原理》，马风才译，机械工业出版社，2007，第3~5页。

② 〔美〕弗雷德里克·泰勒：《科学管理原理》，马风才译，机械工业出版社，2007，第10~11页。

③ 泰勒认为，在科学管理原理以前的管理制度下，要取得什么成就几乎完全依赖工人"积极性"的充分调动，但实际上这很难实现，所谓"积极性加激励"是指为使工人充分发挥积极性，作为回报，其可从雇主那里得到"特殊激励"的一种体制。

④ 〔美〕弗雷德里克·泰勒：《科学管理原理》，马风才译，机械工业出版社，2007，第80页。

⑤ 即建成一门真正的科学、科学地选择工人、对工人进行教育和培养、管理者和工人之间亲密友好地合作（也被泰勒称为管理的四个基本组成要素）。任务和奖金两个要素是科学管理制度的两个重要因素。

比过去的管制更加有效。① 而正是管理者新的职能的提出，让管理工作的内容开始丰富起来，管理者从原来的监督者转变为工作任务的参与者和分析师，由于管理内容不断丰富，需要挑选合适的管理人员并且通过培训管理人员，管理工作更科学，也符合泰勒的逻辑。

管理人员的职业化的一个核心在于管理工作效率的提升，仅仅靠工作熟练程度的提高和员工经验的总结不足以形成有效的工具以促进工作效率的提升，这就需要借用职业化的标准。但管理科学的教育标准容易让人陷入"经验主义"的困境，管理人员职业化需要在此有所突破，正如泰勒所讲，在摸索各种规律时各类行业面临很多类似的问题，在教育概括人的习惯和能力后，人们通常会依照逻辑归类并探索和定义原则，以找到解决问题的最佳方式和方法。科学管理原理并非经验之谈，是协调而非分歧，是合作而非个人主义。②

## 二　职业发展理论

任何人力资源计划和开发系统都在力求使组织与个人相匹配，以实现组织和个人的共赢与发展。职业发展理论的本质其实在于聚焦个人与组织在一段时间中的相互作用。职业发展理论认为，一个组织成功与否，取决于能否吸引和保留相关领域的"有效"人员，为其设置可行的发展通路，以及将他们的活动成果整合的一种管理方式。③ 其分析的主要框架锁定在特定社会和文化中的组织和个人的动态匹配中（如图 2－2 所示）。

个人的生活所面临的种种问题可以划归纳为三个重要的类型，即个人生命性问题、家庭问题和职业问题，三类问题形成了自己的周期，它们部分由自然属性定义，部分由文化准则定义。所以，个人生命性周期包括成长、一个人能力的全面发挥和不可避免地走向死亡的端点阶段。家庭周期包括生育、子女的教育和发展以及使他们达到独立生活的目标。职业周期包括一个人的学习，对一个职业或组织的生产性贡献和最终的退休。职业发展理论虽然认为三个周期存在交叉和相互影响，但是职业周期的许多压力和机会不受

---

① 〔美〕弗雷德里克·泰勒：《科学管理原理》，马风才译，机械工业出版社，2007，第 22～28 页。

② 〔美〕弗雷德里克·泰勒：《科学管理原理》，马风才译，机械工业出版社，2007，第 79、108 页。

③ 〔美〕E. H. 施恩：《职业的有效管理》，仇海清译，生活·读书·新知三联书店，1992，第 10～16 页。

个人或家庭的控制，它们来源于社会需要的定义、经济机构和制度、教育和职业机构形成的传统和政策是组织自身用人政策。①

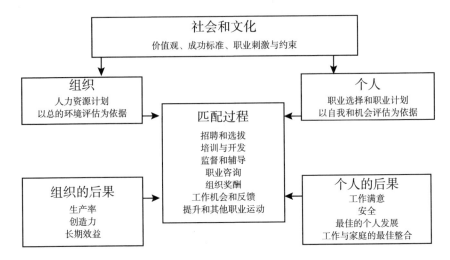

**图 2 - 2 职业发展理论分析框架**

资料来源：转引自〔美〕E. H. 施恩《人力资源计划和开发：一个基础模型绘制》，载《职业的有效管理》，仇海清译，生活·读书·新知三联书店，1992，第 5 页。

在职员制度改革和管理人员职业化问题上，我们探讨的核心是围绕个人的第三个周期，即职业周期，如何建立稳定、持续的个人发展秩序的问题。就职业的概念而言，从组织和个人角度分析，产生了外职业和内职业两个概念。② 内职业是就个人而言，是个人自己的职业通道，即客观的外职业的主观面，内职业更多地注重所取得的成功或满足的主观感情。在内职业中，人们力图使工作事务与他们的其他需要，家庭义务和个人活动取得均衡。外职业是就组织而言的，努力为雇员在组织的作业生命中确立一条有所依循的、可感知的发展通道。它包括职业提供的主要层面或等级，职业暗示的地位阶梯以及职业从事者共同的职业道德规范等。

职业化就是职业发展过程与结果的代名词。一个新员工从入职到退休

---

① 〔美〕E. H. 施恩：《职业的有效管理》，仇海清译，生活·读书·新知三联书店，1992，第 19～22 页。

② 〔美〕E. H. 施恩：《职业的有效管理》，仇海清译，生活·读书·新知三联书店，1992，第 3、36～38 页。

需要畅通的发展通道，在此过程中不断提升职业化水平。总体上看，组织中职业变动的通道包括三个：第一是职位的垂直升降，即垂直的维度；第二是向组织的核心靠近（伴随着职位上升，一般也会靠近核心，但也存在明升暗降的情况）[①]；第三是不同部门之间的轮岗，即水平的维度。狭义地讲，真正能够有助于提升职业化的应是个人沿着一条专门的通道垂直地提升，而后两类职业的流动即使是建立在合理的制度之上，也不利于个人职业化水平的提升。但是从广义上来说，建立畅通的横向流动通道有助于工作丰富化，有利于个人找到适合自己的工作岗位，也有利于职业化。在事业单位，管理人员职业发展的关键在于设计或拓展纵向通道，职业化研究的一个核心也在于合理的职级设定。

职业锚是个人与环境适应的结果，形成于生命早期，"潜伏"于内心，对职业选择发挥一系列驱动和制约的功能。如果个人步入尚不能满足需要或使个人价值观折中的处境，那么个人会转而进入某种更和谐的环境。事业单位管理人员的职业化问题的研究是在个人对工作有一定认知基础上的研究，从个人职业发展角度看，这反映了个人结合自己才干和组织环境的匹配过程，有助于解释事业单位管理岗位和专业技术岗位轮换的现象。职业锚突出了个人完整的自我观中的动机、价值观和能力的逐步整合，更重要的是反映了被发现的能力和才干[②]。这也是相比于期望理论、需求理论等，更有助于解释职业发展问题的关键所在。在职业锚的类型中，施恩突出了技能型和管理型的比较。以技术能力为锚位的个人围绕他们的能力区调整自己的职业，他们通常毫不含糊地回避将他们从这些区域移开或把他们推上全面管理的情景，其主要成长是技巧在不断提高，而不是等级地位在大幅上升。他们的成功更多地取决于他们是自身领域的专家带来的反馈和这些区域日益增多的挑战性工作，而不是提升或金钱奖励本身。以管理为职业锚的人将管理本身作为最终目标，具体的技术工作和职能工作仅仅被看作通向更高、全面管理层的道路上的必经阶段，他们看到在更多职能区域展现能力的必要性，但没有一个区域能赢得他们的承诺。管理型的人

---

[①]　但此类没有晋升和轮岗经验而走进核心的通道其实破坏了既定的规则，并不利于公平文化的塑造。

[②]　〔美〕E. H. 施恩：《职业的有效管理》，仇海清译，生活·读书·新知三联书店，1992，第128、178页。

在分析能力、人际能力、感情能力三个方面的组合非常恰当，这三方面能力的结合成为管理人员成功的决定因素。①

　　管理人员和专业技术人员构成了事业单位两大用人主体，通常又以专业技术人员占多数。现实中，具备一定权力的管理岗位面临专业管理类和专业技术类工作人员的竞争。对于哪类人群更应胜任领导性质的管理工作无法从合理性和成效上给予简单的判断。但对于同时承担两类性质工作的人员来说，自己对哪类工作更为认同反映了个人职业锚的定位问题，一些具有专业技能的人认为自己的工作以专业技术为主，而非以管理为主，尽管自己在时间成本上更多投向了管理任务。同时承担两类性质工作现象的出现也反映出事业单位组织发展和员工发展规划不协调，更透射出职业变动和现有人事制度的冲突，这影响到各类人员的职业发展。

　　从职业初期、中期和末期三个简单阶段分析职业发展周期，可以发现职业化问题的重点在于职业初期和中期。人们在每种职业中都存在一种从初学者变为某个专门领域的贡献者的内在逻辑，这种专门领域反映出一个人在早期职业阶段日益纯熟和深化的具体技能。无论是工程师还是财务专家，职业初期都可以被看作通过施展相当熟练的技能，得心应手地干自己正在干的事情和做出贡献的这样一个时期，职业中期所面临的一个主要问题是，一个人要决定他的长期贡献是继续施展这些技能，还是以这样或那样的方式将其"通用化"，它可以扩大自己的专家角色，也可以进入行政和管理领域，从根本上改变自己的角色。②

　　并非所有人都将工作和职业看作生活的全部内容，把晋升看作成功的唯一尺度。更加重视工作与生活的均衡成为一种趋势。成功也日益被定义为充分施展个人的全面才干，不仅仅是对工作单位，而且是对社会、家庭和自我。无论是何种偏好，合理的制度安排、适当的激励都是应该具备的。事业单位管理人员职业化的理想设计是从组织层面设计好一套有助

---

① 施恩所认为的感情能力类似于对高情商和高抗压能力的解释，即感情能力高的人是能够被感情危机和人际危机所激励的，而不被其拖垮或压倒，能够承担高水平的责任，而不是变得软弱无能，能够使用权力，而不感觉内疚和羞怯。参见〔美〕E. H. 施恩《职业的有效管理》，仇海清译，生活·读书·新知三联书店，1992，第138~142页。

② 〔美〕E. H. 施恩：《职业的有效管理》，仇海清译，生活·读书·新知三联书店，1992，第179~180页。

于管理水平提升、管理价值得以体现的现实制度，就管理人员自身而言，则是让具备管理职业锚的人回归管理本位，把技术锚型的人导向专业技术岗位。

# 第四节 小结

区分工作、职业、专业和职业化的概念的目的并不是突出科学的定义。在不同的历史阶段，这些词具备了相同的实践行为。它们在不同历史时期所具备的称谓让它具有现实意义，这就是对比和总结这些类似概念的价值。成熟的社会、稳定的环境、自主的个体、共同的契约等都赋予了工作更深刻的内涵，而正是这些内涵将个人、工作和社会统一于一体而发展。事业单位管理人员的职业化也是社会现阶段发展的客观要求和未来趋势，无论是从行业还是从管理科学本身的发展来讲，日益趋向于分工、精细化、标准化都是事业单位管理人员职业化过程中的前期表现。

职员制度并不兴起于事业单位之中，而是经由自由市场验证的企业人事管理制度在验证之后被借鉴到政府和事业单位之中。从对职员制度内涵的解释不难发现，职员职级设计、岗位设置、聘任、考核与培训、待遇等内容是标准化的，它直接解决的是打破原来套用政府人事管理中职务职级的制度，并依据自身特征建构符合自身实际的一项制度安排。对比职员制度和职业化的内涵发现，职员制度是一种借助于政治制度力量打破原有制度禁锢的初级设计，虽然在内容上有一定的对应关系，但距离职业化还有一定的距离，职员制度并非事业单位管理人员的最终目标，这一过程只是管理人员通向职业化的一个过渡阶段。

如果职员制度的核心绩效是职业化，那么它所带来的周边绩效尤为丰硕。现有的实践总结和理论研究将职员制度的价值定义为解决兼职现象、厘清职责、增强员工激励、"去行政化"等，尽管制度设计的初衷是良好的，但在细化和执行中都将落脚在一个核心点，那就是对于利益的调整是否合理，而利益的核心就在于薪酬和晋升，也就是生存与发展的问题。教育事业单位相比医疗卫生、科研机构走在了前列，科教文卫四大类事业单位由于社会发展阶段性需求不同，所以改革的先后和重心并不一致。在卫生事业单位中，比管理人员职业化更为迫切的在于专业医疗水平提升、专业医疗资源的供给总量、医疗改革对于公众的回应等。文化事业单位的改革更为激进，从当前来看并没有遇到改革前所假想到的困局，这或许在于文化事业单位比较果断且幸运地找到了适合自己的改革道路。

国内外对于职业化的研究角度有差异，国外更关注整个社会的职业化，部分原因可归结为其较高的现代化程度。重点关注的领域在于医疗卫生领域，另外则是从执行的角度阐述职业化的进程及其阶段性特征等。国内对于职员化的研究并不多，主要集中在特定的领域、特定的群体，理论和实践各有侧重。职业化在中国的研究最为集中的一个领域是企业。研究更偏重实践意义，集中表现为职业化研究成果的作者大多是从事管理咨询的人员，他们通常将"职业化"作为培训的重点。另外则是对特殊群体职业化的关注，比如大学辅导员、农民等职业发展相对受限的群体，也有关注国内外差距较大的群体诸如律师、校长、院长等。

本章最后所强调的是相关理论对于事业单位管理人员职业化的支撑。首先是管理学自身的理论基础——分工理论和科学管理原理。这两个基于大量观察和实验总结得到的管理理论是管理职业化的基石。从原有的劳动者脱离的监督者、协调者再到领导者等短期的分工行为也预示着管理的很多实践模块是可以独立并通过专业性提升实现职业化的。科学管理原理则提供了一套"专业技术"，并且这项技术的应用难度是需要管理者结合具体场景做出合理决策才可实现管理效用的最大化。职业发展理论为职业化提供了最贴切的支撑，当我们把一个人的工作放在职业角度考量时，整个分析就更具社会意义，简单而言职业化就是职业发展过程与结果的代名词。一个新员工从入职到退休需要畅通的发展通道，以在此过程中不断提升职业化水平。

# 第三章
# 事业单位变革与管理人员身份变迁

由于事业单位与政府机构有着一脉相承的关联性，通常可以把事业单位看作政府职能的延续，但在新公共管理运动的影响下，事业单位变革带有政府职能转变和市场行为的烙印。[①] 科学分类是事业单位改革的重点，以社会功能为中心的分类原则证实了事业单位在融合行政、公益服务和生产经营的多种社会属性的同时也带来了功能性紊乱。在多种属性交织的事业单位中，逐渐剥离出去的行政属性和生产经营属性必然会有助于纯化事业单位的公益服务性。[②] 这个过程的实现并不是一蹴而就的，事实上在正式确立事业单位分类改革之前，事业单位一直在进行着一种平缓而又曲折的变革，事业单位管理人员在其中也面临身份的转变，这种转变与其说是主动变化，倒不如说是不得不为之。那么是什么力量导致事业单位管理者身份发生变迁，这种变迁对事业单位本身带来怎样的影响，事业单位管理人员又将怎样面对这样的身份转换，本章将通过分析事业单位变革及其对管理人员身份变迁的影响回答上述问题。

## 第一节　事业单位的内涵溯源与组织特征

### 一　事业单位的内涵溯源

事业单位这一概念极其简略，内涵却极度丰富。自有事业单位命名至

---

① 从组织学上看，"变革"强调改革的结果和形态。本书在对事业单位管理人员的相关政策进行分析时，将更多从具体政策的调整和改革角度来解释。

② 改革开放以来的改革更能反映事业单位功能逐渐明确的过程，具体参见王澜明《改革开放以来我国事业单位改革的历史回顾》，《中国行政管理》2010 年第 6 期，第 7～12 页。

今，名称并未有任何改动，但实际范围、运作方向等都发生了很大的变化。《辞海》对"事业单位"词条的解释是："受国家机关领导、所需经费由国库开支、不实行经济核算的部门或单位，如学校、医院、科研机构等。"①《中国大百科全书》中对事业单位的概念做如下诠释："以增进社会福利、满足社会文化、教育、科学、卫生等方面需要，提供各种社会服务为直接目的，其工作成果与价值不直接表现或主要不表现为可以估量的物质形态或货币形态。"② 1998 年国务院发布的《事业单位登记管理暂行条例》规定："本条例所称事业单位，是指国家为了社会公益目的，由国家机关举办或者其他组织利用国有资产举办的，从事教育、科技、文化、卫生等活动的社会服务组织。"1999 年《中华人民共和国公益事业捐赠法》第十条规定："本法所称公益性非营利的事业单位是指依法成立的，从事公益事业的不以营利为目的的教育机构、科学研究机构、医疗卫生机构、社会公共文化机构、社会公共体育机构和社会福利机构等。"2014 年中央编办发布的《事业单位登记管理暂行条例实施细则》中规定："本细则所称事业单位，是指国家为了社会公益目的，由国家机关举办或者其他组织利用国有资产举办的，从事教育、科研、文化、卫生、体育、新闻出版、广播电视、社会福利、救助减灾、统计调查、技术推广与实验、公用设施管理、物资仓储、监测、勘探与勘察、测绘、检验检测与鉴定、法律服务、资源管理事务、质量技术监督事务、经济监督事务、知识产权事务、公证与认证、信息与咨询、人才交流、就业服务、机关后勤服务等活动的社会服务组织。"这一定义基本上涵盖了事业单位所有的类型。从上述概念中不难看出，事业单位的组织使命在于以提供公共产品和服务为特征。脱胎于计划经济体制的事业单位在整个改革过程中一直没有改变的是其行政化的特色：（1）国家机关主办并主管；（2）活动遵循国家计划；（3）业务脱离经济主体，一般不直接从事物质资料生产，主要从事为社会提供非生产性服务，开展业务不以营利为目的；（4）人员列入国家编制，机构设置由国家机关批准，工作人员一般列入国家事业编制；（5）经费依靠财政拨款，一般由国家财政予以全部或部分补助。本章在回溯事业单位概念时，主要围绕一些核心的政策文件展开，政策变化对事业单位的规

---

① 《辞海》，上海辞书出版社，2002，第 1539 页。

② 《中国大百科全书·政治学卷》，中国大百科全书出版社，1992，第 334 页。

模、范围、特性等都产生不同程度的影响。从事业单位内涵的变化可以洞悉事业单位的复杂性。

过渡时期以"事业"为核心的概念。"事业"一词具有宏大的社会建设之意，《易传》有言曰："形而上者谓之道，形而下者谓之器，化而裁之谓之变，推而行之谓之通，举而措之，天下之民，谓之事业。"这一涉及民生、社会、国家建设的概念一直沿用至今，并成为事业单位概念的核心。新中国成立之前，只有承担社会、教育、医疗等事业建设的组织，并无确切概念。追溯事业单位之概念，最早是在1952年6月27日中央人民政府政务院的《关于全国各级人民政府、党派、团体及所属事业单位的国家工作人员实行公费医疗预防的指示》中指出："决定将公费医疗预防的范围，自一九五二年七月份起，分期推广，使全国各级人民政府、党派、工青妇等团体、各种工作队以及文化、教育、卫生、经济建设等事业单位的国家工作人员和革命残废军人，得享受公费医疗预防的待遇。"这是中央文件中第一次提及"事业单位"[①]。在之后的概念变化中，事业单位的核心一直是"事业"，并没有将与其相关的组织和人作为一个整体的类别划分出去。在这段时期，事业单位是"大事业"概念，并不突出和强调单位的概念。国家作为社会建设的主体，在各个关乎民生和社会发展的领域，组织全国上下全力投入社会主义建设中，使得科学、教育、卫生等水平迅速提高。"大事业"建设是特定历史阶段的必然选择，用集中的权力和力量能办"大事"，同时也反映了高度集权的大一统管理模式，在这种运作模式下的事业单位，逐渐形成了"隶属"关系依赖，并一直延续至今，事业单位的运作已经习惯于政府的指导，形成了依靠统一的行政权力办"大事业"的思路。

计划经济时期的"大单位"模式。随着社会制度的不断完善，规范划分不同性质的单位组织成为推进社会主义建设的一个重要管理策略。虽然计划经济时期以经济建设作为国家发展的战略重心，但面临财政的压力，做好内部机构优化，合理分配财政资源成为一项必要的改革措施。1963年《国务院关于编制管理的暂行办法（草案）》发布，事业单位的基本内涵界

---

① 中央正式文件中提到事业单位可能还会更早，在现有能查的文献中，本书以范恒山提出的观点为依据，具体参见范恒山主编《中国事业单位改革探索》（上卷），人民出版社，2010，第3页。

定是：为国家创造或改善生产条件，促进社会福利，满足人民文化、教育、卫生等需要，其经费由国家事业费开支的单位。1965 年 5 月国家编制委员会的《关于划分国家机关、事业、企业编制界限的意见（草案）》中规定：凡是直接从事为工农业生产和人民文化生活等服务活动，生产的价值不能用货币表现，属于全民所有制单位的编制，列为国家事业单位编制。

国家机关、事业和企业编制的界限的划分属于简单归类，事业单位的概念体现较强的行业特色，表现为"大单位"制。这种"大单位"制表现在三个方面。其一，由于划分标准过于笼统，并没有考虑行业的特殊性，围绕其制定的相关政策和法规很难达到立竿见影的效果。后期的很多政策调整基本上验证了这一点，例如国家出台岗位管理办法之后，卫生事业单位、教育事业单位还要根据自己的特点在原有的指导框架下重新设计自己的改革方案。其二，把科学研究、教育、文化、卫生简单列入事业单位，也低估了公众对此类公共物品的需求量，夸大了国家财政的供给能力，忽视了市场和社会组织在此领域的作用。面对不断增加的公共产品和服务需求，事业单位不断地扩充，从中央到地方，事业单位的机构在壮大，数量也在不断增加。其三，事业单位之大还在于"单位"的特色性[①]，在计划经济时代，人们首先生活在单位内，而后通过单位生活在国家中，单位不仅提供给国人以终身的职业，国人还通过单位享有公费医疗、免费教育。[②]而对于这些具有公共产品性质的社会需求，很多单位可以举办，每个单位基本形成了自己的小社会。值得补充的是，"文革"时期尽管各类社会建设基本处于停滞状态，但文化类事业单位，诸如广播站、报纸等宣传性质的单位，可谓"一枝独秀"，阵容不断扩大。然而，尽管在概念上属于事业单位，但除了进行政治性宣传之外，并没有实现文化类事业单位的核心使命。在这一时期，事业单位和其他组织一样糅合在一个文化潮流之中，

---

① "单位"在中国属于一个特殊的概念，在计划经济时代，每个人都属于单位，反映了那个时代的集体属性。一个人进入单位之后，工作和生活可以被认为都处于单位之中。笔者认为，当今事业单位是最能反映计划时期"单位"性质的。对于"单位制"的具体介绍，参见刘建军《单位中国——社会调控体系重构中的个人、组织与国家》，天津人民出版社，2000。

② 这种理想的单位制与中国近现代历史有着不可阻隔的联系。参见曹锦清、陈中亚《走出"理想"城堡 中国"单位"现象研究》，海天出版社，1997，第 64 ~ 68 页。

丢掉了组织自身的价值。

**商品经济时期的企业化探索**。财政压力一直是事业单位改革的一个重要动力源，市场经济概念的提出将事业单位"推过了自身的边界"。1980年1月，中共中央、国务院发出《关于节约非生产性开支，反对浪费的通知》指出，国家对事业单位以及行政机构探索节约自留，增收归自己所用，积极提高单位勤俭节约的积极性；鼓励有条件的事业单位充分拓展功能并深掘自我潜能，鼓励积极的创收，以实现单位发展与事业发展的共赢。1985年国务院发布《事业单位奖金税暂行规定》，第一条规定"为了鼓励事业单位向经济独立、经费自给过渡，使事业单位有计划地逐步提高职工收入水平，并从宏观上控制消费基金的过快增长，特制定本规定"。1989年，财政部令2号《关于事业单位财务管理的若干规定》第一条规定，为加强事业单位的财务管理，提高资金使用效益，增强事业单位的活力，推动事业发展。第二条规定，事业单位预算管理形式主要分为：全额预算管理；差额预算管理；自收自支管理。1992年《中共中央、国务院关于加快发展第三产业的决定》（中发〔1992〕5号）提出对事业单位的政策是："坚持谁投资、谁所有、谁受益的原则，不能过多依赖国家投资""实行企业化经营，做到自主经营、自负盈亏。现有的大部分福利型、公益型和事业型第三产业单位要逐步向经营型转变，实行企业化管理"。[1]

这段时期的事业单位市场化倾向是比较明显的，鼓励事业单位走市场化路线有效调动了事业单位的活力，也减少了国家财政的压力。但事业单位过度的市场化问题，逾越了其"公共服务"的界限，带来了不少社会问题。在教育、卫生等事业单位体现得尤为明显，关乎民生的"公共产品"提供者一旦市场化，公众的生活成本和生活质量不可避免会受到影响。事业单位的内涵并没有发生变化，[2] 但是其包括的对象和范围有一定的增加和扩充。很多新成立的组织更愿意在事业单位的框架下运作，因为这既有财政、税收的支持，又可以积极探索市场化。在这一时期，国家对事业单位管理的目标是追求"盘活"，事业单位的宗旨和服务对象尽管清晰，但

---

[1]　本段所述几项政策文件主要参见景朝阳《试谈事业单位的制度沿革》，《中国合作经济》2006年第4期，第58～59页。

[2]　1984年《关于国务院各部门直属事业单位编制管理试行（讨论稿）》中指出：凡是为国家创造或改善生产条件，从事为国民经济、人民文化生活、增进社会福利等项活动服务，不是以为国家积累资金为直接目的的单位，可定为事业单位，使用事业编制。

维持自身运作的经费不足，事业单位学习企业化的改革解决的是自身生存的问题，并在这个过程中吸纳了企业管理和运作的有效经验，也更清晰地区分了事业单位中"混入"的企业部分，而当其突破生存之后，无法遏制自身对经济利益的诉求，由此带来了事业单位公益性不明的问题，也影响到了正常的市场秩序。

**改革新阶段：突出公益服务核心**。1996 年，中编办在《关于事业单位机构改革若干问题的意见》中指出，"遵循政事分开的方向""根据事业单位的不同情况，分类进行改革""撤并压缩不适应国民经济和社会发展需要的事业单位""要推进有条件的全额拨款的事业单位按照有关规定开展有偿服务，逐步向差额补贴过渡；差额补贴的事业单位，要进一步创造条件，向自收自支或企业化管理过渡"。这为推进事业单位分类改革奠定了基础，糅合行政、企业、社会三类功能的事业单位在市场经济的大背景下探索适合自己的发展道路。1998 年《事业单位登记管理暂行条例》的颁布，意味着事业单位有了专属性法规。依照《民法总则》，具备法人条件，为适应经济社会发展需要，提供公益服务设立的事业单位，经依法登记成立，取得事业单位法人资格；依法不需要办理法人登记的，从成立之日起，具有事业单位法人资格。登记管理制度的建立暗示着对事业单位的行政管控的弱化，更多的将是在既定法律框架之下，提升事业单位自主运转的效率。2011 年 3 月，中共中央、国务院颁布《关于分类推进事业单位改革的指导意见》，其原则是"坚持以人为本，把提高公益服务水平、满足人民群众需求作为出发点和落脚点……充分发挥政府主导、社会力量参与和市场机制的作用……实现公益服务提供主体多元化和提供方式多样化……"这次分类不仅要进一步厘清行政功能、公益功能和企业功能，还对保留下来的具有公益功能的事业单位做进一步的细分，不仅要突出事业单位的公益性，还要通过财政手段、市场手段充分发挥事业单位的公益性功能。

在市场经济体制不断完善的情势下，政府、事业单位、企业的功能定位更加清晰。尽管事业单位还保留着一些传统性特征——管理体制上行政化、经费来源上供给化、人员编制上干部化、职能目标上计划化、资源配置上指令化、行为模式上"双规化"，[①] 但其功能定位不断清晰并得到强

---

① 参见范恒山主编《中国事业单位改革探索》（上卷），人民出版社，2010，第 8～9 页。

化，不能从简单的概念上来确定事业单位的功能。1965 年 5 月国家编制委员会《关于划分国家机关、事业、企业编制界限的意见（草案）》和1999 年《中华人民共和国公益事业捐助法》中对事业单位的定义基本相同，但是其包含的组织数量、社会作用的发挥都发生了巨大的变化。类似于国外的非营利组织，事业单位改革延续的是非营利组织的社会功能定位，不同的是，事业单位对所包含的"国有"特色成分还难以割舍。

事业单位的改革过程不仅仅是自上而下的改革过程，同时还是一个政策的权衡过程，与公共预算、公共财政的体制改革相配套。某个事业单位是否能够继续生存，要看社会是否需要这种服务，是否愿意为这种服务买单。尽管事业单位在不同时期有不同的内涵，从起初的以事业为核心，到以单位为中心，再到以市场为主导，最后回归到公共服务本身，从而完成了一个循环圈，但这个循环圈不是简单的物理运动，而是产生部分质变的化学反应。然而，从整体上看，事业单位的组织特性除了受到政治和政策影响之外，事业单位主体成员的性质也是决定其组织特性的关键因素之一。我们可以从事业单位的整体特征中洞悉这一影响的来源。

## 二　事业单位的组织特征

从事业单位产生的历史背景以及政策沿革来看，时代对事业单位范围、功能等方面产生了深远的影响。因此，从历史沿革角度分析事业单位的组织特性更能反映事业单位的组织特征。事业单位的形成通常被看作政治、经济、文化、社会体制的产物，中国特色事业单位形成源于以下原因：新中国成立初期新形势下迫切需要建立管办合一的社会福利体制；计划经济体制下政事不分的传统管理；社会化组织的缺失；法人治理结构不完善等。依法成立、从事公益服务、具有非营利性、具有国有资产成分等可以视为事业单位的一般性特征。从事业单位政策沿革的框架下，不难归纳出事业单位的特色，而这些特色也深深影响到与其匹配的人事管理制度。

第一，公共服务与服务行政的双重使命。从组织学角度看，事业单位的使命在于有效提供公共服务和产品，在具体运作中，其供给方式充斥着行政性，带有垄断特点，供给范围延伸过宽，供给效率并不高。正如不少学者对中国公共服务的批判：公共服务的垄断只能导致服务的低效率和无效率，已经不能回应全球化时代多样化公共服务的需求。① 从世界范围看，公共服务的提供者既有政府机构、执行机构，也有社会组织和企业，不同国家由于市场化程度不同、政体不同，公共服务提供者比例是有差异的。一是以政府为主体，以权力运作方式满足公共需要为目的，来提供公共服务的权威型模式；二是以私人营利组织为主体，以市场交易方式，并以赢利为目的而提供公共服务的商业型模式；三是以非营利组织或公民个人为主体，以慈善帮扶方式和以满足社会需要为目的而提供公共服务的志愿型模式。② 无论是分类改革之前，还是分类改革之后存留下的事业单位，其服务模式基本属于权威型模式。随着市场化程度的提高，志愿者群体的壮大和社会组织的健全，公共服务模式就不断地转向商业型模式和志愿型模式。但是，围绕由谁提供公共服务更有效率的问题并没有一个定论。针对不同公共产品的特性，采取多元化的供给模式是有必要的。在国内，权威型模式占据主体地位，商业型模式和志愿型模式仅占极少数。造成这种现象的原因是权威型模式的存在往往排挤商业型模式和志愿型模式，另一部分原因在于事业单位的定义是一个笼统的概念，其本身也包含了商业型模式和志愿型模式，对应原来的公益三类单位和慈善协会等。事业单位分类改革的思路，也反映了事业单位原本庞大、复杂的系统。③

　　与大多数提供公共服务的组织不同，事业单位既是公共服务的生产者，也是安排者。一般而言，公共服务体系中包含三类参与者：消费者、生产者、安排者。④ 通常生产者是多元的，政府、企业、社会组织都是生产者，而安排者通常只有政府机构或带有一定行政权力的政府衍生机构。事业单位和政府一样具有生产者和安排者两种身份。在欧美国家，从公共物品的性质来看，纯公共物品应由政府生产和安排，诸如国防、基础教育和医疗等，也只有站在纯公共物品角度上，政府才扮演生产者和安排者两

① 褚松燕：《中外非政府组织管理体制比较》，国家行政学院出版社，2008，第42页。
② 唐娟、曹富国：《公共服务供给的多元模式分析》，《华中师范大学学报》（人文社会科学版）2004年第2期，第14~20页。
③ 有数据显示，90%以上的事业单位由政府主办，其他由社会力量兴办的事业单位不足10%。参见吴知论《事业单位三分法及改革对策》，《中国行政管理》2003年第2期，第12~13页。
④ 张文礼、吴光芸：《论服务型政府与公共服务的有效供给》，《兰州大学学报》（社会科学版）2007年第3期，第96~102页。

种角色。事业单位承担了大量的准公共物品的生产，由于其公有性质的特点，其在运作中过于依附政府，在一些市场领域挤占了企业和社会组织的生产空间。

事业单位的人事制度安排、经费来源等特点，也决定了其在政府管控之下的另一个特殊的使命，即作为政府改革的缓冲区，消化改革不动的资源。伴随着政府机构的每次改革，事业单位都会做好相应的调整，承接项目，承担改革掉的职能，吸纳人员安排等。由于隶属和管束关系的存在，事业单位一方面是公共服务的提供者，另一方面也为政府提供内部的公共服务。很多行政部门都具有自己的事业单位，例如研究院、研究中心等，其主要职能是承担行政机构的研究课题，为行政机构提供政策参考等。行政部门自设的医院、学校等也解决了行政机构工作人员的生活和发展问题，此类事业单位的设立反映了围绕行政运作而成立的一个生态系统，即单个的组织都是一个小社会，不需要通过走向市场就能实现自给自足。

第二，组织类型、职业类型的多样性。事业单位类型的多样性体现在多个方面。按行业划分，有教育、文化、培训、卫生、交通等；按服务对象又可分为外事、司法、财政、工业等；按财政拨款方式分为全额、差额、自收自支等；按社会功能划分，又有行政类、社会公益类、生产经营类、核定为事业编制的社会团体等；按公益性质的成分划分，又分为公益一类、公益二类、公益三类①……

从隶属关系角度对事业单位进行划分，从纵向上看，事业单位主要分为中央、省、市、县、乡所属事业单位五类。另外，还有中央和地方双重领导和共同领导（两个部门共同领导，以一方为主）的事业单位②，以及企业所属的事业单位（例如大公司下属的学校、研究单位等）。从横向上看，事业单位主要分为党委、政府、人大、政协、检察院、法院、民主党派、社会团体、经济实体和其他系统所属的事业单

---

① 公益三类是指组织提供的服务有一定公益属性，基本能实现市场配置，自给自足，政府根据需要向其购买服务。在《事业单位分类改革指导意见》中，公益三类被划在生产经营类别中。

② 双重与多重领导的事业单位，通常会以某一方领导为主。也有一些双重领导的事业单位并不指明领导主体。参见《当代中国》丛书编辑部编辑《当代中国的人事管理》（下），当代中国出版社，1994。

位等。

从社会职业角度看，事业单位的从业者几乎涵盖了所有的职业。1999年版的《中华人民共和国职业分类大典》把我国职业划分为由大到小、由粗到细的四个层次：大类（8个）、中类（66个）、小类（413个）、细类（1838个）。在八个大类中，除了第七大类"军人"以外，其他大类职业都会出现在事业单位中。① 第二大类"专业技术人员"对应事业单位中的专业技术岗位，第一大类中的"事业单位负责人"和第三大类的"办事人员和有关人员"对应事业单位的管理岗位，而事业单位中的工勤岗位，对应剩下各类职业中的工人。

事业单位类型的多样性和复杂性决定了科学的分类成为一项重要的课题，按照不同的原则和标准，将产生（原则上不再增加）或消除部分事业单位。事业单位社会功能变迁是一个从扩张到紧缩的过程，由于功能延伸并没有顾忌市场、政府的边界问题，事业单位功能与企业、政府相互交叉，造成了政事、事企不分的普遍现象。改革开放以来，人们在物质、精神、文化、医疗等方面呈现更多的需求，事业单位由于"包办"服务的惯性，依然不断地壮大，挤占了市场和政府的一些"职能空间"，也由此面临按三类组织功能分类改革和削减的新要求。事业单位的"减法"运算在实践当中并非削减事业单位的数量和财政拨款，而是对现有事业单位性质的重新界定，考虑到单位社会影响、功能强弱、生存状况等因素，最终的分类也是在事业单位多样性中寻找稳定的共性和持续的公共价值，实现繁而不乱的管理和运作局面。

第三，知识、技术密集型。事业单位是典型的知识密集型组织，在《中华人民共和国职业分类大典》的第二大类——专业技术人员所包含的14个中类中，从哲学研究人员、经济学研究人员到体育研究人员等基本属于高校和科研院所的主要工作人员。测绘工程技术人员、兵器工程技术人员、邮电工程技术人员、森林保护工程技术人员、医生、护士等也都被纳入医疗、交通等事业单位中。这些工作大都需要一定的专业技术支撑，从业者的知识和技能水平一般都达到了较高的水平。

据统计，我国目前有126万个事业单位，共计3000多万名正式职工，

---

① 退伍军人转业的一个主要流向也是事业单位。断言事业单位几乎包括了所有的职业类别也并不夸张。

其中教育、卫生和农技服务从业人员数量三项相加,占正式职工总数的3/4,其中教育系统人员占到一半左右;离退休人员 900 万人,事业单位职员超过 4000 万人,[①] 按照原国家人事部发布的《事业单位岗位设置管理试行办法》实施意见规定,事业单位三类岗位的结构比例由政府人事行政部门和事业单位主管部门确定,控制标准如下。(1) 主要以专业技术提供社会公益服务的事业单位,应保证专业技术岗位占主体,一般不低于单位岗位总量的 70%。(2) 主要承担社会事务管理职责的事业单位,应保证管理岗位占主体,一般应占单位岗位总量的一半以上。(3) 主要承担技能操作维护、服务保障等职责的事业单位,应保证工勤技能岗位占主体,一般应占单位岗位总量的一半以上。总体上看,事业单位的专业技能岗位在总量上占优势。一方面是由于科、教、文、卫等行业对知识和专业技术要求较高,另一方面则是由于事业单位所提供的制度保障吸引了大量高学历人才。

第四,财政支持和编制控制。事业单位的公益目的和国有资产成分特点决定了事业单位的运行在需要财政支持的同时,还应对事业单位的规模进行合理的调控。事业单位的财政支持是分类的,既包括全额拨款单位,也包括自收自支性质的单位。财政拨款支持事业单位的目的在于补贴其向社会生产和公众提供的公益服务,其创造的价值不能完全用货币表现,按照公益性的成分多少、自身发展状况等,来给予不同的财政补助。这种差额性的财政补助也正从侧面表明事业单位具有一定盈利能力,但并不被允许以营利为目的。其收入方式是多元化的,包括财政补助收入、事业收入、上级补助收入、附属单位上缴收入、经营收入和其他收入等[②]。

尽管事业单位的收入多元化,但事业单位的财政压力也在不断地增加。126 万个事业单位,3000 多万名正式职工,900 万名离退休人员,这一数据足以让财政压力剧增。长期以来事业单位编制缺乏长远的规划和约束,再加上一直压缩的行政编制人员不断转向事业编制,事业编制数量扩

---

① 数据转引自中国人事科学院,http://www.rky.org.cn/c/cn/video/2011-06/07/video_1200.html。

② 2012 年 4 月 1 日实施的《事业单位财务规则》(财政部令第 68 号)规定,事业收入,即事业单位开展专业业务活动及其辅助活动取得的收入。其中:按照国家有关规定应当上缴国库或者财政专户的资金,不计入事业收入;从财政专户核拨给事业单位的资金和经核准不上缴国库或者财政专户的资金,计入事业收入。

张过度。同时，由于既有财政补助，又有盈利能力，不少事业单位的薪酬水平高于机关，相比企业来说，事业编制的待遇相对较低却稳定。这种薪酬格局也吸引了大量的人员。有报道称，2010 年 10 月某市面向社会公开招聘 457 名具有事业编制的环卫工人，报考人数达到 1.1 万人，比例高达25：1，最终录取的人员中本科学历占到 81%。①

事业单位数量和规模都相当庞大，但在以公共服务为标准的检验中发现存在财政资源利用率低、资源浪费严重等问题，亟须对事业单位进行分类改革以"纯化"其性质，提升其公益属性。事业单位新出台的相关规定对事业单位分类改革进行编制数量严控，分类工作期间原则上不再新设事业单位，不再新增事业编制。确因工作需要的，在现有机构编制总量内调剂解决。② 随着公众对公共服务需求量的不断增加，减少财政支持和精减编制并不能成为事业单位改革的主要手段，但财政、编制作为一种重要的保障性因素依然是事业单位的核心内容。

## 第二节　事业单位管理工作的价值和特点

尽管大多数事业单位的专业技术工作占主体，但管理工作在事业单位组织中的价值不容忽视。事业单位管理工作分为两类，一类是具有领导性质的管理，另一类则是普通管理。从管理工作性质上看，二者并无太大差异。本研究重点在于普通管理工作，由于领导性质的管理岗位数量少，不具备普遍的代表性，本书把有领导性质的管理工作放置于"剥离"和"粘贴"的视角，所有管理工作内容相似，领导性质的管理岗位则"粘贴"上了领导权力，即具有重要的决策、指挥和组织职能。

### 一　事业单位管理工作的价值

从一般经验上看，有效管理的缺失导致高昂的组织运行成本，复杂的管理劳动有归属权，这些所有者有权索取其生产要素投入的回报，由于管

---

① 《事业编制仍是香饽饽》，《中国经济时报》2013 年 1 月 21 日第 002 版。
② 参见《中共北京市委北京市人民政府关于分类推进事业单位改革的实施意见》（京发〔2011〕21 号），早在 1997 年中共中央办公厅、国务院办公厅《关于加强管理防止机构编制再度膨胀的通知》（中办发〔1997〕7 号），对行政机构编制进行严格的管控。

理具有稀缺性和复杂性，相比简单劳动的所有者来说管理者所占的剩余价值份额是较大的。在知识经济时代，管理劳动的价值日益凸显，管理的作用日益增强，让管理人力资本得到恰当而有竞争力的回报对于经济的持续发展有积极的推动作用。

首先，来自管理劳动的价值判断对管理行为的劳动价值给予了充分的肯定。关于管理劳动的价值分析在政治经济学领域有详细的论述。马克思从分析管理劳动的性质入手，认为管理性质的劳动具有双重性。双重性来自生产过程的双重性——物质资料的再生产和生产关系的再生产，由此对生产过程进行的管理也就存在双重性，即与生产力、社会化大生产相联系的管理自然属性，以及与生产关系、社会制度相联系的管理社会属性。[①]这种双重性的具体解释见表 3 - 1。

表 3 - 1　管理劳动的二重性

| 项目 | 自然属性 | 社会属性 |
|---|---|---|
| 1. 产生条件 | 协作（共同劳动） | 生产资料所有制形式 |
| 2. 管理的作用 | "指挥的意志上" | 监督 |
| 3. 职能 | 一般职能:合理组织生产力 | 特殊职能:维护和完善生产关系 |
| 4. 性质 | "生产"劳动 | 监督劳动 |
| 5. 决定因素 | 生产力水平（社会化大生产程度） | 生产关系 |

随着社会化大生产程度的提高，生产的复杂性增加，需要更多的协调以集中生产。管理生产与协作的需要，也在协作过程中产生新的职能，即从一般的组织、监督到建立生产的标准、流程、文化等，这些职能的丰富化监管都有助于生产，但在马克思的观点中，依然是资本家想尽一切办法"监督劳动"以提升生产率。如果隐去马克思批判色彩，管理活动的双重性就正说明了在组织中，管理不仅参与了生产活动，而且建立、维护了一种有效的生产秩序以促进价值的创造。

有学者批判从社会化大生产需要协助管理角度认识管理劳动并不准确，因为无法体现价值的生产，于是从价值生产和实现角度考察管理劳动的重要性，并指出管理劳动是价值的主导，体现为管理的决策权；管理劳

---

① 陈征:《论现代管理劳动》,《东南学术》2003 年第 5 期, 第 89~96 页。

动是价值实现的保障，体现为管理责任在于实现组织目标和规避风险；管理劳动是生产要素组合的"黏合剂"，体现为管理的协调功能，最终实现系统效用的放大。① 对于管理劳动是否创造价值还有很多解释，总体上认为管理是创造价值的。一般从两方面解释，其一，现代管理劳动直接创造价值。社会化大生产分工的结果是把作为脑力劳动的管理劳动与以体力劳动为主的各种劳动分开并配给不同的人，管理劳动不仅和体力劳动一样属于活的劳动，而且是一种生产力特别高的"自乘"的"多倍"劳动。马克思曾对管理劳动的作用有过细致的描述："单个劳动者的力量的机械总和，与许多人手同时共同完成同一不可分割的操作（例如举起重物、转绞车、清除道路上的障碍物等）所发挥的社会力量有本质的差别。在这里，结合劳动的效果要么是单个人劳动根本不可能达到的……问题不仅是通过协作提高了个人生产力，而且是创造了一种生产力……因此，12 个人在一个144 小时的共同工作日中提供的总产品，比 12 个单干的劳动者每人劳动 12小时或者一个劳动者连续劳动 12 天所提供的总产品要多得多。"② 其二，管理劳动虽然不是价值的直接创造者，但价值创造需要借助诸如资本、技术和管理等各种生产要素。管理具有提高生产力的功能。马克思所阐述的"创造了一种生产力"，就是管理活动作用于生产力的直接解释。无论何种解释，都肯定了管理劳动对剩余价值的分配权，即承认了管理劳动产生价值。党的十六大以来提出的按生产要素分配的原则，依然承认这一分配权。③

其次，从组织角度看，管理工作在事业单位不可或缺且具备重大价值潜能。

在现代任何组织，随着组织复杂性程度的提高，几乎不存在不需要管理就能良好运作的组织，管理岗位的设置对于事业单位类型的组织也是不

---

① 程建华：《管理劳动创造商品价值的理论分析》，《生产力研究》2005 年第 9 期，第 17 ~18 页。

② 参见《马克思恩格斯全集》（第 44 卷），人民出版社，2001，第 378 ~ 379 页。事实上，马克思认为在当时资本主义生产条件和制度下，管理活动不属于生产性劳动，并不直接创造价值；虽有利于发挥资本的内在作用，形成社会生产力，但最大受益者是资本家，它并没有改善工人的状况，甚至反而使其更加"恶劣"。在这里只谈管理活动，并不涉及对阶级斗争的探讨。

③ 顾逊里：《管理劳动的职能与价值演变》，《学理论》2011 年第 15 期，第 38 ~40 页。

可或缺的。① 岗位产生的基础是总任务的分解和分配，相似任务的集合可以划归到同一类岗位责任中，以匹配相应的人员，从而更好地完成相应的任务。与协调、计划、指挥等相关的具体任务划归于管理岗位，相似的管理岗位又划归于同一管理部门中。以事业单位中党群工作部门为例，其内部一般设有主任岗、副主任岗、宣传岗、组织人事岗等，但都从事类似性质的工作，即"组织方针、路线、政策的宣传教育，宣传干部业务培训，宣传器材的管理，职工思想动态分析，报纸杂志购置计划编制，组织会议，组织落实保密工作措施……"尽管事业单位的主要任务（使命）是提供高效的公共服务产品，但是在事业单位整个运作框架之中需要考虑正常甚至是高效运作是如何实现的问题，例如，一个公立医院仅靠医生是无法运作的，医生无法同时做人事、财务、护理、宣传、后勤等工作，这些工作，从当前事业单位岗位管理划分的标准看，大部分被划归到管理工作中。

在事业单位，管理岗位除承接事业单位的"辅助性"任务之外，还承担起了一项重要的任务——组织发展，对其负相关责任的关键岗位被称为关键管理岗位，即领导岗。领导者通过制定相关管理制度可以保证事业单位的正常运作，但是不能为组织提供更大的发展空间。为满足日益增加的公共服务需求，关键管理岗位被赋予了指挥、计划的权力，也就相应地承担更重要的责任。

事业单位管理岗位承担了一定的分工，最终是让与生产相关的技术工作更加专业化。管理是由协调任务发展而成的，在日益复杂的管理工作中，协调在部门内部体现为岗位职责和任职者能力的协调，体现为人岗匹配；在外部，协调体现为不同部门之间的有效合作，以及关键管理岗位能够与社会需求方向和数量相协调。总体上看，事业单位管理岗位的重要性和企业中管理岗位的重要性相似，一方面由普通管理岗位分担生产之外的辅助性任务，另一方面由关键管理岗位承担组织发展的相应计划和指挥任务，从而使技术岗位的工作内容更加专一，其专注提升公共服务的数量和质量。

最后，从投资回报上看，管理的价值与制度、决策等关键事件息息相

---

① 在这一部分，论述管理工作（管理岗位）可近似地被认为是在论述管理人员，此处不讨论人员管理和岗位管理的区别，从结果上来看，其都是一样的——工作人员在管理岗位上承担相应的职责，进行管理劳动，参与价值的创造。

关。事业单位管理工作的价值体现了管理者人力资本回报率。廉价的管理手段、制度往往会导致高昂的组织运行成本，而科学、合理、健全的管理制度则节约组织运作成本。人力资本理论认为，人力资本存在于人身上，体现为技能、知识和影响人生产能力的质量成分（健康等）。① 高度复杂的管理劳动具有所有者，这些所有者有权索取其生产要素所有权的回报，由于稀缺性和复杂性，相比纯粹的劳动所有者来说，其所占的剩余价值份额是较大的。他们的知识、技能的稀缺性体现在：知识经济时代和新技术革命使劳动过程与生产过程进一步分离，使生产过程的分工协作关系进一步发展，间接劳动的作用在增大，劳动过程由原来的以直接劳动为主转变为现在的以间接劳动为主。管理劳动集合了大量的脑力劳动，并把与任务相关的间接劳动进行有效的整合，以解决单靠简单劳动和技术所不能解决的问题。管理劳动的有效性外显为知识、教育程度、经验等，这些问题的关键要素的有效解决需要一个漫长的积累过程，其复杂性远胜于一般劳动技能和技巧的积累，需要付出金钱和高昂的时间代价，存在较大的机会成本，如相关学位的获得，高级管理人员的培训及基层实践等。对于管理者复杂的人力资本投资，其收益也往往是巨大的。在以经济为考量重心的企业组织中，关键岗位的管理人员都被给予了高薪，这种激励措施也激发了管理人员的市场活力，职业经理人群体高薪现象就是最好的诠释，这类人力资本得到恰当而有吸引力的回报，对于组织的持续发展十分重要，也被世界各国经济发展的历史证明。

事业单位管理岗位对个人人力资本的要求比较高，本书选择教育背景、技能、健康作为解释管理岗位所需人力资本的投资量。下面信息是某教育事业单位管理岗位招聘的基本条件：

XX年度海内外知名大学优秀应届毕业生，培养方式为全日制统招统分，具有硕士研究生及以上学历学位，年龄不大于28周岁（博士毕业或海归硕士不大于32周岁）；大学英语六级水平，口语水平良好；熟练操作办公软件，公文写作能力较强；身心状况良好；热爱高教管理事业，具有高度的责任心和服务奉献意识，具有较强的执行力、组织协调能力、表达沟通能力和团队合作精神。

① 〔美〕舒尔茨：《论人力资本投资》，吴珠华等译，北京经济学院出版社，1990，第9页。

从其招聘的基本要求可以发现，事业单位管理工作对应聘者的知识和技能设定了较高的标准，这也体现了事业单位管理人员的人力资本价值，为了胜任管理工作，个人仍需在入职、工作中进行后续的投资，他们要运用科学技术力量，节约社会资源和自然资源；通过管理创新，节约预付资本费用；利用信息技术，掌握新设备运用技能，创新工作方法。这种投资所带来的效益虽然不能从数据上直接得出，但按照人力资本投资收益的分析模式，不难推断出事业单位管理岗位的工作具有重要价值。

## 二　事业单位管理工作的特点

管理工作的特点可以从管理岗位的职责、任务分析得来。亨利·明茨伯格从六个方面描述了管理工作的基本特征，即工作量与节奏、管理者的活动模式、工作中行动与效果的关系、对不同沟通媒介的运用、与各方面的联系、权利和义务的相互作用。最终得出，管理工作的特点是：工作量大、工作节奏快；从事短暂、零碎、多样的活动；要求即时对应，注重口头表达，组织、关系之间的协调沟通，权利和义务并存等。[①] 尽管权变理论认为管理的有效性需要结合具体的行业、文化、组织特征采用不同的方式，但这只是从最终效果上得出的结论，对于管理工作的内容，管理学界的基本共识是管理工作存在基本的相似性和个别的差异性，相似性要远多于差异性。[②] 这对分析事业单位管理岗位的特征具有较强的指引价值。事业单位管理岗位兼具了一般管理的特征，但是也体现了一定的差异性。

首先，就工作内容而言，事业单位管理工作兼具事务性与领导性。事业单位管理工作总体上分为一般性事务工作和关键领导工作。一般性事务工作不涉及决策和指挥职能，这两项职能也正是一般性管理工作区别于关键领导工作的关键，也是普通管理岗位和领导岗位的主要差异。从工作内容上看，事业单位普通管理岗位的工作职责已经与人员的激励、指挥等权力性功能脱离。具有领导职务的管理人员才具有对人员管理的权力，人员薪酬、培训等业务也由专业的人力资源管理部门的工作人员来接办，普通

---

① 〔加〕亨利·明茨伯格：《管理工作的本质》，方海萍译，中国人民大学出版社，2007，第35～62页。
② 〔加〕亨利·明茨伯格：《管理工作的本质》，方海萍译，中国人民大学出版社，2007，第124～127页。

管理岗位工作人员的工作，大部分是协调、沟通性质的工作，或者是专门领域的一种劳动①。我们可以从某一事业单位办公室综合秘书岗位的职位说明书中了解其工作的内容：

> 编制中心重大活动和重要公务接待方案并协助实施；开展中心机关外事管理工作，检查指导下设机构外事工作进程，办理中心出国（境）人员报批手续；开展中心年度工作会、务虚会等重大会议的筹备、策划工作并协助实施；开展中心礼品登记、发放及日常管理工作；开展中心公共关系建设，政府事务及外联公关工作；开展中心机关的公务车的调度与管理工作和公务车年检和维修保养工作；开展中心绿化环保、爱国卫生工作；开展中心机关后勤服务保障工作。

综合秘书岗位是事业单位典型的管理岗位，其工作内容丰富但琐碎，体现了事务性工作的根本特点。

由于事业单位管理工作并不对核心产品创造直接的价值，在没有领导权力支撑下，大量管理工作的定位都是辅助性的工作。例如在医疗事业单位，医生岗位是直接提供医疗公共物品，即以自身技术治病救人，而办公室、计财处、医疗设备管理处等部门都对病人提供间接的帮助；在学校，教师通过传授知识创造科研成果来实现教育公共产品的供给，图书馆、后勤部门、办公室、规划部门等主要是为单位正常运作提供保障，从而通过间接保障和提供服务来有效地实现公共产品的供给等。定位于辅助功能的事务性工作依然有重要的意义，需要通过提升工作效率，创新工作方法等实现其工作价值。一般来讲，事务性工作人员可以通过适应环境和熟悉流程提升个人工作熟练度，提高工作效率，诸如计划制定方案撰写、报送材料、对外关系协调等，通过熟悉流程，积累实践经验提高工作效率。事务性工作效率的提升还可以通过流程再造和标准化进行创新。流程再造建立在对组织战略的理解上，注重任务分析、组织内部流程和过程的设计，消减不必要的环节，最终实现发展目的。标准化和流程再造也有密切关系，标准化是在流程再造之后，确立一个更为细致的工作模式，以保障工作更

---

① 例如，医院的会计岗位、高校的图书管理岗位等，虽然需要相关人员具有相应的专业知识，但在这些组织中，不能被称为真正的专业技术岗位。

为合理有序进行。可以通过分析割胶工人工作技能，来认识标准化流程的重要性：

> 每一棵胶树的割线都是顺畅的，割面是平整的，包括那些作为练手的死皮树，下刀与收刀时扎着的马步，稳、准、轻、快，下刀时一定要默念这四个字，技术好的胶工比技术一般的胶工平均多产30%的橡胶，要记住技术好坏会影响胶树的经济寿命。①

事业单位的事务性工作可以通过科学管理原理的方法来实现工作效率的提升，但在人际关系学派的视角下，仅仅注重标准是远远不够的，事业单位管理岗位的事务性可能会引起职业倦怠、敬业度、满意度低等问题。在后续的数据分析中，我们会对此进行验证。

职位权力改变事业单位管理岗位的事务性。行政级别是事业单位的主要特征。事业单位组织有着行政级别，关键岗位的管理者有着行政级别，管理人员的工资待遇随着职务（级别）晋升而提升等，事业单位的运作无法脱离行政。与普通管理人员相比，关键岗位的管理人员，即所谓的具有领导职务的管理者的主要任务开始脱离事务性。这主要体现在两个方面。

其一，在取得职位权力之后，事业单位管理人员发挥更多的指挥职能和决策职能。从某事业单位办公室主任的职位说明中来看：

> 全面主持办公室工作。组织协调处机关政务工作，指导处属各单位行政综合方面的工作。负责党政联席会、处长办公会、综合性处务会的组织，对议定事项的落实情况进行督促检查。负责处质量管理体系、工作目标和绩效考核管理工作，组织拟定处年度工作考评指标和工作任务。负责社会管理综合治理、审计等工作。负责处内外接待和外事工作。完成上级交办的其他任务。②

其工作的主要内容虽然没有变化，但自己所做的具体事务已经从直接

---

① 《早晨从凌晨1：00开始》，《光明日报》2013年12月30日07版。
② 该职位说明书来自天津一家交通类事业单位，摘选内容来自职位概况一栏，尽管并不符合规范标准，但工作内容已经十分详细。

劳动转向了"主持""指导""监督"等指挥下的劳动，需要将宏观视野、战略格局以及专业性的判断作为其工作的主要支撑。

其二，职位权力获取之后，职位的责任使其工作的价值得以提高。担任关键管理职务的管理者要对其部门协同劳动的结果负责。承担相应的责任，一直是关键管理岗位人员价值的重要评价依据，也是管理人员薪酬提高的主要因素。事业单位中关键管理岗位人员的责任一方面是对自己部门工作的责任，即通过计划、决策、监督、指挥等，将分散的部门劳动力集中在特定的方向，形成最大合力，实现部门的目标，其领导者对其结果负责；另一方面，事业单位关键岗位管理者需要对事业单位的领导者负责。事业单位的组织架构普遍采用直线职能制，它把直线制和职能结合起来，实行主管统一指挥和职能部门参谋相结合。这种架构在现实中通常强调直线指挥，各部门领导者对单位总领导负责。

其次，从发展方向来看，晋升通道具有行政色彩。随着社会分工的不断细化，各类职业制度和标准的完善，工作已成为现代人生活中的主要部分，职业的发展已成为个人生活的一项基本追求。晋升通道是多数组织为满足员工发展需求而设置的，一般体现为等级的提升，同时附带薪酬、福利的增加。合理的晋升通道能够起到激励的作用，不合理的通道不仅挫败个人工作积极性，还有损组织氛围，尽管事业单位人力资源管理逐步从身份管理走向岗位管理，但岗位发展通道延循了行政思路，总体上事业单位管理岗位的发展通道具有总量少，等级少，最高级受限，有序晋升等严格的科层制特征。

事业单位提供公共服务的技术性，决定了技术岗位在事业单位岗位中具有总体优势，管理岗位总量则相对较少。相关指导文件规定：以专业技术提供社会公益服务应保证专业技术岗位占主体，一般不低于岗位总量的70%；"承担社会事务管理职责的应保证管理岗位占主体，一般占岗位总量的一半以上"。① 一方面，大量以技术提供核心服务的事业单位虽然需要设置适量的管理岗位以提升科学性和效率，但大都以精简核心业务以外岗位作为减少运作成本和提升科学性、效率的关键；以管理为主体的事业单位需要设置大量的管理岗位以分担任务总量，但在以社会功能分类改革事

---

① 参见《〈事业单位岗位设置管理试行办法〉实施意见》，中华人民共和国生态环境部网站，http://rss.mep.gov.cn/rszcfg/zyjsry/200612/t20061230_99098.htm。

业单位的趋势下，更多的社会管理功能被划分到行政部门，事业单位管理岗位的总量并不大，并且也将呈现减少趋势。另一方面，从管理岗位的职能定位来看，维持组织运作的组织、协调、控制、指挥等职能并不需要太多的管理，过量的管理反而会加重组织运作的负担。相对较小的管理岗位总量不能直接说明管理人员晋升的特点，但具体到一个单位中，管理岗位稀缺所带来的竞争压力则会表现得愈加明显。

　　事业单位管理人员晋升通道设计的核心依据并不在于激励，而在于秩序的维护，即能够与外部机关对接，与党政人员交流等。在晋升通道的设计上体现得更多的是行政色彩，具体体现为严格的等级对应关系。原来事业单位的正部、副部、正厅、科员、办事员分别对应管理一级至十级职员岗位。这种对应关系逻辑起点在于维护机关对事业单位的管理秩序，便于事业单位人员与机关人员的交流。在管理岗位的最高等级和等级数量上，《事业单位岗位设置管理试行办法》中对各等级管理岗位的数量设定的依据是："管理岗位的最高等级和结构比例根据单位的规格、规模、隶属关系，依照干部人事管理有关规定和权限确定。"① 其中规模可以以编制量来衡量，规格、隶属关系则体现为事业单位对应的行政级别。编制量、规格和关系在现有行政改革背景下都处于较为稳定的状态，由此产生的一个问题是，事业单位随着社会公共服务需求的增加不能增加人员数量，单位等级无法提升，单位内部管理人员无法晋升，也就陷入了自我束缚的困境。事业单位管理人员晋升的任职条件体现了重视学历和工作经验，以及构建有序晋升秩序的特点。各类职员岗位对文化、学历都有要求，例如六级以上职员岗位需要大专以上文化程度，四级以上职员岗位需要本科以上文化程度。晋升秩序也反映和公务员对应岗位类似的晋升规则，即关注个人基层经历，例如，四级、六级职员岗位，须分别在五级、七级职员岗位上工作三年以上等。在现实中，行政色彩的制度化所造成的一种现象是不同群体的逐利性在增强。专业技术人员会担任领导职务，挤占了管理人员的发展通道，而管理人员为了增加收入，则通过考取相应资格证书，走专业技术职称通道。

　　最后，管理的有效性离不开与组织特性相关的专业知识。通过学习专

---

① 如果对应行政级别，则一级、二级职员对应部级，其作为高级管理人员，被纳入党政领导序列中，所依据的有关规定诸如《党政领导干部选拔任用工作条例》等。

业知识，提升专业能力成为不同职业的从业者实现职业生涯发展的重要途径。随着社会分工的细化，组织管理不断走向专业主义的道路，管理活动有效性开始归因于高水平的管理技能。管理作为一项特殊的组织活动，通常表现为组织、协调、控制、人际关系处理等方面一般经验的应用，但在其背后仍需要围绕核心任务展开管理。这也正体现了战略学派的主要观点：任何组织活动都要服务于组织使命的达成。具备与组织核心使命相关的专业知识成为管理活动的基本元素。

事业单位管理岗位需要与组织特性相关的专业知识已成为一种基本共识。从胜任管理岗位的职责要求看，除了专门负责行政性工作的管理岗位之外，大部分管理岗位对任职者的要求都强调与核心业务相关的专业知识。例如在医疗事业单位，业务院长岗位的基本要求是：

> 本科以上学历，临床专业，副主任医师以上职称；在二甲以上医院从事医院管理工作 5 年以上；熟悉医疗服务行业相关的产业政策及法律法规，具有较强的沟通、协调、组织能力，以及高度的团队精神，责任心强，求真务实，德才兼备；有相关职务经历或有大型综合民营医院工作经验者优先。

在这项要求中，任职者的资格要求不仅仅强调管理经验、管理的基本能力，更为关键的还是对临床、副主任医师、医疗服务行业政策与法律等与核心业务知识、经验结构的强调。与核心业务相关的专业知识的价值体现在管理岗位对它的需求中。其具体的价值体现可以从一般管理原理中求得。一般管理原理注重流程的分解和动作分析，以提高产量，这也是工业时代管理的一场革命，在复杂的现代组织中，依然要求部门分工与协调相结合以实现任务的分解和组合。在一些大型的事业单位，其组织架构分为委员会、领导小组、行政职能部门、业务处室等，以业务为核心，以委员会等上层决策为引导，行政部门做辅助等，通过这种分工协调实现整个组织的有效运作。这套体系的设计思路依旧沿用了按照职能分工，分解流程的管理思路，其各个部门的管理岗位首先在大方向上面服务于整个组织，从各部门来看则是领导或协调部门力量，完成自身的职责。这种双重责任的分工设计思路要求以有效服务核心业务为基本原则，强化部门独立的责任要求，也需要管理人员对专业知识予以掌握，以有效服务整个事业单位。

# 第三节　事业单位管理人员的身份变迁
# 及面临的挑战

在没有引入现代人力资源管理概念之前，岗位和职务概念常常混用，无法按照岗位来划分工作人员的类别。传统上讲，事业单位管理人员指的是在事业单位中担任领导职务的人员，而在事实上从事管理工作的人由于没有领导职务，只能被称为工作人员。按照《事业单位岗位设置管理试行办法》第八条所述，事业单位岗位分为管理岗位、专业技术岗位和工勤技能岗位三种类别，由此，事业单位管理人员所指的对象是以现代岗位管理制度为基础所划分的在事业单位中处于管理岗位的工作人员。按照是否具有领导职务，管理人员可以划分为两个层面——领导者层面和一般管理者层面。一般来讲，除了事业单位中部分领导岗位的管理人员外[①]，所有管理岗位的工作人员都应纳入本书的研究范畴当中。高层管理者——领导者在工作性质上虽然有较大差异性，但就其岗位职责本身而言，内容有很多相似之处。为排除公务员相关制度的影响，本书关注岗位类别赋予工作人员的属性，所指管理人员指担任处级及以下领导职务的工作人员以及普通管理岗位的工作人员。

## 一　事业单位管理人员的身份变迁

在事业单位变革过程中，事业单位管理人员的身份也在不停地转变。身份转变的原因一方面来自社会，另一方面来自工作的要求。总体上看，事业单位管理人员的身份经历了三次转变，即从干部身份转向行政人员，又从行政人员转向管理岗位工作人员，这种转变过程一定程度上反映了整个事业单位管理方式的转变——从对人员的管理转向对工作任务的管理，以及身份去官僚化的转变（见表3-2）。

---

[①]　参照公务员法管理的事业单位管理人员，不纳入本书探讨的范围之内。

表 3 - 2　事业单位管理人员身份变迁

| 阶段 | 核心 | 人事核心 | 称谓 | 支配价值 |
|---|---|---|---|---|
| 过渡时期阶段 | 国家事业 | 品位 | 干部 | 稳定 |
| 计划经济阶段 | 国家、集体事业 | 品位 | 干部 | 稳定 |
| 商品经济阶段 | 财政预算 | 品位 | 行政人员 | 稳定 |
| 市场经济新阶段 | 社会功能 | 职位 | 管理人员 | 效率 |

**干部：事业单位管理者最原始的身份**。干部是一个笼统的概念，包含了各类公职人员。由于单一公有制经济体制的原因，改革开放前，整个国家各个单位中的人员大体分为两种：一种是工人，另一种是干部。干部在新中国成立之后的内涵是：党、政权、工会、共青团等组织以及其他社会组织中具有一定素质的公职人员，以及科学、文化、经济等部门各类专业人员中的常备人员。[①] 在当时，凡是正式的全日制中专、高等院校毕业，具有中专、大专、大学本科及以上学历的毕业生皆可由国家分配到具体单位中并取得"干部身份"。[②] 另外，根据国家人事部门分配的干部指标而被聘用到干部岗位上的人员以及由部队转业的人员，也称干部，甚至宗教住持等也被称为干部。[③] 也就是说，在我国严格实行公务员制度之前，干部一词包含的内容极其广泛，几乎所有具有一定知识水平、专业技术才能，与国有性质相关的人员，基本都被称为干部。随着社会发展，单位分类越来越细化，人才法规不断健全，大量群体开始被动地脱离干部身份。

自新中国成立以来很长一段时间，事业单位人事制度主要沿用的是党政领导干部人事管理制度。事业单位的管理人员和专业技术人员被统称为国家干部，而事业单位中的工勤人员和其他国有企业中的普通工人就是通常所讲的"工人"。具体来讲，自新中国成立到 20 世纪 80 年代职称制度改革之始，专业技术人员和管理人员具有统一的身份——干部。随着专业技术人员职称序列的建立和完善，专业技术人员逐步脱离"干部"系列，

---

① 《新知识词典》，新知识出版社，1956，第 98 页。

② 王海峰：《干部国家与中国建设：一个新的分析概念和框架》，《上海行政学院学报》2012 年第 4 期，第 51 ~ 60 页。

③ 宋佳蔓：《我国干部人事制度的变迁、改革与展望》，吉林大学出版社，2013，第 15 页。

形成了符合自身特点的管理制度。① 专业技术人员职称序列的建立有助于激励专业技术人员提升专业技能，发挥专业优势，不论从实践角度还是从理论角度来看，专业技术人员职称制度的建立是激发人才活力和摆脱旧体制约束的重要改革举措。在公务员制度、专业技术职称制度等建立之后，孤立的事业单位人员虽然有时候还会被称为干部，但是这种身份事实上已经开始剥离于个体。

**行政人员：工作性质所赋予的特色身份。**随着国家行政机构人事制度改革推进，事业单位的一般管理人员逐渐从干部身份中脱离出来。其主要原因是长期的行政化运作模式影响到事业单位运作效率，也加重了财政负担，事业单位去"行政化""谋发展"的呼声日益高涨。一方面对事业单位行政领导的管理依旧沿用干部人事制度相关规定，但是从事一般管理工作的管理人员则被排除在"干部身份"之外；另一方面则是行政机构自身人事管理制度的建立和完善，特别是在《中华人民共和国公务员法》颁布后，事业单位的领导和一般的管理人员都被边缘化，尽管当前存在一些"参公事业单位"，在事业单位人事制度管理文件中也常出现部分党政领导干部按照《中华人民共和国公务员法》进行管理的情况，但总体上事业单位已经与行政机构划清了基本界限。

干部身份虽然失去，但在事业单位内部，依照传统架构的行政模式依旧存在，具有领导职务的事业单位管理人员依旧具有干部身份，只是这种干部身份更多体现为事业单位的干部，而非"国家干部"。事业单位管理人员大量工作在辅助性岗位上，其工作内容与以往的工作内容相比，最大的差异在于具有了更为先进的管理工具与理念，其内容本质上，依旧是事务性工作，这也是我们将其称为行政事务的原因——它在本质上体现了传统行政事务的一贯特点：烦琐、零碎、程序性等。从这个转变上看，事业单位管理人员的身份变迁是一个与权力脱离的过程，也是回归工作本质的过程。他们脱离"干部"身份，丢掉了干部身份所带来的社会地位以及相应的保障，在制度的模糊地带只能转向能够带来实际利益的专业技术序列，以至于当前事业单位中管理人员具有专业技术职称的人居多数，"双肩挑"现象层出不穷。

**管理人员：事业单位管理岗位的从业人员。**在《事业单位岗位设置管

---

① 赵敏：《事业单位：呼唤职员制度》，《中国人才》1996 年第 1 期，第 56～58 页。

理试行办法》出台之后，从身份角度看，其可以被看作为事业单位管理人员"正名"的开始，但背后缺乏有效的激励和保障。岗位管理是现代人力资源管理的基础和核心，由于强调工作分析，对事不对人，其背后的逻辑在于专业的分工和效率精神，在企业领域和行政领域都得到了重视和强化。特别是在企业领域，因事设岗，人岗匹配，成为企业生产和管理效率提升的关键。岗位管理制度是一个系统的人事管理制度，它涉及类别、等级、结构、权限、聘任、监督等环节。与专业技术人员以及工勤人员相比，事业单位管理人员背后缺乏合理的薪酬分配、晋升制度。尽管现有的岗位管理办法可以在岗位管理中设置科学的流程和合理的晋级通道，但如果依旧按照职务工资制度，养老保障对应退休时职务级别，按职员十级划分，那么岗位设置的效果将大大降低。其背后的逻辑是渐进式的改革思路，以减少改革阻力，通过对应行政级别以有助于人才交流和流动，但是隐于背后的核心问题并没有触及——行政机关并不愿意放弃对事业单位的管理，事业单位也并不愿意脱离行政的身份。因此，管理人员的身份在此依旧具有"干部"身份的缩影，但这层身份是模糊的，因为在以专业技术为核心的事业单位中，管理职能的定位会自动流向服务和指导，而不是管制；干部身份也是"缩水"的，事业单位具有行政职务的管理人员具有一定的行政权力，但大部分只限于单位内部，而高层领导的对外权力更多反映的是一个级别对应关系，普通管理人员则没有权力；事业单位管理人员的干部身份也由原来的内生走向剥离，即干部身份是"贴"于个别管理人员身上的，由于行政级别的限制，大多数管理人员在单位中并不存在干部身份，也只有在担任行政职务之后才具备干部身份。

整体上看，从事业单位建立至今，事业单位管理人员身份经历了一个与行政权力脱离的过程。事业单位管理人员是一个剥离了权力和晋升途径的群体，他的职业稳定性在于国家财政的支持，而非职业发展的稳定性。即使是事业单位的高层管理人员，也面临身份的冲突。以公立医院院长为例，由于行政首长由党委任命、政府委派，其身份有三种，其一是医院国有资产的代表，具有行政级别，享有与同级官员一样的待遇；其二大多数是专家，具有高级专业技术职称；其三是医院的法人代表，负责医院的经营与管理。于是官员、医生、管理者维系于院长一人之身[①]。身份的变迁

---

① 沈雁英主编《医院院长职业化》，人民卫生出版社，2008，第51页。

历程表明，事业单位管理人员的性质将更多由其工作性质、职业特点决定，体现更少的身份因素。这正适应了现代人力资源管理中岗位的要求。但是这种向现代管理转型的过程并非一帆风顺，如果改革仅仅是从原有的身份中剥离利益的话，而不能用现代科学的方法赢取新的价值，那就将是一个拉锯战式的改革。

## 二　事业单位管理人员的身份迷失

切斯特·巴纳德在《经理人员的职能》一书中谈道："经理人员的职能是维持一个协作努力的体系，即使讲管理协作努力的体系也是错误的，协助努力的体系是自己管理自己，而不是由管理组织来管理，管理组织是协作努力体系的一个部分，管理人员的职能和组织中其他工作相比，类似于神经系统和其他系统的关系，神经系统指挥着身体，但身体的很大一部分职能是独立于神经系统，相反的，神经系统却依存于身体。"[①] 由此我们不难发现事业单位中管理人员所要面对的迷思：我们工作的价值是什么？我们服务于什么？我们的优势又在哪里？对于这三个问题的核心，我们将其称为身份的定位问题。

身份指个人在社会中的位置，来自拉丁语 statum，和中文地位的意思类同，也可以被认为是个人在他人眼中的价值和重要性。身份认同感不仅给人骄傲与欢愉，而且也是力量与信心的源泉。认同感大大有助于加强我们与他人之间的联系的牢固性，对于某一特定身份的关注可筑牢我们与他人联系的纽带，促使互助，并且可以帮助我们摆脱狭隘的以自我为中心的生活。但极端的身份认同也会产生负面作用，一种强烈的排他性的群体归属感往往可造成个人对其他群体的疏远和背离，甚至产生杀人的念头。世界上大多数冲突和暴行都是由某一看似唯一的，没有选择的身份认同而得以持续的[②]。当身份发生变化的时候，人们往往会有一种焦虑感，德波顿把身份焦虑的起因归结于：渴求（更高的）身份，势力（眼）倾向，过度的期

---

① 巴纳德认为经理人员的职能是提供信息交流的体系，促成必要的个人努力，提出和制定目的。〔美〕C. I. 巴纳德：《经理人员的职能》，孙耀君译，中国社会科学出版社，1997，第 170 页。

② 〔印〕阿马蒂亚·森：《身份与暴力——命运的幻象》，李风华等译，中国人民大学出版社，2009，第 2 页。

望，精英崇拜和制约因素。① 事业单位管理人员身份的变迁其实是从一个复合型身份转向单一身份，即从管理者、干部转向管理者，再转向纯粹的从业者。在这个做身份减法的过程中，组织和管理者个人的身份都发生了变化，甚至有些组织已经消亡，人员面临失业的尴尬局面。在一个大的社会转型背景下，个人或许难以体会到转型所带来的冲突与焦虑，但在组织的转型和改革中的个人对于转型的压力有着更深的感触。

### 三　事业单位管理人员面临的挑战

从事业单位变革的过程来看，事业单位作为一种组织，其形态从模糊变清晰、从多样变专一，其规模从庞大变精简，在这个过程中，事业单位不曾改变的是自身的非营利性和提供公共服务。② 尽管这一功能定位在变革过程中一直都在，但更多的时候埋没在以各式各样名义成立的事业单位中，有的是从行政改革中划分出来而成立的，有的则是在临时成立之后，由于种种原因不再注销等。在突出以公益性为标准实施分类改革的今天，事业单位依然无法消除在各个时期所留下的烙印，诸如行政化的运作、隶属关系、编制管控等（这些来自行政的约束作用）；密集的知识和技术、多样的职业和类型（这些源自与市场边界划分不清）。管理岗位工作的特点同样兼容了行政和市场的要求，在职级设置上体现行政级别对应，在职责上包含很多传统行政事务，在专业和能力要求上体现对一定与事业单位所在行业中专业知识的要求等。在此复杂的作用下，事业单位管理岗位对管理者的要求已经达到了一个新的标准。特别是在事业单位以公益性为目标进行分类改革，厘清组织层面的发展目标，以岗位设置管理为基础，向内部管理科学性诉求发展价值时，管理岗位的人员面临前所未有的挑战，在后续以职员制度为推动力进行更为细化和科学的管理制度建构过程中，一些改革不能兼顾的或难以改革的死角等出现，使事业单位管理人员面临艰巨的挑战。作为一个发展的职业群体，事业单位管理人员如果能胜任岗位要求，保障事业单位最终使命的达成，实现个人的职业发展与组织发展

---

① 〔英〕阿兰·德波顿：《身份的焦虑》，陈广兴、南治国译，上海译文出版社，2007，第6页。
② 左然：《构建中国特色的现代事业制度——论事业单位改革方向、目标模式及路径选择》，《中国行政管理》2009年第1期，第11~21页。

的共赢，至少要攻克以下几项难题。

获取一种具备工作特征的身份。由于管理人员身份从干部到行政人员再到管理岗位的工作人员，原有工作带给个人的社会身份和权力特征已经逐渐消失。在一个科学评估和设置的岗位上，岗位职责意味着个人工作的核心，完成相应的职责，获取相应的精神奖励或者薪酬福利成为个人生存和发展的基础，而工作岗位本身很难给自己带来身份的价值，真正给予个人身份的是一种职业，而不是工作本身。事业单位管理人员在从事相似的工作时不断失去的是一个"身份"，这种带有"庇护"性质的身份从岗位设置开始，就彻底与个人分离。事业单位管理人员需要在工作中找到一种新的身份，科学的岗位管理要求其只能从工作本身来找，而不是向权力靠近，随着"去行政化"的推进，这种通过靠近权力来获取身份的途径也越来越窄。一项工作在社会中的价值得到不断积累，工作自身开始变得更加专业和系统，那么这种工作逐渐就会在社会中获得认可与声望。在功能日益清晰的事业单位，各类岗位价值也不断明确，事业单位管理人员需要从科学的岗位职责中寻找自己的定位，在不断的工作实践、工作创新中提升岗位工作的价值，以重获一种自主的身份，即在不断提升事业单位运作效率中实现自己的价值，以获得岗位带给自己的新身份。

处理复杂的知识，提升胜任能力。事业单位管理岗位之间也会存在一定的差异性，按照技术成分的多少还可以划分为专业性管理岗位和一般（综合）性管理岗位。一般（综合）性管理岗位尽管主要依靠一般管理知识和实践经验来胜任要求，但是在多样的任务中也面临新的问题，例如在处理一些与事业单位特性相关的事务中，缺乏与之相关的专业知识，则会影响到工作效率，也可能会产生工作失误。即使是具有专业性的管理岗位也面临不能满足岗位要求对知识水平和能力的诉求。从工作给个人带来的主观感知上看，在长期的简单事务处理中，也可能让管理人员对工作产生倦怠感，也会影响到敬业度等问题。在以技术岗位为主的事业单位，管理工作的价值可能并没有得到应得的认可，即依靠技术就能解决的问题，可能不会向管理岗位诉求帮助，事业单位管理人员随着知识、能力的提高，不能担负更高价值的工作，这对于管理人员自我价值的实现也是一种打击。从管理学本身来讲，管理更多是一门实践的学科，如何将知识更好地转向匹配岗位的能力，也是事业单位管理人员在实际工作中必须面对的一项重要任务。

在制度的改革中诉求职业发展。随着事业单位改革从试点转向全面推进，改革前期所出现的一些制度性调整难以有力推进改革进程。事业单位变革历程中所形成的一些特点，以及管理岗位划分之后管理岗位所保留下的一些传统性特点可能会是管理人员难以实现岗位价值与自我价值统一的主要障碍。例如，晋升通道是依照行政职务晋升的发展路径，并非按照岗位的科学设置而设计的。在编制控制上，很多编制在现实中发挥的是一种保护作用，而不是约束作用。同样是管理人员，做着同样的工作，一个是编制内的人，另一个则是编外的人。编制背后是工作的稳定性和更高的薪酬。事业单位管理人员要在复杂的改革背景下寻找发展道路，可能会选择一些捷径而非在原有的岗位上尽职尽责以待晋升的机遇。在事业单位制度改革中，包括事业单位的高级管理人员在内，并没有真正主导单位自身管理体系变革，而是在行政主管部门的主导下完成相关改革，这种从上而下，从外向内逐渐放权的渐进改革尽管稳妥，但在事业单位实际管理中存在的问题的选择上可能会抓小放大，难以契合真正的改革需求。管理人员作为事业单位除专业技术人员之外最大的群体，在面对自身职业发展需求和承担公益使命的责任时，需要从具体的岗位责任、清晰的定位、专业的知识和胜任能力上寻找并表达一种职业精神，以实现自我价值。

# 第四节　小结

事业单位现存弊病体现为两个最大限度：一个是最大限度地运用和享受着行政部门和企业拥有的权力和利益；另一个是最大限度地游离于行政部门所受的约束和企业所承受的市场压力之外。结果事业单位就出现很多病症，扰乱了经济运行规则，破坏了资源合理分配，而且有的成了腐败现象滋生的土壤和国有企业资产流失的渠道。从这个角度来看事业单位改革的缘由，不难理解为什么有观点认为事业单位本身只是政府设置的一个"空壳"，必要时候总是可以借壳运作，事业单位这个概念应当逐步消灭或者逐步淡出。这也正说明事业单位的最大问题在于用一个宏大的概念试图界定所包含的一切内容，而这又为统一的概念赋予了一个崇高的使命——公共服务。其本意要将事业单位与企业、政府区别开，但是客观实践中事业单位当中既有企业，也有半政府或准政府的机构。而公共服务主要是从服务性质本身来界定的，和资金的来源以及所有制没有关系。正是由于纠结于这样杂糅的局面之下，事业单位的首要任务就是按照功能定位来进行分类改革，这一思路是几十年改革中最具战略意义的举措。

事业单位管理人员的身份在不同历史时期和单位的命运是紧密联系在一起的。过渡时期的"大事业"和计划经济时期的"大单位"都为事业单位管理人员赋予了更多的综合性权力，特别是在计划指令作为单位决策的首要原则时，直线的行政权力自始至终是工作的主要内容。从这个角度不难得出，事业单位的首要任务是服从国家"大组织"的需要，而不是先完成自身所应完成的特定使命，这在管理上并不符合分工合作的设计初衷，政治权威对于附属组织具有过强的干预，组织自由受到过度限制的后果则是丧失宗旨意识。事实上丧失宗旨意识的不是组织，而是组织的管理者。行为强化的后果带来的是特定文化的产生，特定文化又反过来强化行为，从此陷入行政僵化的困境中。由此以来，事业单位管理者在行为和文化中不断强化的是官员身份。计划经济时代任何组织中的管理人员或多或少都认同自己这样的身份。

事业单位在商品经济时代也步入市场化的浪潮中，面对市场活力和政府政策的鼓励，事业单位特别是具备一定市场竞争力和市场属性的单位在市场中获得了竞争优势。这在很大程度上激发了事业单位的活力，也为很多文化事业单位剥离出事业体系探索出一条新路。正如市场会失灵一样，激进的市场化行为导致了事业单位涌入市场浪潮中，事业单位要么偏离使命定位，要么在市场中一败涂地。事业单位管理者在这个过程中所扮演的角色更像是一个初创企业家，但是在从一个循规蹈矩的干部走向需要亟须创新和打破常规的企业道路上，事业单位管理者跟跟跄跄前行，认识到管理需要复杂的技术和艺术，等待市场化浪潮平静之后，事业单位管理者对于自身工作的认知也映射出企业管理的视角，对于自身的身份问题也不再局限于干部身份，更像是一个专业的行政人员。

回归公共服务和公益是事业单位在经历了计划经济、商品经济之后的准确定位。在缺少了外部竞争之后，事业单位又重新陷入组织惰性之中。国家分类改革的进程在此时进一步加速，减少了组织惰性所带来的成本消耗。分类清晰之后的事业单位尽管得到更多的政策和资金支持，但面对更为科学的绩效考核和使命管理，亟须提升自身公共服务和产品供给的能力。这种突破口除了依靠专业技术人员的技术精进之外，对于管理人员专业化和职业化的要求也更高。由此引入的岗位管理制度、人员聘任制度等现代管理制度都是对事业单位管理的初步规范化的改造。事业单位管理人员有了正式的身份，即事业单位管理岗位的工作人员。组织性质的变化给一些职业者带来了好处，而让另外一些职业者处于不利的地位；在一个组织内部让一部分人的地位下降，而让另一些人的地位上升是组织变革所带来的正常现象，在企业组织中这是一种优胜劣汰的正常现象，但在事业单位中，这种现象通常被描述为不公平。事业单位专业技术人员的核心地位在进一步巩固，事业单位管理人员的地位在走向边缘化。由此产生的一种现象是事业单位管理者可能会依据权力争取利益，也有可能为了争取利益而走向商业化的职业主义。① 这或许正印证了卡尔凯蒂对于服务阶层的著名论断：服务阶层在协调劳动过程和控制劳动过程方面发挥着作用，这两种作用相互混杂在一起的程度影响到一个人在服务阶层的位置。简单说来，一个人所具有的控制作用越大，他或她成为资产阶级中一员的可能性也就越大。反之，如果一个人只是协调劳动过程，那么他或她成为无产阶级中的一员的可能性也就越大。服务阶层成员同时扮演这样两种角色，因此他们常常处于一种矛盾的位置上。如何在这一位置上分配好这两种角色十分重要。鉴于此，服务阶层的结构自身可能就会成为一个重要的政治特色②。

事业单位管理人员身份的转型总是具有一定的滞后性，滞后于社会发展的需要，也滞后于组织使命的要求。就事业单位管理岗位职责及其人员

---

① 职业人士不是自利性的，他们对职业者和客户之间的关系拥有很大的控制权。他们深受客户的信赖，而且在许多方面表现出对"商业社会"的敌对性。一个庞大的、以公共领域为基础的职业共同体的出现不可避免。许多职业人士被迫参与到福利国家中来，并且只是在他们和国家达成一种有利的妥协的时候才参与进来。然而，如果严格按照市场原则进行，一名职业人士不能过上期望的生活，那么他可能会转向其他工作，这种倡导个人主义的职业市场，很大程度上是一个道德败坏的世界，我们将导致这种局面的职业化称为商业化的职业主义。参见 Goriely T. Rushcliffe，"Fifty Years On: The Charging Role of Civil Legal Aid within the Welfare State," *JL & Soc'y*, No. 21, 1994, p. 545。

② Carchedi G., "On the Economic Identification of the New Middle Class," *Economy and Society*, 1975, 4 (1), pp. 1 - 86。

而言，岗位的职责过于宽泛，岗位胜任能力的描述也过于笼统，专业管理人员的价值体现也只有在特定的场景和特定的机遇下才会得到证明。从理论角度来看，现代管理对于管理人员定位的理论解释也面临一种不可调和的矛盾。分工理论和科学管理原理要求尽可能细化个人的工作内容，但过于细化的工作对于从业者来说将面临社会变革所带来的不确定性，职业发展理论强调个人在纵向专业化的同时应拓展职业的广度，以增加抗拒不确定性的风险。一个社会职业的存在和发展并不是孤立存在的，它受到更加广泛的社会力量的影响，并随着这些力量的变化而改变。因此，职业是它与其环境之间的一种关系的产物。官僚政治控制同样导致大的组织内部管理层级和行政层级的扩张，因此形成了专业性的管理职业。[1]

　　身份的转型，首先是思想革命，其次是价值重塑，最后是制度革新。正如泰勒对工厂管理制度的改革一样，首先是以一种具备强大效能的成果为基点，这对当时人们的思想产生震撼的效应，从而引发公众对管理科学性信任价值的重塑，并通过日常的制度运作和革新来强化意识和行为。事业单位管理人员的身份转型立足于其在事业单位使命达成中所具备的贡献和作用，而不应该是掌握多大的政治权力。事业单位管理人员的价值如果用管理技能或技术来定义是比较含糊的话，那么套用经济学家奈特对企业家价值的论述——"管理者在不确定性下对机会进行判断"是其价值所在，但判断无法像技术一样被交易，无法具有专利保护，无法持续拥有其所有，也无法被正确估价，没有边际效用，自然也就没有判断的价格。只有管理者将自己的资产押进去，才能获得判断的合理回报。但是事业单位组织特点注定事业单位管理者无法像企业管理者那样通过各种经济激励方式与企业形成更为紧密的共同体从而获得更公平的回报。因此，在这章的论述中事业单位管理人员的工作价值是一个黑箱，尽管每次打开黑箱之后事业单位管理者的身份就变化一次，但脱去身份的外衣究竟是什么？什么才是真的身份？因此，这个探索思路还是要回到工作岗位上去。

---

① 〔英〕杰拉尔德·汉隆：《律师、国家与市场：职业主义再探》，程朝阳译，北京大学出版社，2009。

# 第四章
## 事业单位管理岗位分析与比较

岗位是现代组织管理的基本元素。事业单位引入岗位管理的方法较晚，在理想的岗位设置、现实的工作需求、组织的编制约束、单位的文化熏陶之间存在相互牵制的力量，这种作用力集中体现在员工的工作状态上。关注事业单位管理人员的职业化，需要聚焦他们所在组织的微观环境——岗位。宏观政策和制度分析关注的是事业单位管理人员职业的外部条件，职业群体内部现状需要进行微观的调查。本章通过对事业单位管理人员和专业技术人员在工作价值选择、满意度、敬业度和职业倦怠感方面的调查，了解个人对工作的主观感知，通过比较不同岗位、不同类别、不同学科背景的人员工作状态的差异性，探讨事业单位管理人员职业发展的核心要素与方向。

## 第一节　事业单位岗位概况

随着事业单位分类和事业单位岗位管理工作的规范化，以公共服务和岗位为原点的事业单位有了一个清晰的整体框架。但是由于原有事业单位所覆盖的范围之广，所涉及的从业人员之众，要对事业单位工作有一个全面的认知依然不易。从表4-1可以看出事业单位除了包含教育、科研、卫生、文化等广为熟知的大门类之外，还包括社会福利、救灾救助、检验监测与鉴定、勘探与勘察等，每大类之后还有细分的中类和小类。可以说事业单位覆盖了大部分行业。现代管理学普遍认为，具备相应行业背景知识的管理者，在其管理岗位上可能会达成更高的绩效，这好比让医院的管理者去管理艺术院校：管理技能和经验会遭遇失效的尴尬局面。现实中类似的场景经常发生，政府部门和事业单位有一种人才交流制度，尽管其初衷是促进人才流动，但没有证据表明其实现了预期效果。

　　表面上整齐划一被冠名以事业单位，并按照统一的管理制度去运作能否实现组织理想的效率和效果是值得探索的，从政府管制的经验判断，有约束的自由制度有助于调动组织活力从而达成更高的绩效。在这里我们需要注意的是如何通过了解事业单位的管理现状，来诊断组织是否在健康运作。这里将涉及不同岗位工作人员在敬业度、满意度、价值选择等方面的比较，从而寻找事业单位内部公平对管理人员发展的影响。另外则聚焦事业单位管理岗位本身，从其制度执行和制度作用对象的反馈发现管理岗位可能存在的问题。

**表 4 - 1　事业单位行业分类**

| 大类 | 中类 | 大类 | 中类 | 大类 | 中类 |
|---|---|---|---|---|---|
| 教育 | 研究生院、部 | 社会福利 | 福利事业单位 | 勘探与勘察 | 工程勘察院（所、中心） |
| | 本科院校 | | 康复治疗事业单位 | | 工程设计院（所、中心） |
| | 高等专科学校 | | 殡葬事业单位 | | 其他勘察设计事业单位 |
| | 中等专业学校 | | 烈士陵园 | | 地质调查队（所） |
| | 职业技术学校 | | 其他社会福利事业单位 | | 探矿队（所） |
| | 基础教育学校 | 救灾救助 | 救助打捞单位 | | 地质测绘队（所） |
| | 成人教育高等学校 | | 防雷（雹）站 | | 勘探技术服务所（中心） |
| | 其他教育事业单位 | 统计调查 | 统计事业单位 | | 其他勘探事业单位 |
| 科研 | 自然科学研究单位 | 技术推广与实验 | 农业服务单位 | 检验监测与鉴定 | 汽车检测中心（站） |
| | 社会科学研究单位 | | 其他农业事业单位 | | 船检单位 |
| | 综合科学研究单位 | | 林业服务单位 | | 动植物检疫所（站） |
| | 其他科学研究事业单位 | | 其他林业事业单位 | | 森林检疫所（站） |
| 文化 | 艺术事业单位 | 技术推广与实验 | 畜牧业服务单位 | | 药品检验所（站） |
| | 群众文艺事业单位 | | 其他畜牧业事业单位 | | 食品检验所（站） |
| | 图书文献事业单位 | 公共设施与管理 | 房地产服务事业单位 | | 其他卫生检验单位 |
| | 文物博物事业单位 | | 园林绿化事业单位 | 资源管理事务 | 农业自然保护单位 |
| | 其他文化事业单位 | | 城市环卫事业单位 | | 森林防灾、保护站 |
| 卫生 | 医院 | | 航务单位 | | 林业自然保护单位 |
| | 疗养院、休养所 | | 公路事务单位 | | 海洋自然保护单位 |
| | 卫生保健、防治单位 | | | | |
| | 血液事业单位 | | 水利事业单位 | | 海洋管理单位 |
| | 其他卫生事业单位 | | | | |

| 大类 | 中类 | 大类 | 中类 | 大类 | 中类 |
|---|---|---|---|---|---|
| 体育 | 竞技单位 | 公共设施与管理 | 其他水文水利事业单位 | 资源管理事务 | 海洋观测单位 |
| | 体育设施单位 | | 其他房地产服务、城市公用事业单位 | | 其他海洋事业单位 |
| | | | | | 自然保护单位 |
| | 运动项目管理中心 | | 其他交通事业单位 | 机关后勤服务 | 机关后勤保障事业单位 |
| | | | 其他环保事业单位 | | 房产事业单位 |
| | 其他体育事业单位 | 物资仓储 | 仓库 | | 接待服务单位 |
| 新闻出版 | 新闻传播单位 | | 供销站 | | 文印通讯事业单位 |
| | 报社 | | 其他物资仓储、供销事业 | | 幼儿园 |
| | 出版社 | 监测 | 水文事业单位 | | 其他机关后勤服务事业单位 |
| | 音像出版社 | | 环境监测站 | 其他服务 | 技术交流中心(站) |
| | 杂志社 | | 环境标准站 | | 外事交流中心(站) |
| | 编辑单位 | | 气象管理单位 | | 资金清算(结算)中心 |
| | 其他新闻出版事业单位 | | 气象预测事业单位 | | 驻外地办事处 |
| 广播电视 | 电台、广播单位 | | 气象预报事业单位 | | 稽查征费所 |
| | 电视台(站) | | 其他气象单位 | | 住房公积金管理中心 |
| | 影视制作单位 | | 地震管理单位 | | 其他事业单位 |
| | 放映单位 | | 地震预报事业单位 | 人才交流 | 人才交流中心(站) |
| | 其他广播影视事业单位 | | 地震预测事业单位 | 知识产权事务 | 专利单位 |
| 测绘 | 测量队(站) | | 其他地震事业单位 | | 商标单位 |
| | 地图制作中心 | 质量技术监督事务 | 计量所(站、中心) | | 版权单位 |
| | 综合测绘队 | | 技术监督所(站、中心) | | 其他知识产权单位 |
| | 其他测绘事业单位 | | 质量检测站(中心) | 经济监督事务 | 税务师事务所 |
| 法律服务 | 律师事务所 | | 其他标准计量、技术监督、质量检测单位 | | 会计师事务所 |
| | 法律援助单位 | | | | 统计事务所 |
| | 其他法律服务事业单位 | 公证与认证 | 公证单位 | | 价格事务所 |
| 信息与咨询 | 信息事业单位 | | 认证单位 | | 其他经济监督事务单位 |
| | 咨询服务中心(站) | | 其他公证与认证事业单位 | — | — |
| | 其他信息咨询事业单位 | — | — | — | — |

资料来源：笔者依据事业单位网上登记管理系统最新调整结果绘制。

通常来讲，专业技术含量较强的组织中，可以围绕技术差异建构一个公平区分人员差异的制度。这也是为什么在专业技术序列中能够很快建构起一套相对科学又有公信力的标准。从表4-2中可以看出事业单位中各类专业技术人员的名称和晋级序列。在教育、科学研究、农业、工程等领域，专业技术人员有着特定的晋升发展通道，例如在工程领域，一个专业技术人员从进入最低级岗位——技术员岗位开始，通过不断学习和实践，考取资格证和在实践中取得专业贡献，从而不断晋级到更高的岗位上去。一般而言，从最低级走向最高级的时间长度是一个人整个职业生涯的追求过程。但从晋升制度上看，我们已经发现管理人员的晋升通道和晋升标准可能存在"笼统标准"和"模糊标准"。

表 4 - 2　事业单位专业技术岗位名称及岗位等级一览

| 领域 | 正高级 | | | | 副高级 | | | 中级 | | | 助理级 | | 员级 |
|---|---|---|---|---|---|---|---|---|---|---|---|---|---|
| | 一级 | 二级 | 三级 | 四级 | 五级 | 六级 | 七级 | 八级 | 九级 | 十级 | 十一级 | 十二级 | 十三级 |
| 高等学校 | 教授一级岗位 | 教授二级岗位 | 教授三级岗位 | 教授四级岗位 | 副教授一级岗位 | 副教授二级岗位 | 副教授三级岗位 | 讲师一级岗位 | 讲师二级岗位 | 讲师三级岗位 | 助教一级岗位 | 助教二级岗位 | — |
| 中等职业学校 | — | — | — | — | 高级讲师一级岗位 | 高级讲师二级岗位 | 高级讲师三级岗位 | 讲师一级岗位 | 讲师二级岗位 | 讲师三级岗位 | 助理讲师一级岗位 | 助理讲师二级岗位 | 教员岗位 |
| 中学 | — | — | — | — | 中学高级教师一级岗位 | 中学高级教师二级岗位 | 中学高级教师三级岗位 | 中学一级教师一级岗位 | 中学一级教师二级岗位 | 中学一级教师三级岗位 | 中学二级教师一级岗位 | 中学二级教师二级岗位 | 中学三级教师岗位 |
| 小学（幼儿园） | — | — | — | — | — | | | 小学高级教师一级岗位 | 小学高级教师二级岗位 | 小学高级教师三级岗位 | 小学一级教师一级岗位 | 小学一级教师二级岗位 | 小学二级教师三级岗位 |
| 科学研究 | 研究员一级岗位 | 研究员二级岗位 | 研究员三级岗位 | 研究员四级岗位 | 副研究员一级岗位 | 副研究员二级岗位 | 副研究员三级岗位 | 助理研究员一级岗位 | 助理研究员二级岗位 | 助理研究员三级岗位 | 研究实习员一级岗位 | 研究实习员二级岗位 | — |

| 项目 | 正高级 | | | | 副高级 | | | 中级 | | | 助理级 | | 员级 |
| --- | --- | --- | --- | --- | --- | --- | --- | --- | --- | --- | --- | --- | --- |
| | 一级 | 二级 | 三级 | 四级 | 五级 | 六级 | 七级 | 八级 | 九级 | 十级 | 十一级 | 十二级 | 十三级 |
| 工程 | 正高级工程师一级岗位 | 正高级工程师二级岗位 | 正高级工程师三级岗位 | 正高级工程师四级岗位 | 高级工程师五级岗位 | 高级工程师六级岗位 | 高级工程师七级岗位 | 工程师一级岗位 | 工程师二级岗位 | 工程师三级岗位 | 助理工程师一级岗位 | 助理工程师二级岗位 | 技术员岗位 |
| 农业 | 农业技术推广研究员一级岗位 | 农业技术推广研究员二级岗位 | 农业技术推广研究员三级岗位 | 农业技术推广研究员四级岗位 | 高级农艺师一级岗位 | 高级农艺师二级岗位 | 高级农艺师三级岗位 | 农艺师一级岗位 | 农艺师二级岗位 | 农艺师三级岗位 | 助理农艺师一级岗位 | 助理农艺师二级岗位 | 技术员岗位 |
| | 农业技术推广研究员一级岗位 | 农业技术推广研究员二级岗位 | 农业技术推广研究员三级岗位 | 农业技术推广研究员四级岗位 | 高级畜牧师一级岗位 | 高级畜牧师二级岗位 | 高级畜牧师三级岗位 | 畜牧师一级岗位 | 畜牧师二级岗位 | 畜牧师三级岗位 | 助理畜牧师一级岗位 | 助理畜牧师二级岗位 | 技术员岗位 |
| | 农业技术推广研究员一级岗位 | 农业技术推广研究员二级岗位 | 农业技术推广研究员三级岗位 | 农业技术推广研究员四级岗位 | 高级兽医师一级岗位 | 高级兽医师二级岗位 | 高级兽医师三级岗位 | 兽医师一级岗位 | 兽医师二级岗位 | 兽医师三级岗位 | 助理兽医师一级岗位 | 助理兽医师二级岗位 | 技术员岗位 |

所谓"笼统标准"的意思是，事业单位管理人员并不存在专有的晋升通道，并且无论在任何领域（行业），按照统一的职员发展标准，我们可以看到事业单位管理人员的岗位等级是完全对应于行政级别的（见表4-3）。这种"换汤不换药"的行为难以撼动原有事业单位的行政约束。更确切地说，事业单位管理人员的发展路径相比专业技术人员不仅链条短，而且每个等级的跨越更是受制于行政级别和编制数。

表4－3　事业单位职员等级与行政级别对应

| 岗位等级 | 现行行政级别 | 岗位等级 | 现行行政级别 |
|---|---|---|---|
| 一级职员 | 正部级 | 六级职员 | 副处级 |
| 二级职员 | 副部级 | 七级职员 | 正科级 |
| 三级职员 | 正厅级 | 八级职员 | 副科级 |
| 四级职员 | 副厅级 | 九级职员 | 科员 |
| 五级职员 | 正处级 | 十级职员 | 办事员 |

晋升的"模糊标准"主要体现在岗位的职责和职员晋升制度上。按照科学的晋升评价方法，一个人的晋升是个人的荣誉和价值的重要体现，晋升应体现个人资历、能力、贡献等能够有效区别于他人的表现或证明。因此在专业技术领域由于具有很多区分度很高的因素，所以除非面临极其稀缺的岗位供给，科学公平地评选出晋升候选人并不是难题。但是对于事业单位管理人员来说，在面对晋升问题时，则难以找到具备一定区分度的因素。我们可以从某财政结算中心主任（岗）、报账员岗位、出纳员职责说明中发现问题（见表4－4）。

表4－4　某财政结算中心岗位职责说明

| 主任（岗）职责 | 报账员岗位职责 | 出纳员职责 |
|---|---|---|
| 1. 贯彻执行国家、省、市的政策、法规和制度<br>2. 主持本中心全面工作<br>3. 负责对所辖行政事业单位、村（居）委会的财务收支集中核算管理工作<br>4. 组织管理中心人员开展思想、业务学习，负责对人员工作业绩进行考核<br>5. 负责组织和参与本部门单位联系挂钩责任的落实；在职责管理范围内承担安全生产、消防、"三防"工作措施落实责任；组织参与应急行动和维护社会稳定工作 | 1. 做好会计资料的保密工作，确保会计资料的真实性和完整性<br>2. 负责经费支付的报销工作，监管各项收入的收取和解缴<br>3. 做好票据的领用、核销、保管和上交工作<br>4. 负责登记业务收入、支出、暂收、暂付、固定资产等有关辅助账簿<br>5. 协助领导编制单位年度收支计划<br>6. 编制上级单位所需的经济业务报表<br>7. 按时进行有关账目的核对工作<br>8. 完成领导交办的其他工作 | 1. 负责所属单位资金的拨付工作，按照有关审批程序，确保单位支出业务的顺利进行<br>2. 对于单位各项支出业务，必须确认其支付凭证的有效性，以及审批手续完善，方能支付，切实把好审核关<br>3. 严格执行有关财经制度，做好有价证券、票据以及分管章证的保管工作<br>4. 严格执行单位内部资金管理制度，未经领导审批，不能擅自支付任何款项<br>5. 做好日清月结工作，确保账款相符，并及时对账、结账和报账<br>6. 按时与单位报账员进行有关账目的核对工作 |

　　值得关注的几个方面是：其一，事业单位重要的管理岗位负有重要的政治责任；其二，一般管理岗位的主要工作任务在于流程化的操作，以及对临时性事务的处理；其三，岗位重要性的差异更多在于责任大小，而不是工作内容的差异；其四，事业单位管理岗位中的专业技术性并不突出，可替代性较强。当然不能以一个单位的岗位说明来说明事业单位管理工作的特点，但是这是极具代表性的一个，换做一个医院或者高校的行政岗位，只是工作的内容不同而已，但去除主要客户和任务的特征，剩下更多的是如何实现熟练化和更科学的流程化，执行结果更加可控。在这里我们不难发现，以现代管理为基础建构的西方管理体系，对于这些机构——执行机构的命名是有根据的。晋升的模糊性还在于级别晋升的依据。2015 年印发的《事业单位领导人员管理暂行规定》中有相关的规定，事业单位领导人员应当具备下列基本条件：政治素质好，坚持以马克思列宁主义、毛泽东思想、邓小平理论、"三个代表"重要思想、科学发展观为指导，深入学习贯彻习近平总书记系列重要讲话精神，理想信念坚定，思想上、政治上、行动上同党中央保持高度一致，坚决执行党的基本路线和各项方针政策，坚持民主集中制，带头践行社会主义核心价值观，忠实履行公共服务的政治责任和社会责任；组织领导能力强，善于科学管理、沟通协调、依法办事、推动落实，有较强的公共服务意识和改革创新精神，工作实绩突出；有相关的专业素质或者从业经历，熟悉有关政策法规和行业发展情况，业界声誉好；事业心和责任感强，热爱公益事业，求真务实，团结协作，遵纪守法，廉洁从业，群众威信高。担任党内领导职务的领导人员，应当牢固树立党建责任意识，熟悉党务，善于做思想政治工作。正职领导人员，应当具有驾驭全局的能力，善于抓班子带队伍，民主作风好。以上内容除了突出政治条件外，更加强调了公共精神。其他基本资格中包括基本的大学本科以上文化，更多的内容集中于是否具备一定的工作经历。另外，《事业单位岗位设置管理试行办法》中规定的职员晋升的基本条件主要是在原有工作岗位上工作三年以上（六级升五级，四级升三级的基本条件是在原有工作岗位上工作两年以上）。与公务员的晋升类似，事业单位职员晋升制度缺乏明确的标准，对年限的简单规定可能造成对资历重要性的重申。

# 第二节 调研设计

调研问卷分为五部分，共65道题目。第一部分共13道题，主要涉及性别、岗位、单位规模、专业等变量，以及4道反映工作人员工作认知的概括性问题；第二部分是精简的满意度量表，共7道题①；第三部分是对事业单位岗位和人员关系等内容的认知分析，共18道题，涉及对管理工作和管理人员的评价，以及事业单位管理人员与专业技术人员的比较；第四部分是盖洛普公司 $Q12$ 量表，共12道题，对事业单位工作人员敬业度进行调查；第五部分是 MBI-GS 职业倦怠感量表，共15道题。满意度量表 $\alpha$ 系数为0.830，敬业度量表 $\alpha$ 系数为0.867，职业倦怠感量表 $\alpha$ 系数为0.867，三份量表的信度系数均在0.8以上，量表的内部一致性良好。

问卷调研范围覆盖北京、天津、河南、湖南、湖北、四川6省份的12个县市区20个单位。共发放500份，回收400份，回收率为80%，有效问卷390份，有效率为97.5%。其中，男性201人，占有效样本51.5%，女性189人，占有效样本48.5%。年龄段分布情况为，25岁及以下为23人，占5.9%，26~30岁为172人，占44.1%，31~35岁为84人，占21.5%，36~40岁为36人，占9.2%，41~50岁为55人，占14.1%，51岁及以上为20人，占5.1%（见表4-5）。

表 4-5 年龄段分布

单位：人，%

| 年龄段 | 人数 | 百分比 | 有效百分比 | 累积百分比 |
|---|---|---|---|---|
| 25 岁及以下 | 23 | 5.9 | 5.9 | 5.9 |
| 26~30 岁 | 172 | 44.1 | 44.1 | 50.0 |
| 31~35 岁 | 84 | 21.5 | 21.5 | 71.5 |
| 36~40 岁 | 36 | 9.2 | 9.2 | 80.7 |
| 41~50 岁 | 55 | 14.1 | 14.1 | 94.8 |
| 51 岁及以上 | 20 | 5.1 | 5.1 | 100.0 |
| 合计 | 390 | 100.0 | 100.0 | — |

---

① 人际关系学派倡导：员工感到快乐才会努力工作。这个理论的偏差在于它不是让个人为自己的满足负责，而是让第三方——组织、公司或者国家和社会为其负责。基础观念实际上也存在偏差，即只有先让员工满足，而后他才会努力工作。其实满足感不会带来任何变化和进步，变革的动力至少来自对现状的某种不满，而这种不满又会导致绩效的变化。参见〔奥〕弗雷德蒙德·马利克《管理成就生活》，李亚等译，机械工业出版社，2009，第11页。在调研设计中加入满意度调查的关键是要观察事业单位管理人员的基本状况，尽管在马利克看来满意度不足以说明员工的敬业和绩效情况。

工作年限分布情况：1～3年为114人，占29.2%；3～5年为75人，占19.2%；5～10年为89人，占22.8%；10～20年为48人，占12.3%；20年以上为64人，占16.4%（见表4-6）。

表4-6　工作年限分布

单位：人，%

| 工作年限 | 人数 | 百分比 | 有效百分比 | 累积百分比 |
| --- | --- | --- | --- | --- |
| 1～3年 | 114 | 29.2 | 29.2 | 29.2 |
| 3～5年 | 75 | 19.2 | 19.2 | 48.4 |
| 5～10年 | 89 | 22.8 | 22.8 | 71.2 |
| 10～20年 | 48 | 12.3 | 12.3 | 83.5 |
| 20年以上 | 64 | 16.4 | 16.4 | 100.0 |
| 合计 | 390 | 100.0 | 100.0 | — |

学历分布情况：大专及以下为38人，占9.7%，本科为186人，占47.7%，硕士研究生为142人，占36.4%，博士研究生为24人，占6.2%（见表4-7）。

表4-7　学历分布

单位：人，%

| 学历 | 人数 | 百分比 | 有效百分比 | 累积百分比 |
| --- | --- | --- | --- | --- |
| 大专及以下 | 38 | 9.7 | 9.7 | 9.7 |
| 本科 | 186 | 47.7 | 47.7 | 57.4 |
| 硕士研究生 | 142 | 36.4 | 36.4 | 93.8 |
| 博士研究生 | 24 | 6.2 | 6.2 | 100.0 |
| 合计 | 390 | 100.0 | 100.0 | — |

共涉及13大类事业单位，其中教育事业，主要是大中专院校，共84人，占21.5%；卫生医疗事业，包括各类医院，共53人，占13.6%；交通事业，主要是航海保障、公路管理等，共72人，占18.5%；科研事业，包括各类研究院、设计院等，共43人，占11.0%；行政事业，主要包括行政部门所属的执法监督、监管机构，共58人，占14.9%。这五类共占79.5%，其他类别的事业单位，诸如信息咨询事业，气象、地震、环保事业，社会福利事业等共占约20.5%（见表4-8）。

表 4 - 8　单位类别分布

单位：人，%

| 单位类别 | 人数 | 百分比 | 有效百分比 | 累积百分比 |
|---|---|---|---|---|
| 教育事业 | 84 | 21.5 | 21.5 | 21.5 |
| 信息咨询事业 | 3 | 0.8 | 0.8 | 22.3 |
| 气象、地震、环保事业 | 3 | 0.8 | 0.8 | 23.1 |
| 房地产服务、城市公用事业 | 13 | 3.3 | 3.3 | 26.4 |
| 其他 | 34 | 8.7 | 8.7 | 35.1 |
| 卫生医疗事业 | 53 | 13.6 | 13.6 | 48.7 |
| 科研事业 | 43 | 11.0 | 11.0 | 59.7 |
| 文化、广电、新闻出版事业 | 9 | 2.3 | 2.3 | 62.0 |
| 体育事业 | 6 | 1.5 | 1.5 | 63.5 |
| 社会福利事业 | 3 | 0.8 | 0.8 | 64.3 |
| 交通事业 | 72 | 18.5 | 18.5 | 82.8 |
| 行政事业 | 58 | 14.9 | 14.9 | 97.7 |
| 农林牧水事业 | 9 | 2.3 | 2.3 | 100.0 |
| 合计 | 390 | 100.0 | 100.0 | — |

关于工作性质的分布，由于调研主要面向事业单位中的管理人员、专业技术人员，考虑到其中存在双肩挑的可能性，我们拟定一新岗位名称——"管理兼技术"，为了更好地推断工作人员对自己工作的定位，对"管理兼技术"重新划分两类——以管理为主和以技术为主。管理类为 130人，占 33.3%；专业技术类为 127人，占 32.6%；"管理兼技术，以管理为主"为 89人，占 22.8%；"管理兼技术，以技术为主"为 44人，占11.3%（见表 4 - 9）。

表 4 - 9　工作性质分布

单位：人，%

| 工作性质 | 人数 | 百分比 | 有效百分比 | 累积百分比 |
|---|---|---|---|---|
| 管理类 | 130 | 33.3 | 33.3 | 33.3 |
| 专业技术类 | 127 | 32.6 | 32.6 | 65.9 |
| 管理兼技术，以管理为主 | 89 | 22.8 | 22.8 | 88.7 |
| 管理兼技术，以技术为主 | 44 | 11.3 | 11.3 | 100.0 |
| 合计 | 390 | 100.0 | 100.0 | — |

事业单位的级别从副部级到科级及以下，分为五个等级，司局级和处级，共占64.3%。以科级作为基层事业单位分界线，基层事业单位占了31.7%（见表4-10）。

表4-10　单位级别分布

单位：人，%

| 单位级别 | 人数 | 百分比 | 有效百分比 | 累积百分比 |
|---|---|---|---|---|
| 副部级 | 15 | 3.8 | 3.8 | 3.8 |
| 司局级 | 119 | 30.5 | 30.5 | 34.3 |
| 处级 | 132 | 33.8 | 33.8 | 68.1 |
| 科级 | 93 | 23.8 | 23.8 | 91.9 |
| 科级以下 | 31 | 7.9 | 7.9 | 100.0 |
| 合计 | 390 | 100.0 | 100.0 | — |

由于社会分工和专业越来越细化，个人学科背景对个人工作状态也会产生一定的影响，这次调研也涉及学科出身，基本情况分布如表4-11，其中管理学出身的103人占26.4%，工学、农学类占21.5%，医疗卫生占8.5%，教育学占5.1%。哲学、艺术类、商学类专业人数相对较少，共占2.1%。

表4-11　专业分布

单位：人，%

| 学科出身 | 人数 | 百分比 | 有效百分比 | 累积百分比 |
|---|---|---|---|---|
| 教育学 | 20 | 5.1 | 5.1 | 5.1 |
| 医疗卫生 | 33 | 8.5 | 8.5 | 13.6 |
| 管理学 | 103 | 26.4 | 26.4 | 40.0 |
| 经济学 | 43 | 11.0 | 11.0 | 51.0 |
| 商学类 | 1 | 0.3 | 0.3 | 51.3 |
| 社会、政治类 | 19 | 4.9 | 4.9 | 56.2 |
| 哲学 | 3 | 0.8 | 0.8 | 57.0 |
| 法律类 | 19 | 4.9 | 4.9 | 61.9 |
| 艺术类 | 4 | 1.0 | 1.0 | 62.9 |
| 工学、农学类 | 84 | 21.5 | 21.5 | 84.4 |
| 其他类 | 61 | 15.6 | 15.6 | 100.0 |
| 合计 | 390 | 100.0 | 100.0 | — |

# 第三节　管理人员的工作价值选择与感知

　　在事业单位工作人员的价值选择上，通过四道多选题目计算频率获得相应信息。这四道题目的具体情况分别是：在工作当中，最令您苦恼的是什么？以了解影响个人工作情况的基本内容；在单位中哪一类人晋升得比较快？以了解个人感知到影响职业发展的关键因素；在工作中，您认为什么最重要？以了解个人对工作价值的认同和诉求；单位目前最需要改进的是什么？以了解事业单位可能存在的限制性问题。

## 一　管理人员的工作价值选择

　　在工作中最令人苦恼的问题上，排前三位的分别是工资低（占64.62%）、工作缺乏成就感（占37.95%）、晋升机会少（占35.64%）（如图4-1所示）。工资成为最苦恼的因素，基本反映了事业单位的整体情况，即其工资不像企业灵活，待遇不能随市场水平、物价水平及时调整。工作缺乏成就感排在第二位，原因来自多方面，例如薪酬分配是否得当，岗位职责是否明确、有价值等。晋升机会少排在第三位，总体上反映了当前事业单位中专业技术人员评职称困难、管理人员晋升通道过于狭窄的现实情况。

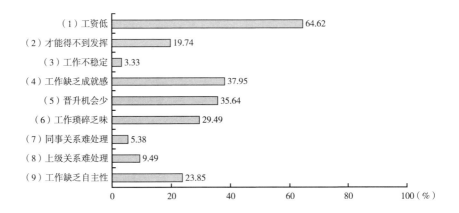

图4-1　工作中的主要问题分布

对于工资低的问题，专一管理岗位中56.2%的人员认为工资低是工作中主要的烦恼因素，技术相关岗位中68.8%的人员认为工资低是工作中主要的烦恼因素。比较而言，技术相关岗位人员比专一管理岗位人员更在乎工资（见表4-12）。

表4-12　专一管理岗位与技术相关岗位工资比较

单位：人，%

| 指标 | | 专一管理岗位与技术相关岗位 | | | | | |
|---|---|---|---|---|---|---|---|
| | | 专一管理岗位 | | 技术相关岗位 | | 合计 | |
| | | 计数 | 占比 | 计数 | 占比 | 计数 | 占比 |
| 工资低 | 否 | 57 | 43.8 | 81 | 31.2 | 138 | 35.4 |
| | 是 | 73 | 56.2 | 179 | 68.8 | 252 | 64.6 |
| 合计 | | 130 | 100.0 | 260 | 100.0 | 390 | 100.0 |

注：Pearson = 6.106，Sig. = 0.013。

在工作缺乏成就感问题上，专一管理岗位中49.2%的人员认为没有成就感是工作中主要的烦恼因素，技术相关岗位中37.3%的人员认为缺乏成就感是工作中主要的烦恼因素。相对而言，专一管理岗位人员比技术相关岗位人员在工作中更缺成就感。在晋升机会少问题上，专一管理岗位中43.8%的人员认为晋升机会少是最为烦恼的因素，技术相关岗位中只有31.5%的人员选择这一项，专一管理岗位人员在晋升问题上更为苦恼（见表4-13）。

表4-13　专一管理岗位与技术相关岗位晋升比较

单位：人，%

| 指标 | | 专一管理岗位与技术相关岗位 | | | | | |
|---|---|---|---|---|---|---|---|
| | | 专一管理岗位 | | 技术相关岗位 | | 合计 | |
| | | 计数 | 占比 | 计数 | 占比 | 计数 | 占比 |
| 晋升机会少 | 否 | 73 | 56.2 | 178 | 68.5 | 251 | 64.4 |
| | 是 | 57 | 43.8 | 82 | 31.5 | 139 | 35.6 |
| 合计 | | 130 | 100.0 | 260 | 100.0 | 390 | 100.0 |

注：Pearson = 5.723，Sig. = 0.017。

在晋升问题上，通过对哪一类人晋升较快的回答结果分析发现，在五项晋升关键因素的选择上，认同与上级有良好关系的人占72.31%，其成为个人晋升的主要因素，接着是能力和业绩突出的人，占 50.77%。学历高的人、在本单位工龄较长的人和在同事中有较高威信的人，分别占24.87%、20.51%、19.49%，基本持平（如图 4－2 所示）。这也基本反映了当前事业单位用人的现实情况，在沿袭行政化管理体制的特色背景下，上级对下级的晋升具有较大的话语权，在这种权力控制的框架中，关系的决定因素是难以弱化的，但是随着日益规范、严格的考核制度建立，个人的业绩和能力成为晋升的硬指标，事业单位在选人用人上逐步转向了实绩和能力。对于资历、学历因素，尽管没有严格的比较数据，但可以看出它们在决定晋升的问题上呈现弱化的趋势，学历的高低不再代表个人的水平和能力，资历所代表的工作经历和年限也很难得到认同，基本反映了事业单位对个人认同和选择的标准存在的变化。

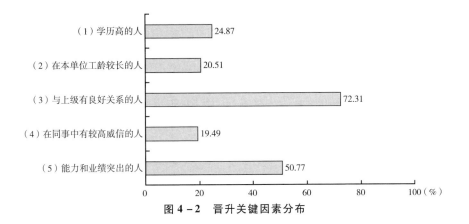

图 4－2　晋升关键因素分布

　　对于在工作中什么是最重要的回答情况，基本反映了个人工作价值选择情况，排前三位的分别是工资高（占 54.62%）、工作有成就感（占 50.51%）、能力得到发挥（占 44.36%）（如图 4－3 所示）。

　　与造成工作困境的问题答案相似，工资高成为事业工作人员的首选价值。在以公益性和服务性为使命的事业单位，薪酬待遇依然是激励工作人员的首选。这从侧面反映了一个现实可能，事业单位工作人员工资问题由于偏离了大多数人的预期水平，影响到基本生活，也就强化了这一因素的影响权重。在这个结果中，技术相关岗位人员更加关注待遇问题，共有 58.5% 的人员选择该项，专一管理岗位中共有 46.9% 的人员选择此项（见表 4－14）。比较而言，专一管理岗位人员对工资待遇的重视没有像技术相关岗位人员那样强烈。

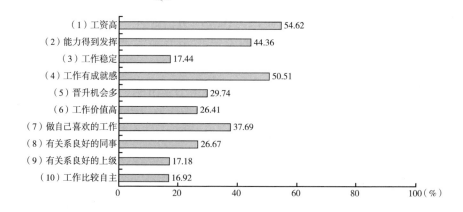

图 4 - 3　工作价值选择情况分布

表 4 - 14　专一管理岗位与技术相关岗位工资比较

单位：人，%

| 指标 | | 专一管理岗位与技术相关岗位 | | | | | |
|---|---|---|---|---|---|---|---|
| | | 专一管理岗位 | | 技术相关岗位 | | 合计 | |
| | | 计数 | 占比 | 计数 | 占比 | 计数 | 占比 |
| 工资高 | 否 | 69 | 53.1 | 108 | 41.5 | 177 | 45.4 |
| | 是 | 61 | 46.9 | 152 | 58.5 | 213 | 54.6 |
| 合计 | | 130 | 100.0 | 260 | 100.0 | 390 | 100.0 |

注：Pearson = 4.655，Sig. = 0.031。

　　排在第二位的工作有成就感，一方面和岗位工作的内容有关系，另一方面则和个人是否感知到自我价值有关，从这个方面看，合理的岗位设计、明确的岗位职责以及人和岗的匹配都可以作为满足个人工作价值的一条有效途径。在这一方面，管理人员和专业技术人员的差异并不明显，普遍关注工作是否能够带来成就感。在能力发挥问题上，则难以做出具体测量，很多人的能力发挥都是主观评价。[①] 建立一套适合评价事业单位个人能力和业绩的科学方法十分必要。各类型工作人员在能力发挥上的选择并

---

　① 一项由加拿大兰德斯塔德公司所做的全球工作监察调查在全球 32 个国家进行。调查结果显示，觉得自己大材小用的比例最高的国家是中国，达 84%，排第二位、第三位的分别是土耳其、希腊，占比分别为 78% 和 69%；觉得自己大材小用的比例比较低的三个国家分别是卢森堡（23%）、丹麦（25%）和比利时（28%）。

无太大差异。在晋升机会多问题上，专一管理岗位中有 41.5% 的人员认为能够晋升是工作的主要价值，技术相关岗位中只有 23.8% 的人员认同晋升是工作的主要价值（见表 4 – 15），比较而言，专一管理岗位人员更看重晋升的价值。

**表 4 – 15  专一管理岗位与技术相关岗位晋升比较**

单位：人，%

| 指标 | | 专一管理岗位与技术相关岗位 | | | | | |
|---|---|---|---|---|---|---|---|
| | | 专一管理岗位 | | 技术相关岗位 | | 合计 | |
| | | 计数 | 占比 | 计数 | 占比 | 计数 | 占比 |
| 晋升机会多 | 否 | 76 | 58.5 | 198 | 76.2 | 274 | 70.3 |
| | 是 | 54 | 41.5 | 62 | 23.8 | 116 | 29.7 |
| 合计 | | 130 | 100.0 | 260 | 100.0 | 390 | 100.0 |

注：Pearson = 12.982，Sig. = 0.0003。

在单位目前最需要改进的内容方面，可以反映工作人员对未来发展的需求。排前四位的分别是提高收入（占 68.21%）、提高各级管理人员的管理水平（占 48.97%）、增加福利（占 46.92%）、提供更多的晋升机会（占 39.23%）（如图 4 – 4 所示）。

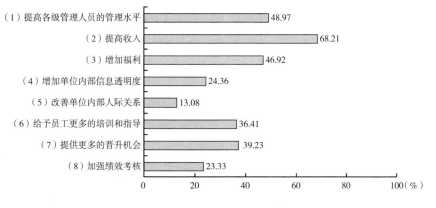

**图 4 – 4  亟须改进问题分布**

提高收入仍旧是工作人员关注的核心。提高各级管理人员的管理水平排在第二位，体现工作人员对管理活动、方式等方面的关注。无论是管理人员还是专业技术人员都表现出对提升管理水平的渴求，开始注重管理的价值。通过对比一项国际公共服务绩效数据（2004～2009 年）发现，技术进步是促进各国公共服务效率提高的重要原因，发达国家技术进步水平普遍高于发展中国家。发达国家的特征是规模大，规模效率不断下降，管理水平逐步提高。而中国在技术进步、规模控制方面变化不大，其原因可能是技术进步慢和管理水平滞后①。管理水平差距的解释通常难以直接衡量，由于作为不可测算的"X"因素存在，事业单位长期积累的管理诟病难以一时化解。例如在对考核问题的看法上，管理岗位人员（占 27.9%）更加期待通过考核来改进工作，但是技术岗位人员（占 17.5%）难以认识到或者忽视提升管理水平的有效手段（见表 4-16）。在单位中不同群体对同一问题的差异性看法使得一些制度难以有效贯彻和执行。对于福利水平提高的需求和诉求，一方面，各类别的单位都普遍通过采取福利主义的方式提高员工的满意度和敬业；另一方面，在工资遇到提升瓶颈的时候，事业单位工作人员也可能更倾向于诉求行政化运作的传统方式，即通过提高福利水平，以实现对基本工资的补充。

表 4-16　管理岗位与技术岗位绩效考核

单位：人，%

| 指标 | | 管理岗位与技术岗位 | | | | | |
|---|---|---|---|---|---|---|---|
| | | 管理岗位 | | 技术岗位 | | 合计 | |
| | | 计数 | 占比 | 计数 | 占比 | 计数 | 占比 |
| 加强绩效考核 | 否 | 158 | 72.1 | 141 | 82.5 | 299 | 76.7 |
| | 是 | 61 | 27.9 | 30 | 17.5 | 91 | 23.3 |
| 合计 | | 219 | 100.0 | 171 | 100.0 | 390 | 100.0 |

注：Pearson = 5.706，Sig. = 0.017。

　　提供更多的晋升机会依旧受到广泛的关注，相比技术相关岗位人员（占 35.8%）来说，专一管理岗位人员（占 46.2%）对晋升的需求较为强

---

① "我国事业单位改革路径研究"课题组、陈那波：《公共服务供给视角下事业单位改革目标与路径研究——基于国际公共服务绩效的数据包络分析》，《国家行政学院学报》2013年第 5 期，第 38～43 页。

列（见表4-17）。整体上而言，晋升问题并没有排在前列，更多的解释可能是晋升结果与工资待遇等问题联系在一起，晋升尽管能带来个人职业声望的提高，但是，其背后不乏物质财富激励作用。因此，在分析晋升问题上，不能忽视晋升所附带的利益因素。

表4-17　专一管理岗位与技术相关岗位晋升机会关注情况

单位：人，%

| 指标 | | 专一管理岗位与技术相关岗位 | | | | | |
|---|---|---|---|---|---|---|---|
| | | 专一管理岗位 | | 技术相关岗位 | | 合计 | |
| | | 计数 | 占比 | 计数 | 占比 | 计数 | 占比 |
| 提供更多的晋升机会 | 否 | 70 | 53.8 | 167 | 64.2 | 237 | 60.8 |
| | 是 | 60 | 46.2 | 93 | 35.8 | 153 | 39.2 |
| 合计 | | 130 | 100.0 | 260 | 100.0 | 390 | 100.0 |

注：Pearson = 3.920，Sig. = 0.048。

## 二　管理人员的工作感知

对于事业单位内部的差异性，主要通过满意度、敬业度、职业倦怠感三个量表的结果进行分析，以了解不同岗位工作人员、不同年龄阶段、不同单位类型等变量之间的差异性，以及寻找事业单位管理人员职业发展中可能存在的趋势和问题。

根据相关分析的结果，满意度、敬业度和职业倦怠感均高度相关，其中职业倦怠感与满意度、敬业度呈负相关关系，Pearson 相关系数分别为 -0.473和-0.482，表明职业倦怠感越高，敬业度和满意度越低，而敬业度与满意度呈正相关关系，Pearson 相关系数为 0.626，表明满意度越高，敬业度也越高（见表4-18）。

表4-18　量表相关性分析

| 指标 | | 职业倦怠感 | 情绪衰竭 | 工作态度 | 成就感 | 满意度 | 敬业度 |
|---|---|---|---|---|---|---|---|
| 职业倦怠感 | Pearson 相关系数 | 1 | 0.738** | 0.871** | 0.510** | -0.473** | -0.482** |
| | Sig.（双侧） | — | 0.000 | 0.000 | 0.000 | 0.000 | 0.000 |
| 情绪衰竭 | Pearson 相关系数 | 0.738** | 1 | 0.582** | -0.041 | -0.303** | -0.232** |
| | Sig.（双侧） | 0.000 | — | 0.000 | 0.418 | 0.000 | 0.000 |

| 指标 | | 职业倦怠感 | 情绪衰竭 | 工作态度 | 成就感 | 满意度 | 敬业度 |
|---|---|---|---|---|---|---|---|
| 工作态度 | Pearson 相关系数 | 0.871 ** | 0.582 ** | 1 | 0.210 ** | - 0.542 ** | - 0.467 ** |
| | Sig.（双侧） | 0.000 | 0.000 | — | 0.000 | 0.000 | 0.000 |
| 成就感 | Pearson 相关系数 | 0.510 ** | - 0.041 | 0.210 ** | 1 | - 0.131 ** | - 0.322 ** |
| | Sig.（双侧） | 0.000 | 0.418 | 0.000 | — | 0.009 | 0.000 |
| 满意度 | Pearson 相关系数 | - 0.473 ** | - 0.303 ** | - 0.542 ** | - 0.131 ** | 1 | 0.626 ** |
| | Sig.（双侧） | 0.000 | 0.000 | 0.000 | 0.009 | — | 0.000 |
| 敬业度 | Pearson 相关系数 | - 0.482 ** | - 0.232 ** | - 0.467 ** | - 0.322 ** | 0.626 ** | 1 |
| | Sig.（双侧） | 0.000 | 0.000 | 0.000 | 0.000 | 0.000 | — |

注：** 指相关关系在 0.01 层面上显著（双侧）。

**（一）管理岗位与其他岗位工作人员的满意度差异与趋势**

在性别上，男性的满意度均值为 22.328，标准差为 4.211，女性的满意度均值为 22.492，标准差为 3.945，用独立样本 $t$ 检验发现两者无显著差异（$t = -0.396$，$p = 0.693$）。在不同的学历水平上，硕士研究生满意度最高，大专及以下满意度最低，但差异不显著（$F = 1.073$，$p = 0.360$）。不同学历层面上的工作人员存在一种趋势，即随着学历水平的提高，事业单位工作人员的满意度水平有增加的趋势，但是到了最高的博士研究生，满意度水平有一定的下降。

双肩挑工作人员[①]的满意度均值为 23.000，标准差为 3.682，从事专一工作的人员的满意度均值为 22.101，标准差为 4.245，用独立样本 $t$ 检验发现两者有显著差异（$t = -2.071$，$p = 0.039$），比较而言，从事专一工作的人员满意度显著低于双肩挑工作人员（见表 4 - 19）。在事业单位中，双肩挑现象比较普遍，这类人员大部分具备中级以上职称，由于工作需要或者是能力突出，会同时担任一定的行政职务。相比从事专一工作的人员来说，双肩挑工作人员在时间分配上可能存在一定问题，其既要做技术又要处理相当多的管理工作，随着岗位设置和职责划分逐渐明确，工作饱满程度不断增加，工作内容的丰富化或许是对其高满意度的合理解释。

---

① 这里双肩挑是指同时兼顾管理和技术岗位的工作人员，为便于表明岗位的差异性，问卷设计中岗位类别分为四类，管理岗位、专业技术岗位、管理兼技术并以管理为主、管理兼技术并以技术为主，后两类是为了区别双肩挑人员对自己工作认同情况而设立的，专一岗位工作人员是指只从事一项工作，即只做管理或只做技术的工作人员。

表 4 - 19　从事专一工作的人员与双肩挑工作人员满意度比较

单位：人

| 指标 | 工作性质 | 样本量 | 均值 | 标准差 | 标准误 |
|------|---------|-------|------|-------|-------|
| 满意度 | 从事专一工作的人员 | 257 | 22.101 | 4.245 | 0.264 |
| | 双肩挑工作人员 | 133 | 23.000 | 3.682 | 0.319 |

　　管理岗位的满意度均值为 22.498，标准差为 4.090，技术岗位的满意度均值为 22.292，标准差为 4.075，用独立样本 $t$ 检验发现两者无显著差异（$t = 0.493$，$p = 0.623$），表明管理岗位和技术岗位的满意度在统计学上无显著差异（见表 4 - 20）。管理人员和专业技术人员的满意度基本持平。

表 4 - 20　管理岗位与技术岗位满意度比较

单位：人

| 指标 | 工作性质 | 样本量 | 均值 | 标准差 | 标准误 |
|------|---------|-------|------|-------|-------|
| 满意度 | 管理岗位 | 219 | 22.498 | 4.090 | 0.276 |
| | 技术岗位 | 171 | 22.292 | 4.075 | 0.312 |

　　在年龄阶段上，36～40 岁的人满意度最低，而 41～50 岁的人满意度最高。用 One-way ANOVA 分析（单因素方差分析）得知，满意度无显著差异（$F = 1.593$，$p = 0.161$）。但是在不同的工作年限阶段，满意度曲线呈现 W 形（如图 4 - 5 所示），工作 1～3 年的人和工作 20 年以上的人满意度较高，满意度均值分别为 22.97 和 23.30，工作 3～5 年的人和工作 10～20 年的人满意度较低，满意度均值分别为 21.84 和 21.58，满意度在工作 5～10 年时有所回升。使用 One-way ANOVA 分析检验得知，满意度在年龄段上存在显著差异（$F = 2.459$，$p = 0.045$）。使用 LSD 方法进行两两比较分析发现工作 1～3 年的人和工作 10～20 年的人的满意度存在显著差异，工作 20 年以上的人的满意度与工作 3～5 年的人满意度存在显著差异。

　　个人的满意度随着职业发展阶段的不同，会存在一定的差异性。在具有一定稳定性和保障性的事业单位，初入职（1～3 年）的工作人员在新的工作环境会产生一种跨入组织的满足感，这种满足感可能是其满意度较高的一种原因。随着不断地适应环境和对工作任务的熟悉，工作本身和组织所提供的安全感所带来的满足感会随之消失，这在职业倦怠感层面上也可以做出解释。如何提升自我，增加工资待遇等问题随之产生，现有职业发展状况可能难以符合预期。在工作 20 年以上的人中，随着个人职业生涯进入末期，现有工作稳定性、养老制度保障性水平提高也会增加个人对现有工作的满意度。

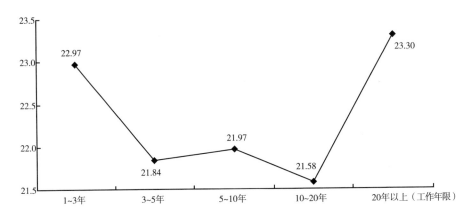

**图 4 – 5　不同工作年限满意度均值分布**

　　在单位类别上，行政事业单位的满意度和农林牧水事业单位满意度较低，和其他事业单位的差异性显著（$F = 2.757$，$p = 0.001$）。在以行政为主要业务的事业单位，工作人员的工作性质和大多数机关人员类似，和大多数关于公务员满意度较高的结果相反，行政事业单位工作人员满意度相对较低，其原因或可以从制度保障的差异来解释，即具有相同的工作性质、类似的工作宗旨，但由于不同的管理制度，在工作环境、待遇、身份等方面体现出较大的差距。事业单位分类改革依照工作性质和社会功能将行政事业单位并轨于机关的思路，或有助于解决工作性质差异导致事业单位工作人员满意度低的问题（如图 4 – 6 所示）。

　　（二）管理岗位与其他岗位工作人员的敬业度差异与趋势

　　在敬业度问题上，双肩挑工作人员和从事专一工作的人员差异并不明显。双肩挑工作人员的敬业度均值为 39.105，标准差为 6.788，从事专一工作的人员的敬业度均值为 38.662，标准差为 6.8389，用独立样本 $t$ 检验发现两者没有显著差异（$t = 0.610$，$p = 0.542$），表明从事专一工作的人员和双肩挑工作人员的敬业度在统计学上无显著差异。在学历层面上，硕士的敬业度最高（均值为40.169），大于总体均值（38.954），而大专及以下的敬业度最低（均值为37.842），但是组间差异不显著（$F = 2.461$，$p = 0.062$）。类似于满意度的结果，随着学历水平的提高，事业单位工作人员的敬业水平有增加的趋势，但是到了最高的博士研究生，敬业度水平有一定的下降趋势。

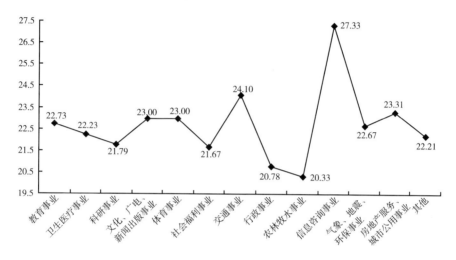

图4－6　不同类型单位满意度分布

在不同的工作年限上，如图4－7所示，敬业度呈现一定的阶段性。虽然组间差异不显著（$F = 1.886$，$p = 0.112$），但还是反映出一定的规律性，即刚入职时（1~3年）敬业度较高；在对工作熟悉后（3~5年），新鲜感丧失；随着职务晋升或工作的调动（5~10年），个人应对工作进行新的调整并接受更高的待遇，随着满意度提高，敬业度也提高；在职业发展的中后期（10~20年），由于遇到发展瓶颈，敬业度开始下降；在职业发展末期（20年以上），个人的敬业度会有一定的上升。总体走势与满意度情况相似，也符合一般职业生涯发展的规律。

管理岗位的敬业度均值为39.795，标准差为6.699，技术岗位的敬业度均值为37.877，标准差为6.796，用独立样本 $t$ 检验发现两者存在显著差异（$t = 2.787$，$p = 0.006$）（见表4－21、表4－22），表明管理人员的敬业度显著高于专业技术人员。管理人员接受过更多的管理学知识，能在一定程度上提升对工作任务、人际关系的协调性，相应的，专业技术人员则在这方面略显不足。并且，有一种可能是技术人员由于掌握专门的技术，在就业市场的选择余地比管理人员更大，即使离开现有的工作岗位也能找到合适甚至更好的岗位，由此也会影响对现有工作的承诺度。

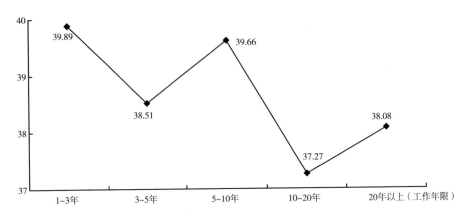

图4-7 不同工作年限敬业度分布

表4-21 管理岗位和技术岗位敬业度统计

单位：人

| 指标 | 工作性质 | 样本量 | 均值 | 标准差 | 标准误 |
|------|---------|-------|------|-------|-------|
| 敬业度 | 管理岗位 | 219 | 39.795 | 6.699 | 0.453 |
| | 技术岗位 | 171 | 37.877 | 6.796 | 0.520 |

表4-22 管理岗位和技术岗位独立样本 t 检验

| 指标 | | 方差方程的 Levene 检验 | | | | 均值方程的 t 检验 | | | |
|------|------|------|------|------|------|------|------|------|------|
| | | F | Sig. | t | df | Sig.（双侧） | 均值差值 | 标准误差值 | 差分的95%置信区间 | |
| | | | | | | | | | 下限 | 上限 |
| 敬业度 | 假设方差相等 | 0.008 | 0.928 | 2.787 | 388 | 0.006 | 1.917 | 0.688 | 0.565 | 0.270 |
| | 假设方差不相等 | — | — | 2.782 | 362.887 | 0.006 | 1.913 | 0.689 | 0.562 | 0.273 |

考虑到学科背景的因素，特定的学习经历也在事实上达到了一种培训效果，在事业单位，面对不同的学科背景，敬业度体现出显著的差异性。管理学专业人员的敬业度均值为40.169，标准差为7.154，非管理学专业人员的敬业度均值为38.258，标准差为6.502，用独立样本 t 检验发现两者存在显著差异（$t = -2.692$，$p = 0.007$）（见表4-23、表4-24），表明

管理学专业人员敬业度显著高于非管理学专业人员。对管理学背景人员的分布情况分析发现，管理学专业出身的人员中，70.9% 在管理岗位，29.1% 在技术岗位。这在一定程度上表明管理学科知识培训对于个人对工作认知、奉献、发展等会有一定的积极效果。

表 4 – 23　管理学专业与非管理学专业敬业度统计

单位：人

| 指标 | 学历 | 样本量 | 均值 | 标准差 | 标准误 |
|------|------|--------|------|--------|--------|
| 敬业度 | 非管理学专业 | 248 | 38.258 | 6.502 | 0.413 |
| | 管理学专业 | 142 | 40.169 | 7.154 | 0.600 |

表 4 – 24　管理学专业与非管理学专业敬业度独立样本 t 检验

| 指标 | | 方差方程的 Levene 检验 | | | | 均值方程的 t 检验 | | | | |
|------|------|------|------|------|------|------|------|------|------|------|
| | | F | Sig. | t | df | Sig.（双侧） | 均值差值 | 标准误差值 | 差分的95%置信区间 | |
| | | | | | | | | | 下限 | 上限 |
| 敬业度 | 假设方差相等 | 1.487 | 0.223 | -2.692 | 388 | 0.007 | -1.911 | 0.710 | -3.307 | -0.515 |
| | 假设方差不相等 | — | — | -2.623 | 271.276 | 0.009 | -1.911 | 0.729 | -3.345 | -0.477 |

　　对于敬业度各层次的分析，在事业单位中也反映出一定的差异性。盖洛普敬业度问卷12道题目涉及四个层次问题，即获取（40～41题），包括是否知道对自己的工作要求、是否具有做好自己的工作所需的材料和设备两个问题的回答；奉献（42～45题），包括是否每天都有机会做最擅长的事、是否在过去的七天里因个人工作出色而受到表扬、主管或同事是否关心个人情况、单位是否有人鼓励自己发展；归属（46～49题），包括自己意见是否得到重视、单位使命是否让自己觉得工作更重要、自己的同事是否致力于高质量的工作、在单位是否有一个最要好的朋友；发展（50～51题），包括：在过去的六个月内，工作单位里是否有人和我谈及我的进步；过去一年里，我在工作中是否有机会学习和成长。

　　从不同层次的得分情况来看，获取层次得分最高，而奉献层次得分最低（见表4－25），奉献层次实际上只是敬业度的第二个层次。在获取层次得分最高表明个人对工作要求等内容是了解的，单位对个人工作所需的必备资源的提供和补给也是充足的。奉献层次得分较低说明事业单位对个人成长的关注并不够，工作人员在工作的自由程度、才能得到发挥、同事之间和谐关系以及相应的员工关怀制度等方面可能存在一定的问题，这将影响到个人的绩效。在归属和发展层次得分相对较高，也反映出事业单位的制度保障性为个人成长整体上提供了相对较好的平台。

表 4 - 25　Q12 各层次分数统计

| 指标 | 获取 | 奉献 | 归属 | 发展 |
|------|------|------|------|------|
| 均值 | 3.662 | 3.043 | 3.242 | 3.245 |
| 标准差 | 0.65389 | 0.678 | 0.633 | 0.857 |

在不同岗位的比较中，管理岗位人员在获取（$t = 2.534$，$p = 0.012$）、奉献（$t = 2.709$，$p = 0.007$）、归属（$t = 2.383$，$p = 0.018$）上的得分都要显著高于技术岗位人员，而在发展层次上两者的差异不显著（见表 4 - 26、表 4 - 27）。奉献层面指向的是一种投入工作的积极程度，表现为一种对工作的认同，例如工作每天做起来都得心应手；单位对自己的关注，例如受到表扬，得到认可、鼓励。差异显著的原因可能由管理工作的性质决定，即管理工作的琐碎、日常工作流程化都可以通过工作的熟练度得到掌控；管理岗位人员人际关系角色的重要性使得管理岗位人员在工作中与领导、同事有更多的交流沟通，对于发展、激励问题，管理岗位人员在人际交流中会常常涉及。相反，专业技术工作本身的任务难度以及工作需要的专一精神导致这种差异。

表 4 - 26　管理岗位和技术岗位 Q12 各层次得分统计

单位：人

| 层次 | 工作性质 | 样本量 | 均值 | 标准差 | 标准误 |
|------|----------|--------|------|--------|--------|
| 获取 | 管理岗位 | 219 | 3.735 | 0.589 | 0.040 |
|      | 技术岗位 | 171 | 3.567 | 0.719 | 0.055 |
| 奉献 | 管理岗位 | 219 | 3.124 | 0.648 | 0.044 |
|      | 技术岗位 | 171 | 2.939 | 0.701 | 0.054 |
| 归属 | 管理岗位 | 219 | 3.309 | 0.641 | 0.043 |
|      | 技术岗位 | 171 | 3.156 | 0.614 | 0.047 |
| 发展 | 管理岗位 | 219 | 3.294 | 0.843 | 0.057 |
|      | 技术岗位 | 171 | 3.181 | 0.872 | 0.067 |

表 4 – 27　管理岗位和技术岗位 $t$ 检验

| | | 方差方程的 Levene 检验 | | | | 均值方程的 $t$ 检验 | | | |
|---|---|---|---|---|---|---|---|---|---|
| | | $F$ | Sig. | $t$ | df | Sig.（双侧） | 均值差值 | 标准误差值 | 差分的 95% 置信区间 | |
| | | | | | | | | | 下限 | 上限 |
| 获取 | 假设方差相等 | 8.636 | 0.003 | 2.534 | 388 | 0.012 | 0.168 | 0.066 | 0.038 | 0.298 |
| | 假设方差不相等 | — | — | 2.473 | 325.103 | 0.014 | 0.168 | 0.068 | 0.034 | 0.301 |
| 奉献 | 假设方差相等 | 1.317 | 0.252 | 2.709 | 388 | 0.007 | 0.186 | 0.069 | 0.051 | 0.321 |
| | 假设方差不相等 | — | — | 2.683 | 350.828 | 0.008 | 0.186 | 0.069 | 0.050 | 0.322 |
| 归属 | 假设方差相等 | 0.298 | 0.586 | 2.383 | 388 | 0.018 | 0.153 | 0.064 | 0.027 | 0.279 |
| | 假设方差不相等 | — | — | 2.395 | 372.259 | 0.017 | 0.153 | 0.064 | 0.027 | 0.278 |
| 发展 | 假设方差相等 | 0.010 | 0.919 | 1.297 | 388 | 0.196 | 0.113 | 0.087 | −0.058 | 0.285 |
| | 假设方差不相等 | — | — | 1.291 | 359.214 | 0.198 | 0.113 | 0.088 | −0.059 | 0.286 |

　　对岗位类别进行再分类发现，专一管理岗位人员和技术相关岗位人员在奉献层面上同样存在差异。专一管理岗位人员在奉献层面上得分更高（$t$ = 2.137，$p$ = 0.033）（见表 4 – 28）。从这个结果可以推断，事业单位中专一管理岗位人员在对工作的熟练度、工作的胜任、工作关系上要优于技术相关岗位人员。

表 4 – 28　专一管理岗位与技术相关岗位 $Q12$ 各层次得分

单位：人

| 层次 | 工作性质 | 样本量 | 均值 | 标准差 | 标准误 |
|---|---|---|---|---|---|
| 获取 | 专一管理岗位 | 130 | 3.669 | 0.649 | 0.057 |
| | 技术相关岗位 | 260 | 3.658 | 0.658 | 0.041 |
| 奉献 | 专一管理岗位 | 130 | 3.146 | 0.678 | 0.059 |
| | 技术相关岗位 | 260 | 2.991 | 0.673 | 0.042 |
| 归属 | 专一管理岗位 | 130 | 3.281 | 0.673 | 0.059 |
| | 技术相关岗位 | 260 | 3.223 | 0.612 | 0.038 |
| 发展 | 专一管理岗位 | 130 | 3.300 | 0.868 | 0.076 |
| | 技术相关岗位 | 260 | 3.217 | 0.851 | 0.053 |

　　在关系到长远绩效的发展层次上，进一步分析发现：管理岗位和技术岗位存在差异。管理岗位人员在客观发展情况上（第50题）的得分显著

高于技术岗位人员（$t = 2.605$，$p = 0.010$），表明管理岗位人员更被人关注是否进步（见表 4 - 29）。管理岗位人员反而认为学习和成长的机会少，虽然差异不显著。这说明这样一个问题，客观上可能常常有人谈及个人进步和发展问题，但在最终发展层次上的结果并没有达到管理人员的预期。

表 4 - 29 管理岗位和技术岗位在发展题目上的得分

单位：人

| 题目 | 工作性质 | 样本量 | 均值 | 标准差 | 标准误 |
|---|---|---|---|---|---|
| 敬业度第 50 题 | 管理岗位 | 219 | 3.27 | 0.976 | 0.066 |
| | 技术岗位 | 171 | 3.01 | 1.049 | 0.080 |
| 敬业度第 51 题 | 管理岗位 | 219 | 3.32 | 0.946 | 0.064 |
| | 技术岗位 | 171 | 3.36 | 0.974 | 0.074 |

专一管理岗位人员和技术相关岗位人员之间也存在差异性，专一管理岗位人员更同意单位中有人与他谈及进步（$t = 2.198$，$p = 0.029$）。在对专一管理岗位和技术相关岗位的比较中发现[1]，专一管理岗位人员在客观发展中得到了更多的关照（$t = 2.088$，$p = 0.0037$）（见表 4 - 30）。从这两个结果的差异性可以看出，专一管理岗位人员在发展中会得到更多的关注，也能够将更多的时间和精力集中于专项工作中，有助于提升敬业度的水平，但是最终感知的发展结果并没有达到预期，这也可能造成很多人选择做另一类工作，以增加发展的筹码。

表 4 - 30 专一管理岗位和技术相关岗位在发展题目上的得分

单位：人

| 题目 | 工作性质 | 样本量 | 均值 | 标准差 | 标准误 |
|---|---|---|---|---|---|
| 敬业度第 50 题 | 专一管理岗位 | 130 | 3.31 | 1.003 | 0.088 |
| | 技术相关岗位 | 260 | 3.08 | 1.016 | 0.063 |
| 敬业度第 51 题 | 专一管理岗位 | 130 | 3.29 | 0.992 | 0.087 |
| | 技术相关岗位 | 260 | 3.35 | 0.941 | 0.058 |

---

[1] 将四类不同的岗位类别重新划分，按与技术的关联性划分为，专一管理岗位和技术相关岗位，后者包括专业技术人员、管理兼技术并以管理为主人员、管理兼技术并以技术为主人员三类。

（三）管理岗位与其他岗位工作人员的职业倦怠感差异与趋势

职业倦怠感反映了工作人员承受工作的心理压力问题，本部分依此寻找事业单位工作人员职业发展的态度、工作劳累程度等情况。职业倦怠分值包括三个维度：情绪衰竭维度指缺乏工作热情，感到自己极度疲劳；工作态度维度指自身与工作对象间保持距离，冷漠，忽视工作对象和环境，对工作敷衍，个人发展停滞等；个人成就感维度是指消极地评价自己，工作能力体验、成就体验下降，认为在现有工作岗位上不能发挥自身才能，工作任务枯燥无味等。

在性别差异上，男性的职业倦怠感高于女性，但差异不显著（$t = 0.245$，$p = 0.806$）。在学历背景上，硕士的职业倦怠感最高，大专及以下的最低，但组间差异不显著（$F = 0.260$，$p = 0.855$）。在专业背景上，管理学类的职业倦怠感高于非管理学类，但差异不显著（$t = -0.286$，$p = 0.775$）。在年龄阶段上，总体而言，随着年龄增长，职业倦怠分值降低（如图 4 - 8 所示），但组间差异不显著（$F = 1.815$，$p = 0.109$）。专一管理岗位人员的职业倦怠感高于技术相关岗位人员，但差异不显著（$t = 1.270$，$p = 0.205$）。

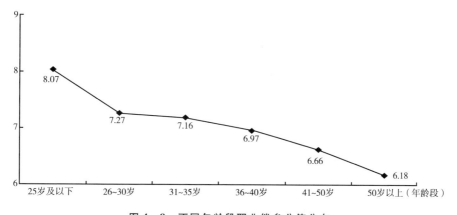

**图 4 - 8　不同年龄段职业倦怠分值分布**

不同年龄段的工作人员在工作态度上存在显著差异（$F = 3.633$，$p = 0.003$），年龄越大，工作态度越积极（得分越低，态度越积极）（如图 4 - 9 所示）。

工作态度随着工作年限的不同而变化（$F = 4.189$，$p = 0.002$），工作 20 年以上的人工作态度最好，而工作 3 ~ 5 年的人工作态度最差（见表 4 - 31）。

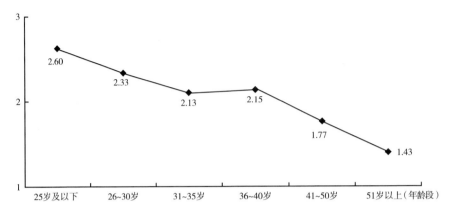

图 4-9　不同年龄段工作态度分值分布

表 4-31　不同工作年限的职业倦怠感情况

单位：人

| 指标 | | 样本量 | 均值 | 标准差 | 标准误 | 均值95%置信区间 | | 最小 | 最大 |
|---|---|---|---|---|---|---|---|---|---|
| | | | | | | 下限 | 上限 | | |
| 职业倦怠感 | 1~3年 | 114 | 7.208 | 2.437 | 0.228 | 6.756 | 7.661 | 0.80 | 15.00 |
| | 3~5年 | 75 | 7.612 | 2.609 | 0.301 | 7.012 | 8.213 | 2.00 | 13.67 |
| | 5~10年 | 89 | 7.152 | 2.610 | 0.277 | 6.603 | 7.702 | 0.00 | 16.33 |
| | 10~20年 | 48 | 7.001 | 2.375 | 0.343 | 6.312 | 7.691 | 2.12 | 12.88 |
| | 20年以上 | 64 | 6.444 | 2.125 | 0.266 | 5.913 | 6.975 | 1.95 | 13.02 |
| | 总体 | 390 | 7.122 | 2.470 | 0.125 | 6.877 | 7.368 | 0.00 | 16.33 |
| 情绪衰竭 | 1~3年 | 114 | 2.298 | 1.036 | 0.097 | 2.106 | 2.491 | 0.00 | 6.00 |
| | 3~5年 | 75 | 2.595 | 1.271 | 0.147 | 2.302 | 2.887 | 0.00 | 6.00 |
| | 5~10年 | 89 | 2.409 | 1.206 | 0.128 | 2.155 | 2.663 | 0.00 | 6.00 |
| | 10~20年 | 48 | 2.425 | 1.084 | 0.156 | 2.110 | 2.740 | 0.80 | 5.60 |
| | 20年以上 | 64 | 2.116 | 0.939 | 0.117 | 1.881 | 2.350 | 0.80 | 5.60 |
| | 总体 | 390 | 2.366 | 1.121 | 0.057 | 2.255 | 2.478 | 0.00 | 6.00 |
| 工作态度 | 1~3年 | 114 | 2.208 | 1.300 | 0.122 | 1.967 | 2.450 | 0.00 | 6.00 |
| | 3~5年 | 75 | 2.533 | 1.441 | 0.166 | 2.202 | 2.865 | 0.00 | 6.00 |
| | 5~10年 | 89 | 2.129 | 1.209 | 0.128 | 1.875 | 2.384 | 0.00 | 6.00 |
| | 10~20年 | 48 | 2.188 | 1.052 | 0.152 | 1.882 | 2.493 | 0.00 | 4.75 |
| | 20年以上 | 64 | 1.664 | 1.163 | 0.145 | 1.373 | 1.955 | 0.00 | 5.25 |
| | 总体 | 390 | 2.161 | 1.280 | 0.065 | 2.034 | 2.288 | 0.00 | 6.00 |

续表

| 指标 | | 样本量 | 均值 | 标准差 | 标准误 | 均值95%置信区间 | | 最小 | 最大 |
|------|------|--------|------|--------|--------|--------|--------|------|------|
| | | | | | | 下限 | 上限 | | |
| 个人成就感 | 1~3年 | 114 | 2.702 | 1.022 | 0.096 | 2.512 | 2.891 | 0.00 | 5.00 |
| | 3~5年 | 75 | 2.484 | 0.989 | 0.114 | 2.257 | 2.712 | 0.33 | 5.17 |
| | 5~10年 | 89 | 2.614 | 1.110 | 0.118 | 2.380 | 2.848 | 0.00 | 4.33 |
| | 10~20年 | 48 | 2.389 | 1.134 | 0.164 | 2.060 | 2.718 | 0.00 | 4.17 |
| | 20年以上 | 64 | 2.664 | 0.924 | 0.115 | 2.433 | 2.895 | 0.00 | 4.33 |
| | 总体 | 390 | 2.595 | 1.036 | 0.052 | 2.492 | 2.698 | 0.00 | 5.17 |

管理岗位和技术岗位的职业倦怠感有显著差异，管理岗位的职业倦怠感均值为6.885，标准差为2.475，技术岗位的职业倦怠感均值为7.426，标准差为2.436，用独立样本 $t$ 检验发现两者存在显著差异（$t = -2.158$，$p = 0.032$），表明管理岗位的职业倦怠感显著低于技术岗位（见表4－32）。其中在情绪衰竭维度，管理岗位的得分显著低于技术岗位（$t = -2.698$，$p = 0.007$），而在工作态度和个人成就感这两个维度上得分无显著差异。从分维度上看，相比技术岗位工作人员来说，管理岗位工作人员在情绪衰竭方面均值相应要低，这可能与管理岗位工作人员的工作难度、工作复杂性、工作多样性、自身的调节能力等因素有关，其工作态度积极（得分越低，态度越积极）。

表4－32 管理岗位和技术岗位职业倦怠感统计

单位：人

| 维度 | 工作性质 | 样本量 | 均值 | 标准差 | 标准误 |
|------|----------|--------|------|--------|--------|
| 职业倦怠感 | 管理岗位 | 219 | 6.885 | 2.475 | 0.167 |
| | 技术岗位 | 171 | 7.426 | 2.436 | 0.186 |
| 情绪衰竭 | 管理岗位 | 219 | 2.232 | 1.068 | 0.072 |
| | 技术岗位 | 171 | 2.538 | 1.165 | 0.089 |
| 工作态度 | 管理岗位 | 219 | 2.055 | 1.275 | 0.086 |
| | 技术岗位 | 171 | 2.297 | 1.277 | 0.098 |
| 个人成就感 | 管理岗位 | 219 | 2.598 | 1.026 | 0.069 |
| | 技术岗位 | 171 | 2.592 | 1.052 | 0.080 |

在单位类别上，用One-way ANOVA分析进行检验，单位类别在职业倦怠感上有显著差异。从图4－10可以看出，行政事业单位的职业倦怠感最

高，而信息咨询事业单位的职业倦怠感最低，方差分析的结果表明这种组间差异是显著的（$F = 2.294$，$p = 0.008$）。

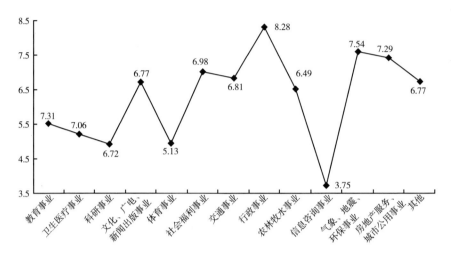

图 4 – 10   不同类型事业单位职业倦怠感

# 第四节   结果与讨论

## 一   薪酬与职业发展

薪酬待遇成为事业单位工作人员关注的核心问题。调查发现，在工作难题、工作价值选择、工作改进方向的回答上，薪酬待遇都是工作人员关心的首要因素。随着市场因素增强并不断冲击计划性工资分配，个人劳动价值得到更为广泛的关注和认可，工作人员向往获得较高的薪酬。值得注意的是，事业单位技术人员比管理人员表现出更强的"亲薪酬"倾向。这可能与技术工作在创造价值上的高贡献地位越来越巩固，得到市场的认可，专业技术岗位对人员学历、专业知识的要求也较严格，人力资本投资较高有关。事业单位的薪酬在现有制度分配的框架下事实上是拒绝市场化的，它以传统的保障性福利来补充与市场水平的差额。随着事业单位整体分类改革的推进，分离出去的事业单位开始接纳更多的市场规则，选择市场化的薪酬水平，例如文化、出版等事业单位，它们能够参与更多的市场活动，通过转型升级，具有了较高的薪酬水平。在这种情况下，留在事业单位序列中的工作人员在和国企、转企事业单位工作人员的比较中失衡，对于保障性的福利待遇的满足感，远不足以平衡当前的差距。究竟事业单位是否应该将市场因素纳入薪酬分配的重心上是一个值得思考的问题。

事业单位管理人员的工作状态随着职业发展不同阶段的变化而变化。在个人职业发展的不同阶段，满意度、敬业度和职业倦怠感都会呈现一定的趋势。这种趋势在职业发展理论中能够找到合理的解释。在个人进入事业单位初期，事业单位所提供的保障、工作的新鲜感等都会让个人产生更高的满意度、敬业度，极少的职业倦怠感。不同于企业组织的是，事业单位的制度性保障由于过于单调，难以通过制度性的调整提供长期的有效激励，个人职业生涯开始不久，就可能出现制度保障、工作新鲜感作用的下降，特别是改革开放以来，灵活市场机制对新一代知识工作者产生的影响令传统保障性的激励短期内失效，由此在 3～5 年工作时间中，满意度、敬业度（特别是工作态度）出现急剧下滑的趋势，职业倦怠感随之增加。在职业发展的中期，晋升机制、薪酬增长机制的合理性会对个人的满意度、敬业度和职业倦怠感产生一定影响。但是满意度和敬业度并非完全一致，个人尽管可能对单位待遇、晋升等关系利益的方面的制度不满意，但就工作本身而言，由于工作熟练程度的增加，人际关系的融洽，其敬业水平不会随着满意度的变化发生太大的波动。在个人工作的职业倦怠感上，同样由于受到工作性质的影响，不同工作岗位的人表现出差异性，总体上看管理人员的职业倦怠感低于专业技术人员，事业单位管理人员的整体职业倦怠感随着工作年限、年龄的增加而降低。个人职业发展中后期，受到发展困境的影响，个人在满意度、敬业度上呈现一定的下降趋势，职业倦怠感略有增强，结合事业单位的现实情况能够更好地解释：评中高级职称、晋升中高级管理岗位时期正是个人职业发展的中后期，晋升的空间大小和难度是否适中、合理可能带来不同的压力。由此，从职业发展的视角观察不同职业发展阶段的人所面临的困境，从而反思事业单位一些制度安排的滞后性将有助于推进事业单位人事制度更合理改革。特别是在发展环节，更合理的制度安排是解决事业单位管理人员积极性不高、倦怠情绪难题的主要途径。

事业单位晋升的行政管控力量依旧明显，实绩和能力因素在个人晋升中的作用有所增强。岗位设置的科学性和规范性是解决事业单位诸多管理问题的基础,"去行政化"也是各项改革的主要目的。调查对于岗位管理办法设置所带来的潜在"去行政化"作用并没有得到工作人员的认可。21.79%的人认为岗位设置并没有降低事业单位的行政化;40.51%的人对此的回答是模棱两可的,37.69%的人认为岗位设置是有助于事业单位"去行政化"的。通过科学的管理设置来实现科学管理、科学用人尽管是一个合理的途径,但是在配套的制度上可能存在一定的缺陷,这也导致了预期的效果并不明显。在影响个人晋升的关键因素问题上,与上级有良好关系居于榜首,随后才是工作实绩和能力因素。这种价值的排序反映了事业单位行政化用人的特色。随着改革推进,越来越合理的晋升评价指标开始确立,晋升的机会导向了工作实绩和个人能力,但它对于行政管制的影响并不大,如何将行政化用人弱化,更多的努力可能在于建立对行政的制度约束。

对管理人员的分析结果也透视出一些亟须关注和解决的问题。相比技术人员,管理人员更看重晋升的价值。在调查个人在工作中所遇到的困境、工作的意义以及工作单位改进的方向上,管理人员,特别是专一从事管理工作的人员更看重晋升的机会。这种机会稀缺和渴求的背后是待遇增加与晋升紧密挂钩,而晋升制度严格控制,忽视了职级设置应具备的激励作用。管理人员的问题在于,具有象征意义上的权力,具备较高的知识水平和学历,却获取较少的薪酬待遇。这种不公平感源于晋升的通道是受到挤压的,事业单位管理人员通过职务晋升制晋升,如果无法晋升到行政领导职务,个人不仅不能取得职业的发展,而且在待遇方面也无法提高。本身已经十分稀缺的行政领导岗位,又受到很多专业技术人员的挤占,管理人员为取得相应待遇,要么通过其他非正常途径竞争,要么只能转向专业技术序列,从而取得相应的待遇。这是由现有制度设计造成的,这也造成了事业单位管理人员无法定位的问题。

## 二　管理与技术兼职化①

在对单位双肩挑现象情况的统计中,选择符合的占54.62%,选择不符合的占15.89%,一般的占29.49%。可以看出双肩挑在事业单位中是一个较为普遍的现象。在双肩挑是否影响单位管理水平问题上,赞同影响的

---

① 用兼职化指代比较普遍的管理岗位与专业技术岗位"双肩挑"现象。

占 37.95%，不赞同的占 30.26%，模棱两可的占 31.79%。在双肩挑对管理影响的直接判断上，并没有太大的认知偏向性。文献、政策梳理得到的信息表明，双肩挑现象打乱了职业发展秩序，也影响到工作人员身心健康等，对于双肩挑的态度应是严格控制，尽量消除的。合理的岗位设置框架在逐渐形成，一人一岗，人和岗位匹配的标准作为岗位管理的主要原则，也无法完全避免双肩挑的产生。对此，特殊性岗位尽管可以允许双肩挑，但总体上是杜绝的。对于这一现象，应该更多地关心个人意愿、端正双肩挑的动机。从目前来看，其背后更多是制度安排的不合理，一方发展受限，另一方利益诱导，导致"两条腿"不平衡走路。

调查的一项数据可以作为诱发不同岗位的人转岗或是双肩挑现象的解释。在对专业岗位人员和管理岗位人员在事业单位境遇的比较中，我们通过收入、重视程度、晋升难度、贡献认可四个方面进行比较，来体现其境遇的差异性。四个问题分别是：（1）与同级别专业技术人员相比，单位管理人员的收入更高；（2）与专业技术人员相比，单位对管理人员的重视程度较低；（3）与专业技术人员相比，单位管理人员晋升更难；（4）与管理人员相比，专业技术人员对单位的贡献更大。（2）＋（3）＋（4）－（1）得分高表示被调查者认为技术人员在本单位的境遇更好。通过比较，管理人员得分显著高于专业技术人员（$t = 2.912$，$p = 0.004$），表明管理岗位的人更倾向于认为专业技术人员的境遇更好（见表 4 - 33、表 4 - 34）。这也反映了一个基本事实，事业单位中对于专业技术人员的学历、专业知识等要求都较高，对于专业技术人员的工资待遇、晋升制度的安排都相对合理和健全，一方面是为了体现人力资本投资回报的公平性，另一方面是为了鼓励专业技术人员发挥其技术特长，以提供更高质量的公共服务和产品。但正是由于待遇的差异性，加上制度的障碍，管理人员无法通过合理的方式晋升或得到更高薪酬，而倾向于选择跨入专业技术人员的行列。专业技术人员也可能选择走管理序列，以满足对权力的需求。

表 4 - 33　管理岗位和技术岗位工作境遇比较

单位：人

| 指标 | 工作性质 | 样本量 | 均值 | 标准差 | 标准误 |
|------|---------|--------|------|--------|--------|
| 比较 | 管理岗位 | 219 | 7.069 | 2.313 | 0.156 |
|      | 技术岗位 | 171 | 6.398 | 2.184 | 0.167 |

表 4 - 34　管理岗位和技术岗位工作境遇比较 t 检验

| 指标 | | 方差方程的 Levene 检验 | | | | 均值方程的 t 检验 | | | | |
|---|---|---|---|---|---|---|---|---|---|---|
| | | F | Sig. | t | df | Sig.（双侧） | 均值差值 | 标准误差值 | 差分的 95% 置信区间 | |
| | | | | | | | | | 下限 | 上限 |
| 比较 | 假设方差相等 | 0.606 | 0.437 | 2.912 | 388 | 0.004 | 0.671 | 0.230 | 0.218 | 1.123 |
| | 假设方差不等 | — | — | 2.933 | 374.262 | 0.004 | 0.671 | 0.229 | 0.221 | 1.121 |

　　建立相对独立的发展秩序，制定严格的岗位晋升标准，可能是解决这一问题的主要途径。就调研问卷中岗位划分的情况而言，在双肩挑上，划分了两类，一类是双肩挑以管理为主，另一类是双肩挑以技术为主，这种划分更多地反映其对管理工作还是对技术工作的认同情况，调查发现认同管理工作的占 66.9%，认同专业技术的占 33.1%。总体上认同管理工作的居多，从当前状况推断其原因可以发现，要么双肩挑人员以原来管理岗位人员居多，要么管理工作性质占据了个人更多时间。无论是哪一种可能，这种横跨两类岗位的现象都影响到工作人员的满意度、敬业度和职业倦怠感，相比个人发展走一条序列来说，其工作效率和效果都会受到一定的影响。由此，建立合理管理人员发展序列应是解决这一问题的重要途径。

### 三　管理定位与规范

　　在管理工作层面，管理工作的重要性日益得到重视。调查发现，在单位亟须改进的问题上，事业单位管理需要改进的重要性排在了薪酬待遇之后。事业单位整体管理水平不高，使得工作人员迫切希望通过改进管理来实现个人和单位的发展。被调查者在对事业单位是否需要一支专业化管理队伍的问题的回答上，进一步支持了上述推论，81.03% 的人肯定事业单位建立专业化管理队伍的必要性，16.67% 的人对此问题模棱两可，不赞同专业化管理队伍建设的只占 2.31%。对于在事业单位从事管理的意义和定位，17.95% 的人认为在事业单位从事管理工作没有什么意义，30.26% 的人对此模棱两可，51.8% 的人认为是有意义的。这一分析在于说明工作人员对事业单位管理岗位价值的认可程度，其中认可事业单位管理价值的专业技术人员占 45.67%。尽管总体来说，大约一半的工作人员对管理工作的价值是认可的，但相对而言，专业技术人员对于管理工作价值的认可程度并不是很高。其原因可能源于期望值与现实值形成的一个差距问题,事业单位管理水平一直饱受社会声讨,在行政化管理思维下,事业单位的管理更多体现为一种控制,这种强约束性受到了工作人员的排斥。事业单位管理的意义难以得到认可还存在另一种可能性,即在单位内部进一步分工的基础上,以一定专业技术为核心的事业单位对于管理岗位职责的分工定位也越来越明确,在这次调查中,在谈及对于事业单位管理人员的定位问题时,80.26%的人认为管理人员的定位在于提供服务,不赞同管理人员服务定位的占3.59%。对于服务定位的管理人员来说,可能会产生一种工作价值的比较问题,这造成一种由地位差异所形成的歧视性。

在大多数事业单位,三类岗位中所占比例最大的是专业技术岗位。由于事业单位重视公共服务产品质量,专业技术岗位在提升产品质量过程中具有重要性,确立了它在事业单位三类岗位中的重要价值,也决定了事业单位专业技术人员的薪酬待遇往往比管理人员和工勤人员要高。工勤人员在事业单位中一般定位于为单位内部人员服务,诸如很多事业单位中后勤部门的员工等,这些工作随着社会服务外包程度的提高而转移给合同工、劳务派遣人员。不少管理岗位的工作,剔除"领导权力"成分后,很多也类似于工勤人员的工作,区别在于一类是以体力劳动为主的"工勤",另一类则是以脑力劳动为主的"管理",这种管理更多地体现为协调、辅助性的脑力工作、维持组织的正常运作等,从而为专业技术类工作提供了相应的保障。由此,管理人员的重要性在事业单位中处于中间环节。而在本质上,它的定位是提供比工勤人员更高级的服务而已。[①]

管理人员的职业道德、能力与期望水平有一定差距。从管理人员职业道德水平的评价上看,44.36%的人认同管理人员具有较高的道德水平,39.74%的人对此模棱两可,15.89%的人认为管理人员的职业道德水平并不高。调查结果的差异性分析显示,与专业技术人员相比,管理人员更乐于奉献和敬业,管理人员的发展问题得到组织的关注,但可能由于发展的结果并不理想,一些管理人员工作的情绪反应造成现实评价与统计差异。在管理人员工作能力问题上,认同管理人员工作能力强的

---

[①] 从大多数职位说明书中可以发现,管理岗位所要求的高学历等稀缺要素,提升了管理岗位的价值。

占 30.26%，认为一般的占 51.28%，认为工作能力弱的占 18.46%。在管理人员是否胜任自己工作的认识上，46.92% 的人认为事业单位管理人员是能够胜任的，对此模棱两可的占 39.49%，认为管理人员不能胜任工作的占 13.59%。这两个问题的答案可以反映一个共性的问题：事业单位管理人员能力有待进一步提升，整体上基本能够胜任工作要求，但是处于一般水平。从另一个问题的回答情况上，可以解释导致管理人员能力不足的原因，在谈到对于事业单位的管理问题上，在是否需要一些与单位相关的专业知识的探讨上，86.42% 的人认为胜任事业单位的管理工作，需要一定相关专业知识，12.56% 的人对此模棱两可，认为不需要相关专业知识的只有 1.03%。当前事业单位管理人员在管理知识上尽管有一定的基础，但总体上可能欠缺与事业单位功能相关的专业知识，这种缺失可能导致管理效果偏差，很多医疗事业单位管理实践中出现的问题也在一定程度上印证了这一判断。

调查结果发现，管理学背景、管理培训对于个人的满意度、敬业度、职业倦怠感均会产生影响。在与非管理学背景人员的满意度、敬业度和职业倦怠感的比较中，管理学背景的人表现出较高的满意度、较高的敬业度与较低的职业倦怠感。对此的一项解释可以从管理培训的效果来看，通常管理学背景的工作人员在知识面、人际关系处理等方面表现得都会比较突出，在学习过程中已经接受了相关的培训，通过管理专业知识的学习提升了个人在处理复杂问题、调控自我情况等方面的能力。这也印证了当前很多企业、事业单位对员工进行管理培训的价值和意义。

## 第五节　小结

从对事业单位的整体描述中可以发现，事业单位涉及行业范围十分广泛，以专业技术为核心的事业单位建立了相对科学的专业技术人员晋升序列，而对于各个单位不可或缺的管理人员来说，尽管建立了职员晋升通道，但这一晋升通道的科学性和适用性值得检验。

本章通过选取十三类（行业）事业单位（包括教育事业、卫生医疗事业、交通事业、科研事业、行政事业、信息咨询事业、社会福利事业等事业单位）进行实践调查，对搜集来的一手数据进行了系统的分析。关注点主要集中于：其一，对单位内不同岗位工作人员在敬业度、满意度、职业倦怠感等方面的分析；其二，对管理人员和专业技术人员在价值选择、晋升发展等方面的分析；其三，对事业单位中双肩挑人员、专业技术人员和管理人员进行对比分析；其四，所有的对比分析不偏离事业单位管理岗位工作人员这一中心。调查的分析结果不仅验证了政策和制度分析所得到的结论，同时还发现了理解事业单位管理人员工作的新焦点。例如，尽管事业单位有明确的岗位分类和岗位职责，但存在同时承担两类岗位工作的情况，这种情况通常只在管理岗位和专业技术岗位中出现，这就是我们通常所讲的双肩挑。为了更科学细化地分析，我们对事业单位岗位进行了重新命名，除了通常讲的事业单位管理岗位、专业技术岗位、工勤岗位外，还有一种是双肩挑岗位，我们将专门从事管理的人员和专门从事专业技术的人员分别称为专一管理人员和专一技术人员。和拗口的命名一样，在具体的实践中，这一违背专业标准的跨岗位工作也带来了很多管理上的难题。但其背后的制度安排和员工动机也具有一定的合理性。

综合调研数据，本章得出的主要观点如下。在行政化管理思维下，事业单位的管理更多体现为一种控制，这种强约束性受到了工作人员的排斥。事业单位管理的意义难以得到认可还存在另一种可能性，即在单位内部进一步分工的基础上，以一定专业技术为核心的事业单位对于管理岗位职责的分工定位也越来越明确，调查发现管理人员的核心定位在于提供服务，而对于服务定位的管理人员来说，这可能会产生一种工作价值的比较问题，从而造成一种由地位差异所形成的歧视性。薪酬待遇成为事业单位工作人员关注的核心问题，事业单位技术人员比管理人员表现出更强的"亲薪酬"倾向。由于事业单位重视公共服务产品质量，技术岗位工作人员在提升产品质量过程中具有重要性，从而确立了它在事业单位三类岗位中的重要价值，也决定了事业单位专业技术人员的薪酬待遇往往比管理人员和工勤人员要高。不少管理岗位的工作，如果剔除"领导权力"的成分，则很多也类似于工勤人员的工作，只是由于一类是以体力劳动为主的"工勤"，另一类则是以脑力劳动为主的"管理"，这种管理更多地体现为协调，辅助性的脑力工作，维持组织的正常运作等，从而为专业技术类工作提供相应的保障。由此，管理岗位的重要性在事业单位中处于中间环节。而在本质上，它的定位是提供比工勤岗位更高级一点的服务而已。事业单位的薪酬在现有制度分配的框架下事实上是拒绝市场化的，它以传统的保障性福利来补充与市场水平的差额。随着事业单位整体分类改革的推进，分离出去的事业单位开始接纳更多的市场规则，选择市场化的薪酬水平。事业单位管理人员的工作状态随着职业发展的不同阶段的变化而变化。在个人职业发展的不同阶段，满意度、敬业度和职业倦怠感都会呈现一定的趋势。这种趋势在职业发展理论中能够找到合理的解释。事业单位的行政管控能力依旧明显，实绩和能力因素在个人晋升中的作用有所增强。岗位设置的科学性和规范性是解决事业单位诸多管理问题的基础，"去行政化"也是各项改革的主要目的。双肩挑现象影响到工作人员的满意度、敬业度和职业倦怠感，相比个人发展走一条序列来说，其工作效率和效果都会受到一定的影响，背后更多的是制度安排的不合理，一方发展受限，另一方利益诱导，导致"两条腿"不平衡走路的现象，建立合理的管理人员发展序列应是解决这一问题的重要途径。

# 第五章
# 事业单位职员制度改革

　　1993 年《国家公务员暂行条例》的出台，预示着我国公务员队伍基本建立了符合自身特点的人事管理制度。在此背景下，如何尽快建立符合事业单位特点的事业单位人事管理制度，从而提高事业单位的内部管理水平便成为一个亟待解决的问题。事业单位职员制度是按照现代岗位管理的方法和原理，针对事业单位管理岗位及管理人员的一项制度设计和安排，从制度内容到制度目的都体现了将事业单位管理人员作为一个职业群体，创造条件实现其职业规范和标准，提高专业水平的目标。本章即对事业单位职员制度的改革历程、职业制度对职业化的价值、职员制度改革主要障碍进行分析，最后提出推动职员制度改革向管理人员职业化迈进的思路。

## 第一节　职员制度改革的基本脉络

　　在传统上，我国事业单位工作人员通常被划分为专业技术人员、管理人员和工人三类。这三类人员在所从事工作的性质方面存在较为明显的差异，因而，事业单位在对这三类人员进行管理时也是有所区别的。从职业发展的角度来看，专业技术人员主要走专业技术职称晋升的职业发展道路，管理人员则主要参照政府机构的干部管理模式走行政级别晋升的职业发展道路，而工人则按照技术工人和普通工人两种不同类型，走以技能等级提升为导向的职业发展道路。职员管理制度是针对事业单位管理人员提出的一种以岗位为基础的现代人力资源管理改革方案。回顾职员制度改革历程对于理解职员制度改革的意义和价值有一定作用。

总的来说，我国事业单位职员制度从提出到试点主要经历了以下四个发展阶段①。

第一阶段：事业单位职员制度的萌芽阶段（1992～1998年）。在1992年召开的党的十四大上，中央提出应当按照机关、企业和事业单位的不同特点，逐步建立健全分类管理的人事制度。1993年，国务院在《关于机关和事业单位工作人员工资制度改革问题的通知》中提出，应根据事业单位管理人员的自身特点，建立职员职务序列，并在此基础上实行职员职务等级工资制，即事业单位管理人员的工资划分为职员职务工资和岗位目标管理津贴两大组成部分。这是中央政府文件中第一次在事业单位背景下提出职员的概念。1995年颁布的《事业单位工作人员考核暂行规定》要求，事业单位"考核的内容包括德、能、勤、绩四个方面"，"考核的范围包括各级国家行政机关所属事业单位的各级各类职员、专业技术人员和工人"，这是在政府的正式文件中第一次直接将事业单位管理人员称为职员。尽管文件要求对三类工作人员的考核结果都划分为优秀、合格、不合格三个等次，但对三类人员的三个考核等次分别给出了与各自工作特征相联系的差别性描述。不过，总的来说，这一阶段仅仅开始提出应当将事业单位的管理人员称为职员，以区别于公务员，但是并没有形成所谓的职员制度，即一套关于事业单位中的管理人员的正式人事制度安排。

第二阶段：事业单位职员制度的初步探索阶段（1999～2009年）。2000年颁布的《关于加快推进事业单位人事制度改革的意见》系统地提出了事业单位人事制度改革的基本思路，即破除干部身份终身制，使事业单位的人员管理与党政机关工作人员的管理办法脱钩，逐步取消事业单位的行政级别，不再按行政级别确定事业单位人员的待遇。建立符合不同类型事业单位特点和不同岗位特点的人事制度，实行分类管理，明确不同岗位的职责、权利和任职条件，建立岗位管理制度，引入竞争机制，在事业单位全面建立和推行聘用制度。正是在这份文件中，政府第一次正式提出了事业单位职员制度的概念，即"对管理岗位，要建立体现管理人员的管理水平、业务能力、工作业绩、资格经历、岗位需要的等级序列，推行职员制度"。

---

① 参见刘昕、王俊杰《事业单位职员制改革：进程、问题与对策》，《国家行政学院学报》2013年第4期，第48～52页。

2002 年和 2006 年先后颁布的两份文件对 2000 年提出的事业单位人事制度改革意见做了进一步的深化。2002 年颁布的《关于在事业单位试行人员聘用制度的意见》对事业单位人员聘用制度的各项具体制度即公开招聘、签订聘用合同、定期考核、解聘辞聘等做出了规定；强调通过这套制度转换事业单位用人机制，即实现事业单位人事管理由身份管理向岗位管理转变，由行政任用关系向平等协商的聘用关系转变，建立一套符合社会主义市场经济体制要求的事业单位人事管理制度。2006 年颁布的《事业单位岗位设置管理试行办法》则明确提出，事业单位岗位分为管理岗位、专业技术岗位和工勤技能岗位三种类别。其中，事业单位的管理岗位是指担负领导职责或管理任务的工作岗位，其设置要适应增强单位运转效能、提高工作效率、提升管理水平的需要。事业单位管理岗位一共被划分为 10 个通用等级，即一级至十级职员岗位。

随着以聘用制度和岗位管理制度为基础的事业单位人事制度改革的正式推行，事业单位职员制度逐渐开始出现体系化趋势。一些行业和地区率先开始进行事业单位职员制度的探索。教育部于 1999 年就发布了《高等学校职员制度暂行规定（征求意见稿）》，并且从 2000 年开始在武汉大学、华中科技大学、华中师范大学、厦门大学、东北师范大学五校组织开展了高校职员制度的试点工作。从地方上来看，重庆市在同一年也制定了《重庆市事业单位职员管理办法》（渝人发〔2000〕136 号），于 2001 年出台了实施意见，但直到 2005 年才宣布在全市事业单位中全面推行职员制度。2004 年，深圳市出台了《深圳市事业单位职员管理办法（试行）》，宣布于来年正式开始建立事业单位职员制度，以转换事业单位的用人机制。此外，江苏省也从 2005 年开始进行事业单位职员制度改革的试点工作。

在这一阶段上，尽管事业单位职员制度作为一种制度已经逐渐浮出水面，但各方对事业单位职员制度的内涵及其制度框架并未形成共识，仍然存在诸多模糊认识。这时大家甚至连对"职员"的概念界定都存在不同认识。比如，重庆市在 2000 年出台的《重庆市事业单位职员管理办法》中明确指出，事业单位职员是指事业单位聘任在行政管理岗位上从事管理工作的人员。但深圳市 2004 年颁布的《深圳市事业单位职员管理办法（试行）》明确指出，本办法所称职员是指由事业单位依据本办法聘用于行政管理职位和专业技术职位的人员。

第三阶段：事业单位职员制度的深化探索阶段（2010～2014年）。2010年公布的《国家中长期人才发展规划纲要（2010—2020）》指出，要"分类推进事业单位人事制度改革，逐步建立起权责清晰、分类科学、机制灵活、监管有力的事业单位人事管理制度。克服人才管理中存在的行政化、'官本位'倾向，取消科研院所、学校、医院等事业单位实际存在的行政级别和行政化管理模式"。纲要还明确指出，要"对事业单位管理人员全面推行职员制度"。2011年，我国颁布的《关于分类推进事业单位改革的指导意见》及其九个配套文件，成为全面推行事业单位改革的重要指南。指导意见强调要逐步取消事业单位的行政级别，在人事制度方面要以转换用人机制和搞活用人制度为核心，以健全聘用制度和岗位管理制度为重点，对不同类型事业单位实行分类人事管理，依据编制管理办法分类设岗，实行公开招聘、竞聘上岗、按岗聘用、合同管理。在收入分配制度方面，以完善工资分配激励约束机制为核心，健全符合事业单位特点、体现岗位绩效和分级分类管理要求的工作人员收入分配制度。

然而，无论是在纲要中还是在指导意见中，政府都并未对职员制度做出任何进一步的解释，在指导意见中甚至根本就没有提到职员制度的问题。但是在实践中，国家主管部门仍然强调要继续进行职员制度的试点，在2011年7月25日举行的国家人力资源和社会保障部新闻发布会上，新闻发言人表示，人力资源和社会保障部已经在研究起草事业单位职员制度试点工作方案，下一步将认真做好岗位设置管理工作，启动事业单位职员制度试点，探索完善岗位设置动态管理机制。在地方上，江西、四川等地于2012年陆续开展了事业单位职员制度的试点工作。

第四阶段：事业单位职员制度的切实推进阶段（2014年至今）。2014年国务院颁布《事业单位人事管理条例》，其目的在于出台符合事业单位自身特点的人事管理条例，保障事业单位人员合法权益，建设高素质的事业单位人才队伍和促进公共服务发展。《事业单位人事管理条例》中不仅对原有岗位管理办法聘任制度进行了重申和补充，还强调了激励和保障性，包括奖励和处分、工资福利和社会保险等，在人事争议和法律问题上也做了具体说明，从而在整体上构建出一套适用于事业单位组织自身的人事管理条例，事业单位的管理进入了法制化的新阶段。从条例的具体内容中不难看出，制度本身糅合了公务员制度和劳动合同法中的相关内容，体现了事业单位管理的特点。2015 年 5 月中共中央办公厅印发实施《事业单位领导人员管理暂行规定》，该规定对事业单位领导人员的任职条件和资格、选拔任用、任期和任期目标责任、考核评价、职业发展和激励保障、监督约束、退出机制都做了较为翔实的说明。尽管规定中并没有针对职员制度的解释，但管理岗位上的职员发展所依赖的主要晋升途径就是成为领导人员。在任职条件和任职资格中特别强调了事业单位管理人员公共服务精神的重要性，对公共服务精神和公益心的重视也意味着对事业单位组织使命的认同。2016 年《关于做好事业单位政府购买服务改革工作的意见》提出，政府购买服务改革支持事业单位分类改革和转型发展，增强事业单位提供公共服务能力。早在 2013 年国务院办公厅印发的《关于政府向社会力量购买服务的指导意见》已对推进政府购买服务改革做出专门部署。但是并没有明确事业单位在这个过程中所应承担的角色。事业单位在该意见中的参与角色并没有明确，而在 2016 年的最新意见中，明确了事业单位在改革中的定位——作为公共服务的主要提供者，事业单位也需要引入市场机制来实现更加高效的服务供给。该项改革意见明确指出，要通过政府购买服务，促进建立公益二类事业单位财政经费保障与人员编制管理的协调约束机制。

从职员制度改革的基本脉络中发现，事业单位改革的逻辑基本是整体改革，循序渐进，边缘突破。一个政策和制度的制定并不是一蹴而就的，更多的是要经历渐进的调试过程。职员制度和事业单位分类、事业单位岗位设置、事业单位聘任制、事业单位人事管理条例等紧密相关，事实上，可以从各项制度中观察一个完整的职员制度。

## 第二节　职员制度改革的价值

通过对职员制度发展的四个阶段的分析可以看出，一方面，作为一种专门针对事业单位管理人员而设计的制度，事业单位职员制度的大体内容已经比较明确，其中包括职员职级设计、岗位设置、聘任、考核与培训、待遇等多项内容；另一方面，事业单位职员制度到目前为止仍处于试点阶段，关于职员制度的整体思路以及具体的管理问题，国家并未出台明确的制度和政策，职员制度仍然处于探索过程。围绕提高事业单位管理水平，促进事业单位管理人员发展的制度建设具有十分重要的意义，从制度本身来看，解决管理人员发展通道、促进管理水平提升本身就是管理人员职业发展的主要方面。具体而言，职员制度改革对管理人员发展的价值体现在以下几个方面。

首先，它有助于事业单位的"去行政化"，实现事业单位人员管理从身份管理到岗位管理的转变，为独立的职业身份提供了制度依据。直到2011年《关于分类推进事业单位改革的指导意见》及其9个配套文件出台，我国事业单位改革的总体方向才逐渐明晰下来，即原来承担行政职能和从事生产经营活动的事业单位将逐步脱离事业单位序列，只留下从事公益服务活动的事业单位。不过，在这一政策正式出台之前，我国事业单位改革的一个总体思路一直都是很清楚的，那就是事业单位要"去行政化"，弱化甚至最终取消事业单位的行政级别，破除"官本位"思想，按照事业单位的自身规律来设计一套区别于政府机构的内部管理制度。由于事业单位中的专业技术人员和工勤人员的管理体系与事业单位的行政级别之间不存在直接的对应关系，因此，与事业单位的行政级别特征联系最为紧密的还是事业单位中的管理人员，他们的职务等级、工资待遇、人事制度等一直都是参照政府机构制定的，因此，对事业单位管理人员的管理方式进行改革实际上是事业单位"去行政化"的一个重要标志，而事业单位职员制度恰恰扮演了这样一个标志性角色。换言之，事业单位职员制度，即消除行政级别在事业单位管理人员的人事管理和收入分配制度中根深蒂固的影响，建立以聘任制和岗位管理制度为基础的事业单位人事管理体系，是事业单位"去行政化"的一个重要体现，也是事业单位"去行政化"的起点，在职业发展层面上，它也正式将事业单位管理人员从行政人员群体中划分出来，为事业单位管理人员独立的身份奠定了基础。

其次，职员制度为事业单位管理人员建立了一个独立且更顺畅的职业发展通道。在事业单位中，专业技术人员往往是组织的最核心力量，也是最受重视的一支队伍，他们有一条以职称晋升为核心的很清晰的职业发展路径，同时对他们进行评价和提供报酬的体系也比较完善。而事业单位中的管理人员，尤其是那些没有达到一定行政级别的普通管理人员，不仅地位一般不高，而且除了职务晋升一条路之外，并无其他职业发展机会。但职务晋升这种单一职业发展通道存在一个很明显的问题，这就是在事业单位中，由于职数控制原因，职务非常稀缺，管理人员在晋升到一定级别之后就进入了一个"高原区"，能够晋升到更高一级职务上去的只有少数人①。因此，事业单位中的很多管理人员感觉职业发展前途很渺茫，在发展到一定职务级别时，甚至在还没有任何职务时，他们就已经没有了发展前途。在这种情况下，很多事业单位管理人员的工作积极性很早就消退。而事业单位职员制度从本质上说则是要打破职务等级的界限，为事业单位管理人员确定一条基于岗位的发展和晋升路线，即使是在行政职务方面得不到晋升，他们也可以通过承担更为重要的管理岗位的职责而实现职业的发展。进而言之，基于事业单位各种管理类岗位的责任大小、工作难度、努力程度要求等而构建岗位等级，事业单位管理人员可以通过提高自身的能力和承担更为重要的岗位的职责实现个人的发展和成长，而不仅仅是走行政级别晋升一条路。这就为事业单位管理人员提供了一条更为宽广的职业发展道路，其不至于因为职业发展通道过于狭窄而产生挫折感。

最后，它在一定程度上破解了事业单位管理人员的薪酬待遇增长困境，为管理人员在专业层面纵向发展提供了基本保障。事业单位管理人员的薪酬增长困境与他们的传统职业发展通道是相关的，在事业单位的传统薪酬制度中，管理人员的工资是与职务紧密挂钩的，一旦管理人员的职务晋升实现不了，除了普遍调资和资历工资增加之外，管理人员基本上没有得到薪酬增长的机会。即使管理人员的工作能力已经得到了较大的提升，承担的工作职责更多、难度更大，也没有随之加薪的机制。在职业发展受阻的情况下，如果薪酬增长也同样受阻，那么事业单位管理人员的挫折感不可避免地会进一步加剧。而在推行事业单位职员制度之后，事业单位管理人员的晋升就从原来的单一职务晋升转变为双通道晋升，即既可以通过担任一定的领导职务实现薪酬增长，也可以通过能力的提升以及实际承担的岗位重要性等级上升而实现薪酬增长。在职务晋升难度较大的情况下，事业单位管理人员如果能够仍然有获得薪酬增长的渠道，那么显然会在一定程度上促进事业单位管理人员队伍的稳定，同时保护他们的工作积极性，他们不会因为基本待遇问题而重新选择岗位，这更有助于在专门的岗

---

①　在公务员晋升序列中存在一种非领导职务的晋升序列：科员、副主任科员、主任科员、副调研员、调研员。但是由于存在一种和领导职务的对应关系和相关福利，该序列竞争依然激烈，在地级市的一般机关中，公务员做到主任科员不难，但除了在一些特殊部门外，副调研员基本不会从非领导职务晋升，一般都是从资深科级领导干部晋升或者通过同级领导职务转任。

位上通过提高他们的熟练度、改造工作流程、创新工作方法，从而提高管理效率。

通过上述分析不难发现，职员制度改革的价值体现在对事业单位管理人员职业发展层面，职员制度改革的最终目标在于促进事业单位管理水平提升，以提高事业单位运作效率，保障公共产品和服务的有效供给。在这个目的上，它和建构职业化的管理人员队伍是一致的，职员制度改革在当前要首先打破障碍，为事业单位管理人员提供现代管理框架之下的独立职业身份和条件，在此基础上的下一阶段目标便是建立职业化管理人才队伍。制度设计起初的愿景是极其宏观的，这也是使很多政策在执行中不断调整，甚至不得不面临终结的可能。尽管职员制度的设计具有极高的职业价值，但职业价值的实现还需要克服关键的障碍。

# 第三节　职员制度改革的关键点

为寻找解决职员制度改革问题的方法，本节一方面通过文献梳理，另一方面则通过实地调研方法，以专家访谈法、小组座谈法为主，选择了武汉和成都两个省会城市作为调研驻地，通过与湖北省人力资源和社会保障厅、四川省人力资源和社会保障厅联络，将访谈提纲提前发予对方，并请对方联系有关事业单位负责人，以及涉及事业单位有关工作的行政单位负责人参加座谈。武汉调研点单位包括湖北省人力资源和社会保障厅、武汉市人力资源和社会保障局等主管事业单位的行政部门。成都调研点单位包括四川省人力资源和社会保障厅、四川大学人事处、成都市人社局事业处、泸州市人社局、眉山市人社局、四川省农业厅人事处、四川省畜牧食品局、四川省广播电影电视局（现为四川省新闻出版广电局）人事处、四川省核工业地质局、西南科技大学、成都理工大学、四川省疾控中心。这次调研获得了文献分析难以取得的一手信息。两地对事业单位岗位设置和职员制度建设进行了积极探索，取得了一定的成绩。但遇到的现实障碍难以跨越，职员制度改革进程仍旧举步维艰。

由于事业单位职员制度改革的重要基础在于《事业单位岗位设置管理试行办法》，因此，针对职员制度改革的相关分析也将关注事业单位岗位设置的问题。通过座谈，笔者对事业单位职员制度以及职员制度改革过程中的障碍有了更深的了解。总体上看，职员制度改革的有效推进面临四个核心问题。

## 一　职员职级设计

以职级设计为核心的职员纵向发展受阻。岗位设置中对于职员晋升通道的设计偏离了职员发展的现实需求。从表层上看，事业单位管理人员晋升通道的梯级数太少。管理人员晋升梯度严格对应行政序列，即一级职员对应正部级，二级职员对应副部级……九级职员对应科员，十级职员对应办事员。这种简单对应关系并没有解决基层事业单位管理人员的发展问题，一个正处级事业单位最高职员等级是五级，一个副科级事业单位最高职员等级是八级，在职员等级职数比例的控制下，一个科级事业单位的领导只有换到更高级别的事业单位，才有可能实现职级的提升，突破职业生涯为六级、七级职员的天花板。一般来讲，担任领导职务的管理人员，比普通管理人员更易晋升职员级别。对于大量不具有领导职务的一般管理人员来说，职级的提升不仅受到单位级别的限制，而且深受行政领导职务数量的影响，普通管理人员晋升的机会更少，很可能整个职业生涯都处于九级，甚至是十级。

职员职级设计的另一问题在于，职员等级职数的设置管控过死。单位职员的职级、不同职级的结构比例等的确定的主要依据是相关管理部门核定单位的规格、规模、人员编制和隶属关系。通常情况下，行政隶属关系决定事业单位规格，规格又决定单位的规模大小，依照此标准可以看出，其核定的核心依据是单位级别，出发点在于有效的行政管控。在专业技术岗位序列中，各类比例有一个总的控制指标，并给予地方一定的自主权。例如，《事业单位岗位设置管理试行办法》实施意见指出，"专业技术高级、中级、初级岗位之间的结构比例全国总体控制目标为 1∶3∶6。高级、中级、初级岗位内部不同等级岗位之间的结构比例全国总体控制目标：二级、三级、四级岗位之间的比例为 1∶3∶6，五级、六级、七级岗位之间的比为 2∶4∶4……"单位内部不同等级岗位之间的结构比例，根据地区经济、社会事业发展水平和行业特点，以及事业单位的功能、规格、隶属关系和专业技术水平，实行不同的结构比例控制。国家对职员序列不同等级岗位的结构比例并没有总体控制数的说明，执行中默认的是按照行政领导岗位等级的比例。这样一来，职员等级职数的控制被领导职位数量严格限制，依然遵照的是固化的行政模式。事实上，即使是等级设置相对合理的专业技术岗位，在执行中依然采用固化、死板的行政模式。地方执行政策中所形成的惯性往往忽视地区的差异性，即以直观的数字比例指标进行改革，忽视了不同单位的差异性。例如湖北某研究院高层次研究人员较多，工作性质和要求决定了单位较高层次岗位占主体，采用简单套用的方式必然会产生问题。

## 二　职员岗位转换

以岗位转换为核心的职员横向发展无秩序。提供岗位轮换、转岗等横向流动方式是各类单位鼓励和引导人尽其才的主要举措，但是在事业单位，考虑到专业门槛、待遇差异等问题，员工的横向发展是否可以真正实现其制度目的值得深思。特别是在管理岗位和专业技术岗位工作人员的交流、双肩挑等现象较为普遍的情势下，事业单位并没有考虑行为背后的动机，缺乏一定的监督措施。文献研究和访谈都发现，职员横向发展的无秩序存在一定原因，其并非能力提升、职业发展的目的，转岗的结果也可能带来负面影响。

其一，岗位待遇差异所形成的趋利性转岗现象。不得不承认的是如果岗位附带太多的物质利益，则在很大程度上能够激励员工的工作积极性，但也可能影响到整个单位的运行秩序。通常情况下，在以专业技术为核心的事业单位，例如，医院、学校、科研机构等，其专业技术岗位的人员所做的贡献高于普通管理岗位的人员，由此被赋予了相对高的薪酬待遇，以匹配其价值。再加上设计了相对合理的晋升通道，事业单位专业技术岗位成为最具诱惑力的岗位。在《事业单位岗位设置管理试行办法》颁布之前，事业单位通常为工作人员提供开放的岗位转换环境，允许其合理、有序地流动。其结果是无论是行政人员还是工勤人员，都可通过各种方式走向专业技术岗位，这造成专业技术晋升通道的拥挤和堵塞。在当前职员职级被设置后，大多数管理人员在职业发展、薪酬增长预期难以实现，特别是达到晋升"天花板"时，常常选择跨序列的晋升，这种选择的背后，也有不同级别退休的待遇还存在较大差异的诱因。在访谈中，四川某单位举例说："一家具有1200名人员的医院为了平衡内部矛盾几乎所有具备职称的管理人员都转向专业技术岗位。"这种调整打乱了单位正常的岗位比例，影响到单位的运作秩序，实质上体现出岗位待遇的差异性过大导致事业单位工作人员趋利性行为。一般而言，在专业性较强的单位，大多鼓励个人岗位的纵向调整，即级别的提升，并不提倡横向岗位调整，即不同性质岗位之间的转换。事业单位是知识密集型程度较高，专业性较强的组织。从专业技术岗位转向管理岗位不存在太多问题，但从管理岗位转向专业技术岗位难度则会较大。如果不同性质的岗位的专业性质越强，那么横向调整的难度就会越大。只看薪酬待遇的逐利行为，严重影响到工作人员的敬业度和专业化程度。

其二，管理、技术两边跨的双肩挑现象，违背了岗位管理的原则。一般所讲的"双肩挑"通常指同时在两类岗位上工作的人员，在事业单位表现为在管理岗位工作，也兼有技术职称并从事专业技术工作的人员。在《事业单位岗位设置管理试行办法》实施之后，出于规范和专业性的要求，一岗一人是其基本内涵，不应存在一个人同时在两类或两类以上岗位工作的情况。事业单位双肩挑现象早已存在，在一段时间内也有提倡双肩挑的呼声。当前，对于双肩挑的行为是严令禁止的，只有特殊情况、特殊岗位，根据现实需求才允许双肩挑。诸如高校校长、医院院长等，既要有专业的权威，又要有专业的责任。而大多数事业单位岗位并不需要双肩挑。例如，高校处室的处长评聘教授，不仅在工作量上难以胜任，而且在专业性的差异上也有难以跨越的鸿沟。这种现象背后不排除权力寻租的可能。大量事业单位普通管理人员也存在潜在的双肩挑现象，行政管理岗位工作人员忙于参评研究员，以争取工资待遇的提升和取得转向专业技术岗位的资格等。尽管他们并没有同时从事两类岗位工作，但其工作行为和动机都指向另一类岗位，这不利于工作的专业化。

其三，转岗之后产生身份差异问题。不同岗位序列尽管表现出工作内容差异的问题，但在无法实现公平的情况下，则表现为身份差异的问题。不能忽视的是，岗位的转换表面看来是工作内容的变化，但在事业单位三类岗位中，其体现为一种身份的变化。举例而言，高校事业单位的工勤人员转岗做了某处室科长，或是被评为讲师；医院护理人员转岗当了内科医生，这在事业单位中往往表现为身份或地位的变化。这种实质性差异的来源一方面是由于不同职业声望的差异，另一方面则是专业性跨度大的差异。对于事业单位来说，作为一个工作场合，不合理的、无序的岗位转换可能会造成一种不和谐的文化。座谈中某局负责人指出，事业单位内部存在一种相互攀比的心里，"工勤人员想转向管理岗位，因为可能成为领导，但若是真成为领导，专业技术人员则心中不服"。

### 三　职员考核激励

对于专业技术人员来说，以职员激励为核心的单位内部管理机制并不健全。主要体现在岗位、薪酬、考核三个方面。在岗位管理层面上，事业单位按照工作性质的不同划分了三类岗位，但是考虑到行业性质、单位规模等因素，三类岗位的划分只能体现整体框架，无法体现岗位的实质——明确岗位任务和责任。在单位内部，岗位的工作明细体现在岗位职位说明上，但大量事业单位仍旧没有制定明确的职位说明，仅仅是对总责任进行分解，欠缺对具体任务的认知。不少单位缺乏厘清岗位职责的过程，套用形式化的职位说明模板，在实际工作中依然采用散乱的工作方式。岗位内容若不进行细化，就失去了工作内容考核的基础，难以实现通过对工作本身的贡献分配劳动价值，这导致岗位激励失效。

薪酬待遇较低已成为事业单位职员激励的一项短板。事实上管理人员晋升通道的堵塞与薪酬较低这一因素是紧密联系在一起的。如果职级晋升与薪酬挂钩过于紧密，同时却又欠缺适当的等级和职位数，则会导致残酷的竞争难题，激励作用就会失效。沿袭传统行政职务晋升来提高待遇的思路，势必会使工作人员走上这条路。管理人员薪酬低是相对于专业技术人员来说的，在现有管理模式下，普通管理人员所体现的价值是低于专业技术人员的。然而，与企业的管理人员进行比较发现，事业单位管理人员的劳动价值实质上存在被低估的可能性。事业单位管理工作的价值有待于得到认可，管理人员也需要提升其劳动的专业性，以此作为增加薪酬的筹码。由于管理工作复杂、多样、零碎的特性，对管理人员的考核也是一项难题。事业单位对管理人员的考核更欠缺系统与科学的探索。在很多专业性质较强的事业单位，管理人员晋升通常需要发表与其单位专业性相关的科技论文，以赢取奖金和晋升资格。考核中对于量化指标的刻意追求也使事业单位管理人员为自己带来更多不必要的工作量。对于考核，还存在一个认识的偏差。例如，在探索事业单位绩效工资中，不少事业单位对于绩效考核的目的存在顾虑，而不关注如何考核绩效，对此的疑问是："绩效工资的钱是从当前工资总额中提取，还是另外补充？"他们通常担心的是总额的多少，而对于具体的分配公平性和激励性往往忽视，对于考核的最终目的——工作的改进，更是难以认同。

## 四　职员编制约束

以编制数量为核心的编制制度约束过强。在事业单位，编制是岗位设置、全员聘任工作的基础，定编设岗不是简单的数量增加和减少，而是资源的重组和优化。然而，编制的调控作用在很多时候更多体现在控制上，并在调配资源中有一定的滞后性，由此带来了一系列管理问题。通常情况下，岗位设置以编制核定作为基础，编制核定又以岗位数的需求为依据。在编制核定的执行中，岗位需求的依据通常以测算任务数量的一个代表值来设定，例如在高校，学生数量成为编制数量的主要依据，在医院，病床数量成为其编制的主要依据，在总的编制数量框架之下，事业单位再进行不同岗位类别数量和比例的划分。按照人头拨予的财政拨款生成了一种幻觉和潜规则，即财政薪资转化为用人单位对"国家职工"身份的一种刚性的"租金"，与该职工是否提供有效劳动和提供多少无关。在职工的机构收入中，仅有国有事业单位财政拨款外的服务收入与劳动供给绩效有关。这种"二元薪资"结构，对事业单位职工劳动行为及机构的公共服务效率具有不可忽视的负面影响。[①]

编制核定具有一定的周期性，一般三年到五年重新核定，有的甚至更长，国家的有些标准十多年未调整。现有编制核定的基本思路是"总量控制，分类管理，动态调整"，在地方财政紧张的情况下，常常采取收紧的策略，即一旦核定结果是编制空余，则立即收减，事业单位在需要增加编制的情况时，需要通过严格的申报、批准。编制核定执行的思路更倾向于严控原则，而不是动态适用性原则。编制核定标准的依据忽略了事业单位职能增减对事业单位工作量的影响，事业单位职能调整对不同岗位类别比例的影响导致在看似编制空余的单位，员工任务量极其繁重，看似编制紧缺的事业单位，员工的任务量较少。这种习惯于以审批为载体的计划配置方式，疏于正视不断变化的新情况和新问题，因而在事业单位职能任务增加或缩减时，仍然沿袭既有的人员编制框架，导致"空编"及"超编"状

---

① 符钢战：《公共产品短缺与中国事业单位改革——兼论政府职能的第二次转变》，《学术月刊》2007 年第 1 期，第 66 ~ 69 页。

况。① 编制核定的动态性不应限制在管控的原则之下，而是要更多结合实际需求，编制部门只需加强监管。编制控制不仅针对事业单位管理人员，而且对于整个事业单位的工作人员都是极为关键的影响因素。随着事业单位职能的扩展、业务量的增加，事业单位已存在大量的编外人员。在后勤服务等工勤岗位逐步外包给社会之余，专业技术人员和管理人员核心地位日益凸显，核心业务和工作量依然会增加。在管理岗位上，也存在不少编外人员，为了提高工作积极性，很多单位也会为其提供与在编人员相当的待遇水平，但是在具体职员晋升方面，则剥去了资格。一些地方探索新的概念以提升工作人员对其工作单位的认同感，例如，人员"控制数"，它是指政府或机构编制部门根据现实需要和组织的职责任务而核定的事业单位可使用人员的数量。就与原来的编制相比较而言，二者在控制事业单位发展规模、人员总量、为财政预算提供依据等方面的功能是相同的。不同之处在于：其一是使用"控制数"的人员不与事业单位的事业编制或"控制数"挂钩，实行聘用制，并不能签订长期或终身聘用合同，聘期内是单位人，解聘后为社会人；其二是在"控制数"内聘用的人员，在聘期内一律实行事业单位养老保险、医疗保险等保障制度，但在退休之后则与原单位脱离人事关系。

## 第四节　推进职员制度改革升级的核心

职员制度中涉及的纵向晋升、横向发展、内部激励和编制管控等问题是影响管理人员职业发展的核心所在。从职员制度改革的目的和价值上看，有力地推进职员制度改革进程对于事业单位管理人员职业化具有重要的意义，它不仅厘清了管理人员身份，打破了管理人员传统发展的束缚，设置更为合理的纵向晋升通道和有助于专业能力提升的晋升、激励制度。针对职员制度改革中出现的问题障碍，需要通过重新认识几个核心概念并且平衡几类关系，以使职员制度改革推行方向更加契合管理人员职业化的路径。

---

① 徐刚：《事业单位人员编制标准：取向、机制及策略》，《中国人民大学学报》2010年第5期，第143~150页。

## 一 职员制度改革中核心关系的处理

### (一) 厘清岗位管理和编制管理的关系

事业单位职员的数量、职数、结构比例都受到岗位和编制的影响，在制度层面，编制数量核算和岗位类别划分决定事业单位职员的总量和结构。在事业单位，编制管理的概念要早于岗位管理，其内涵体现出更多的行政管控性。① 具体而言，编制是国家依据财政情况，对事业单位正常运作所需的总体劳动力数量进行估算，给予一定的财政支持。其主要目标在于用精简的财政实现有效的事业运作。岗位是单位依据工作任务、工作性质划分类别，并确定各类别工作所需人员的数量，追求人和岗位匹配，一岗一人。其目的在于使单位内部各类工作分工合理，协调高效。看似一致的目标，却存在一定的分歧，特别是在执行环节常有冲突。编制管理具有一定的刚性，不会轻易改变，应对单位劳动力数量进行宏观的控制，数量一般少于岗位数，通常作为事业单位岗位设置的基础依据。岗位设置则相对灵活，事业单位考虑业务量、管理任务的多少可以通过设置相应的岗位招募合适的人员。由此产生的冲突是，编制以固化的人员数量框架制约以任务量动态调整的岗位设置，从而在事业单位内部制造了更多的人员身份类别，即所谓的编内人和编外人。事业单位管理人员职业的有效发展以岗位为基础，但如果没有编制，就缺失了一个核心的身份地位，难以成为一个真正的事业单位管理人员。管理人员只有在拿到具有保障身份的编制之后，才可能真正站在岗位责任上思考工作的问题。职员制度改革必须平衡二者的关系，首先，应注重与目标方向保持一致，将其核心调向增进事业单位活力，提高事业单位效率，将编制作为激励管理人员工作的工具，建立编制动态调整机制，使岗位明确固定的基本关系；其次，要减少对事业单位的外部管理，将编制控制的标准依据放在事业单位职能的增减、任务量的增加上，将编制核定权力的一部分让渡给事业单位，从而实现编制数量和岗位数量调整的动态平衡。

### (二) 设计好职员横向与纵向发展的关系

在事业单位，职员的横向流动是指管理人员从管理岗位转向专业技术

---

① 我国行政单位与事业单位"久分不离"的原因在于分离的目标并不明确，编制成为连接二者的主线之一。政事分开的讨论详细参见朱光明《政事分开与事业单位改革的路径选择》，《政治学研究》2006 年第 1 期，第 110~116 页。

岗位，或是同时挑起管理和专业技术两类岗位的情况，以求实现待遇增长或自我发展的目的。纵向专业化是指职员通过提升工作业绩，通过专业考核按照职员序列晋升，从而实现个人发展和薪酬提升的目的。就职员而言，横向发展和纵向发展都是职业发展的合理选择。但是，从对单位、社会的宏观角度看，则可能会产生不同的结果和影响。在当前，各类单位都允许人才合理流动，即通过轮岗、转序列等，以追求人与人的岗位最佳配置。但在事实上，转岗和转序列背后的原因一部分是个人职业兴趣和能力，而另一部分则可能是趋利性的动机。不可否认的是，事业单位中专业技术人员和管理人员的待遇存在一定的差异是合理的，但这种差异性程度的大小会影响到不同人转岗的动机。在具有一定专业性的单位，从管理岗位跨向专业技术岗位面临十分客观的障碍，从专业技术岗位走向管理岗位尽管相对容易，但在管理逐步专业化的当前，也难免要有一定的适应期。对于同时从事专业技术岗位工作和管理岗位工作的人员来说，精力是否被充分和合理分配更让其陷入困境。笔者认为，横向的职员流动尽管有一定的合理性，但在社会分工和各类职业日益专业化的背景下，以纵向发展为核心更有意义。在当前职员纵向职级发展受阻的情况下，职员横向流动的选择与其说是权宜之计，不如说是过于遵从市场思维。事业单位如果依照"人岗匹配"原则来决策，就完全可以通过轮换体验等技术手段在个人确定职业发展方向的前期做好准备。职员制度的推行应建立在鼓励其职业化、专业化的基础上，横向发展应是一种技术性的补充。

（三）衔接好职级设计与薪酬配置的关系

职员制度的职级设计参照行政职级的设计本身存在一定的缺陷，简单对应关系只是实现名称的改变，职员职级仅仅是行政级别的变身，并不能真正实现激励职员发展的目标。事业单位职员的薪酬尽管包括了岗位、职级、绩效和津贴，但本质上依然按照传统职务工资的思路执行。在现有职级设计背景下，职员通过晋升职级来实现薪酬增加的难度并没有降低，一个事业单位行政领导职务的数量比例基本与职员数量（相对较高级别）的比例一致，基层职员需要通过攀爬原始的"行政金字塔"来获取更高的待遇。职级和薪酬均成为职员发展的难题，二者的匹配程度不同也将影响到职员职级晋升的秩序。职级薪酬的交互关系往往产生"乘数"效应，需要慎重处理。在当前背景下，职员薪酬增长的问题可以通过调整职级设计解决，例如拉长级别、扇形对应等，也可以通过改变薪酬分配的依据解决，例如围绕工作熟练度、个人工作资历等，但这样一来，公平的考核标准就难以拟定。单一的思路调整依然会带来很多后续的问题。必须关注的是合理职级设计背后的薪酬匹配问题，即通过合理的职级设计配以适量梯度的薪酬待遇，不仅能够满足个人对基本财富的需求，还能满足个人对自我成长价值的需求。就管理人员情况而言，职级背后的薪酬是核心，但从整个事业单位的运作效率和秩序来看，合理职级设计是核心，二者都不能偏废，应让二者有机结合，实现激励的"乘数"效用。

（四）配合好单位分类与岗位分类的关系

事业单位职员制度改革不可忽视的一个背景是整个事业单位的分类和岗位分类同步进行。当前的一个主要思路是按照社会功能来划分，通过剥离功能，实现行政归政府、市场归企业、社会归事业单位的目标，这一思路基本可以更加明确事业单位的功能定位。① 通过将事业单位划分为公益一类、公益二类来细化，结合这一思路则实现了财政更合理的投入。但这些都还难以对事业单位运作效率提升产生直接影响。忽略了各类事业单位行业特点、专业特点往往使政策效果大打折扣，难以从根本上达到分类改革的最终目的。事业单位岗位设置和分类尽管起到了从传统人员管理向事务管理的转变，但还是一个指导性的框架。三类岗位中，专业技术岗位、管理岗位、工勤岗位的划分难以体现岗位的实际价值。管理岗位所需的管理知识在高等院校的专业设置中已经体现出很多专业性的差异，例如人力资源管理、财务管理、计算机管理、图书档案管理，它们已经与传统的行政管理有很大的差异性。不同工作管理内容的差异性也越来越大。在这种情势下，推进职员制度改革要在事业单位分类改革的总体框架内做判断，被划出事业单位的要遵从新单位性质，重点关注保留的事业单位，总结其社会、行业的特性，进一步突出单位的专业特性，并在岗位分类中细化管理的分类，区分专业管理和一般管理。需要明确的是，当前事业单位分类的重点突出表现在社会功能定位层面，岗位设置办法划分岗位类别所参照的标准是专业定位，二者的关系既有时间先后，又有层面的差异，职员制度改革要把握二者的关系，尽可能借助两个分类改革的契机厘清事业单位职员的改革逻辑，而对于具体的职员分类设

---

① 吴知论：《事业单位三分法及改革对策》，《中国行政管理》2003 年第 2 期，第 12～13页。

计，应关注事业单位的行业和专业特性，赋予单位一定的自主探索权。

调整好职员考核和激励机制的关系。考核作为一项通用的管理工具，能够通过监督具体指标的完成进度实现对工作人员的管理，并在一定程度上起到激励员工的效果，但对于管理工作的考核，则容易造成增加不必要的任务来"丰富"管理人员工作内容的活动，从而导致"假"绩效产生。事业单位职员制度改革要关注考核内容和激励机制的关系，处理不当则容易将不同层面的考核混淆，导致激励行为和效果出现偏差，要么起不到激励效果，要么将管理人员的工作引向无用的绩效层面。事业单位职员的考核内容通常会涉及与单位专业性质相关的内容，一般表现为科技论文的发表、技术课题的申请和参与等。这种考核的价值导向，虽然有助于督促管理人员了解相应的专业知识，但是给管理人员带来了极大的负担，他们在处理日常管理工作之余，仍要投入精力去做与本职工作无关的科研。以此为导向的考核制度与激励方向产生偏差。职员的考核制度应以关注管理责任的重视程度、管理技能的提升、管理任务的熟练程度为主，以及注重管理流程的创新，这些才是管理岗位考核工作的重心。让管理人员做职责要求的事情，通过相应的奖惩制度来激励管理人员向更加专业化、更加敬业方面靠近，而不是偏离管理的本职工作。处理好职员考核和激励关系还应该区分一般考核和晋升考核。一般考核关注日常任务的完成，其激励在于超额或高质量的结果，给予相应的奖励；晋升的考核则以未来胜任岗位能力为导向，其激励作用在于满足管理人员职业发展的需求，在于考核个人是否具备更高的管理能力、水平以及承担相应的责任。总体而言，在职员制度的激励环节，应把握考核的维度和力度，实现对激励方向和程度的控制。

## 二　深化职员制度改革的思路

通过对职员制度改革中一些核心因素相关关系的分析不难发现，职员制度改革是整个事业单位改革中的一个重要分支，它与整体事业单位改革的制度环境息息相关，推行职员制度需要牢牢结合从整体到局部、从一般到特性、从理论到实际、从政策制定到执行。立足于职员制度改革现状，展望事业单位在中国公共服务中的战略地位，欲盘活事业单位，需要管理人员迈向职业化。

（一）明确职员定位，补充、完善职员制度的内涵

全面推进职员制度改革，需要对职员在事业单位中的定位，以及职员制度最终要达到的目的进行补充、调整和明确。通过归纳我国事业单位管理人员身份及其作用的转变历程分析事业单位特性与管理工作特点，笔者认为职员的定位在于服务，其应是事业单位内部公共服务的提供者。事业单位内的公共服务包括一般的行政类服务，还包括财务服务、人才管理服务等，他们的岗位职责都导向了事业单位主体业务，以为社会提供有价值的公务服务产品，诸如提供教育公共服务、卫生医疗、交通保障等。这些与事业单位使命联系较高的公共服务提供又都依托于专业技术岗位工作人员的直接贡献。事业单位的职员的价值在于协调、组织、控制单位内部资源，以保障专业技术人员提升工作的效率和效能。职员制度的目的不仅仅在于解决管理人员无法晋升、薪酬无法增长的问题，还在于提供持续的、高效的、专业的管理服务，最终形成一支职业化的管理人员队伍。

在明确职员定位和职员制度的更深意义后，我们需要关注的核心是职级的重新设计问题。在当前，尽管不能回避事业单位与行政机构的关系，但是可以舍弃简单行政级别对应的设计思路，通过技术手段实现事业单位隶属部门对其领导关系，以及行政单位与事业单位管理人才的交流问题，即采用领导职务"粘贴法"，解决的路径是先将行政领导职务与当前职员岗位关系进行剥离，以新职级为主体，再标贴行政职务，同时加以配套薪酬改革。新职级的设计要按单位大小、单位人员的素质和水平、工作重要性、复杂性等设定级别，按照人才结构、工作需求等设定不同级别的职位数。总体设定原则应是最高级控制，围绕以岗位职责为核心的工作考核专注职员的职业发展。领导职务与职员职级分离以后，事业单位领导的待遇要以职员岗位的价值为核心，领导职务"粘贴"以后职员领取领导职务的相应待遇，领导职务与外部行政单位实现挂钩，从而体现党和政府对事业单位的领导作用，也保留了行政单位与事业单位人才交流的通道，建立了适应职员发展的职级序列。

"去行政化"是不是职员制度推行所要解决的主要问题，这个议题引起很多争论，有人认为制度本身如果做到鼓励管理人员向职业化发展就达到了目标。职员制度职级设定依照行政级别思路的依据主要是党管干部原则和事业单位公有、非营利性的性质，行政管控尽管牺牲了事业单位的部分自主性，但在一定程度上也保证了有效集中力量提供更好公共服务的最

终目的。①笔者认为对于"去行政化"的理解，应该对行政化不仅有定性的分析，还要有定量的分解，即在坚持主要原则的前提下，如何将影响事业单位运作的行政模式、方式解除，行政化类似于文化和土壤的作用，是在通过间接方式影响制度发展，事实上各类证据都表明行政化对事业单位的负面影响远大于正面作用，解决行政化的问题任重道远。

（二）细化管理岗位设置，区分、突出管理的专业价值

按照管理对象的不同可以将管理划分为两类：对人的管理和对事务的管理。中国讲究对人的管理，而外国更强调对事务的管理。当前，职员管理的大部分内容都来自岗位设置，其主要原因也在于事业单位人事制度的改革从对人的管理转向了对岗位的管理。但是，吸纳国外的经验不能忽视自身的社会背景，即在对科学管理原理认同的前提下，是否已经充分考虑事业单位的特殊性，事业单位之间的差异性。岗位设置管理办法所提供的宏观指导意见所提供的思路，需要通过细化和补充来完善专门的职员制度。就当前来看，随着事业单位规模、职能的不断扩充，管理学科和管理行业的不断细化，按照传统思路将整个管理岗位划分为一大类过于笼统，有悖社会化大分工的趋势，不利于管理工作的职业化。

新的思路是要充分考虑事业单位的行业类别、整个社会的职业分工。在行业类别上，管理岗位已经体现出很大的差异性，从当前高校专业的划分来看，公共管理学科下已经有专门面向医院的卫生事业管理专业，面向高校的教育事业管理专业，面向事业单位和政府人事的公共人力资源管理专业等，这些管理专业由于吸收了更多的因素，与传统的行政管理的差异性也越来越大，专业性也更强。在社会职业层面上，通用的管理类别诸如财务、档案、计算机等，在企业、事业单位和政府之间地位的差异性可能很大，也有可能形成一种专门的事业单位财务、档案管理专业等，这些管理专业由于在单位应用程度不同，有的被归于专业技术管理，有的被划为普通管理，甚至是工勤类管理。因此从当前情况来看，在事业单位管理岗位的大类中，可以划分综合管理岗位（一般管理岗位）、专业性管理岗位。

---

① 对于改变管理模式来实现"去行政化"的目的，很多专家、学者提出用法人治理模式来替代现有管理方式。由于事业单位的多样性决定了这一模式的适用程度是有限的，因此应允许事业单位依据不同特点选择合适的模式。参见刘霞《事业单位法人治理结构问题初探》，《中国人才》2007年第21期，第24~25页。

而对于专业性管理的划分，其划分类型可以参考其在事业单位的行业性质，其地位则根据不同专业性管理在事业单位中的作用确定，同时也应参考整个社会的职业情况，做出与外部接轨的准备。这些工作都可以在现有框架之下留给事业单位自主探索。不可忽视的一个问题是在事业单位如此细化的分类下，双肩挑是否还可能存在？当前的基本原则只是在关键岗位上才允许存在双肩挑，即双肩挑只适用于特定的领导岗位，这一思路适应当前事业单位的特点，也有助于各岗位人员致力于专业水平的提升。随着管理专业性的提升和其价值的不断增加，更多管理人员会走向一个职业化通道，配合以合理的薪酬制度设计，双肩挑人员将越来越少。

（三）建构激励、考核机制，促进管理人员向职业化发展

在以岗位为核心的制度框架下，考评是必要且有效的管理手段。事业单位职员的考评，应及时从对人自身的考评转向对工作人员有效完成工作的行为、能力和结果的考评。要摈弃用发论文、做专业技术科题当作职员主要评价指标的现象。职员的考核应围绕职员的岗位职责，以基本的管理任务和事务工作分析作为评价依据，以工作熟练度、工作方法创新等作为主要考核内容。要重视考核选人的重要性。在职员进入环节，通常设定进入资格，其中涉及对学历、能力、职业道德等方面的规范。这种设定的进入资格已经是一个考核，考虑到事业单位的公益性，应该更加重视对个人的公共服务动机、品德的考察。在日常的考核中应更加专注对工作内容的考核、对执行力的考核等。要对工作的内容进行分析。在晋升考核中，日常考核结果要作为职级晋升的主要考虑，领导职务的确定采用"公开竞争上岗"方式。在晋升考核中要特别关注晋升秩序的问题，不能采用简单的"有空立补"的方式来填补编制和岗位的空缺，要通过设定和严格执行考核标准实现规范的制度化用人机制。

对于职员的薪酬设计要考虑专业技术人员和管理人员的平衡问题，既要突出各自工作的价值，也要保障各类岗位人员留住岗位，走专业化的发展路径，而不能过于拉大薪酬待遇的差距，让薪酬成为个人转岗的关键诱因。在职员薪酬设计中可以突出职员级别晋升的重要性，削减领导职务因素占薪酬的比重，待遇上应是对领导职务的补贴，总工资应该小于一定的比例（例如小于或等于130%）。对于职员队伍的补充，不应建立封闭的运作模式。特别是在编外人员日益众多的，且其知识文化水平不断提高的情势下，要采用开放的视角，在尚不能通过改变编制控制的前提下，用一部

分编制作为激励手段，允许编外管理人员首先参评低级职员，设定"非升即走"的标准，激发编外人员的活力，同时在整个事业单位编制全局下，探索用编制盘活整个单位人事管理的有效方法。

（四）总结把握政策规律，及时吸纳、推广试点经验

从全面推进职员制度的进程说明来看，当前这一政策执行显然有些滞后。政策窗口的打开过早，而又缺乏适当的政策和执行力，往往导致很多政策越来越难以推进。从职员制度试行到现在，很多地方都在积极探索，也获取了一些经验。这些从上到下又从下反馈回来的经验具有很强的实践价值，大多是对现有职员办法的有益补充，甚至是修正，将产生积极的效果。

地方职员制度改革的经验通常是经过反复推敲和验证的，甚至其改革过程都具有较强的借鉴和推广意义，合理萃取经验对于整体制度的补充设计具有重要应用价值。深圳市事业单位职员制度中，将管理岗位和专业技术岗位的工作人员统一称为职员，但实质上执行专业技术职员和管理职员两类序列，在管理序列中仍然采用的是行政级别对应的方法。这一举措的创新之处在于它将大量能够市场化的工勤人员独立出去，交由市场接管，从而减少了事业单位的运作成本，为事业单位职员制度推行营造了良好的环境。《北京市事业单位岗位设置管理实施意见》中指出，事业单位岗位分为管理岗位、专业技术岗位和工勤技能岗位三种类别，管理岗位分为三类：单位领导岗位、内设机构领导岗位和普通管理岗位。同时又规定根据事业发展特殊需要，按照本意见规定的程序设置、标准与备案，经批准设置的用于聘用高层次人才的非常设岗位。① 此举既有利于优化事业单位管理人员队伍结构、调动管理人员积极性，又解决了长期以来事业单位管理岗位职员缺乏晋升机制的问题。这种改革尽管没有具体职级的重构，但也显示出在岗位类别划分中，需要依照单位的不同特点，重新面对岗位细分的现实要求。在《甘肃省事业单位岗位设置管理实施意见》中，主要承担社会事务管理职责的事业单位，管理岗位一般不低于单位岗位总量的50%，主要的专业技术提供社会公益服务的事业单位，专业技术岗位一般不低于单位岗位总量的70%，主要承担技能操作和维护，后勤保障和服务等职责的事业单位，工勤技能岗位一般不低于单位岗位总量的50%。这一

---

① 参见《北京市人民政府办公厅关于印发北京市事业单位岗位设置管理实施意见的通知》，京政办发〔2007〕35号。

比例分配通常是地方政府结合地方事业单位特点，对职员岗位比例的具体细化，执行性较强。在不同等级的比例控制上，地方政府也会依据具体形势做出调整。专业技术高、中、初级岗位之间的结构比例的全国总体控制目标为1∶3∶6。在特殊的高级岗位的设置上，一些地方很好地利用了特设岗位的吸引力，发挥了特设岗位的导向作用。在湖北，在一些基层的事业单位设置了高级的专业技术岗位，吸引了一些专家人才到基层，有效地改善了地方的落后状况。在高级职员岗位的设置上，还鲜有地方以此作为吸引人才的方式。其实这种做法在行政机构已经被采用，即有些开发区采用领导高配的方式以利于其改革创新。职员制度改革全面推进，需要吸收已经探索的试点经验，并将其有益的部分进行总结和推广，才能更有效地达到职员制度改革的最终目的。

# 第五节　小结

事业单位职员制度是按照现代岗位管理的方法和原理针对事业单位管理岗位及管理人员的一项制度设计和安排，从制度内容到制度目的都体现了将事业单位管理人员作为一个职业群体，创造条件实现其职业规范和标准，提高其专业水平的目标。从职员制度改革的基本脉络中发现，事业单位改革的逻辑基本是整体改革，循序渐进，边缘突破。一个政策和制度的制定并不是一蹴而就的，更多的是要经历渐进的调试过程。职员制度和事业单位分类、事业单位岗位设置、事业单位聘任制、事业单位人事管理条例等紧密相关，一套完整的职员制度的建立需要与更多周边制度进行"拼接"，以找到最佳的切入方式。

职员制度针对的是事业单位管理人员专项制度，从个人和社会职业发展角度来看其重要的政策价值在于：有助于去行政化色彩，减少政治因素，更加专注于工作本身的价值；建立了一个独立的职业发展通道，经过专业化的演进实现职业发展；一定程度上破解了事业单位管理人员的薪酬待遇增长困境，为管理人员在专业层面纵向发展提供了基本保障。职员制度改革的最终目标在于促进事业单位管理水平提升，以提高事业单位运作效率，保障公共产品和服务的有效供给。实现职业价值还需要克服关键的障碍，这些障碍主要包括以下内容。其一，以职级设计为核心的职员纵向发展通道受阻，事业单位管理人员晋升通道的梯级数太少。管理人员晋升梯度严格对应行政序列，职员等级职数的设置管控过死。其二，以岗位转换为核心的职员横向发展无秩序，会造成待遇差异，从而形成一种趋利性转岗现象，双肩挑现象普遍存在，转岗之后的身份差异容易引起组织内公平氛围发生变化。其三，以职员激励为核心的单位内部管理失范，事业单位管理人员的激励措施在岗位、薪酬、考核上都和预期有较大的偏差；以编制数量为核心的编制制度约束过强，编制的调控作用更多体现在控制上，并在调配资源中有一定的滞后性，影响组织活力。因此职员制度改革中应提纲挈领地处理好以下几点：首先，管理和编制管理的关系，实现编制数量和岗位数量调整的动态平衡；其次，职员横向与纵向发展的关系，横向的职员流动尽管有一定的合理性，但在社会分工和各类职业日益专业化的背景下，以纵向发展为核心更有意义；再次，职级设计与薪酬配置的关系，职级背后的薪酬是核心，但从整个事业单位的运作效率和秩序出发，合理职级设计是核心，二者都不能偏废，应让二者有机结合，实现激励的"乘数"效用；又次，单位分类与岗位分类的关系，事业单位分类的重点突出在社会功能定位层面，岗位设置办法划分岗位类别所参照的标准是专业定位，二者的关系既有时间的先后，又有层面的差异；最后，职员考核和激励机制的关系，一般考核关注日常任务的完成，其激励在于对超额或高质量的结果，给予相应的奖励；晋升的考核则坚持未来胜任岗位能力导向，其激励作用在于满足管理人员职业发展的需求，在职员制度的激励环节，通过把握考核的维度和力度实现对激励方向和程度的控制。

推行职员制度需要牢牢结合从整体到局部、从一般到特性、从理论到实际、从政策制定到执行。立足于职员制度改革现状，展望事业单位在中国公共服务中的战略地位，欲盘活事业单位，需要管理人员迈向职业化。具体要做到：第一，明确职员定位，补充、完善职员制度的内涵，持续的、高效的、专业的管理人才队伍的建立需要在职业通道、职业伦理等方面持续推进；第二，细化管理岗位设置，区分、突出管理的专业价值；第三，建构激励、考核机制，促进管理人员向职业化发展；第四，总结、把握政策规律，及时吸纳、推广试点经验。

关于"去行政化"问题需要做一个补充。本章对行政化的定位是其是一种文化或土壤，改革十分必要，但难以做到立竿见影。行政化一直以来就是事业单位改革的难题，大多数对事业单位行政化的批判最终指向事业单位的运作效率和效能问题。对比事业单位与企业在人员开放和管理方面的效果可以发现，通常会有这样的印象：在专业技术人员的管理上，事业单位要优于企业，它们不仅有完善有序的职称晋升制度、科研经费支撑，还有优厚的待遇，而企业专业技术人员最为有力的支持也只能是薪酬高而已；在管理上，事业单位则形成了一种刻板固化的官僚体制——缺乏管理活力，管理人员薪酬偏低，晋升通道不畅等，企业则依靠灵活的用人制度，优厚的薪酬和合理的职级晋升通道，盘活了管理人员。关于"去行政化"的必要性也能从事业单位与行政机关的比较中判断得出。一方面，从事业单位和行政单位功能差异来看，二者的社会功能差异决定事业单位不能依照行政模式运作。行政机构的主要职责是进行管理，维持社会经济发展的正常秩序，而各类事业单位的主要任务是发展科研、教育、卫生、文化、艺术、设计、新闻出版等事业，其本身就是社会经济发展的有机组成部分。另一方面，工作特点也存在差异，行政单位和事业单位工作人员虽然都以脑力劳动为主，但劳动特点有明显区别：行政单位工作人员的劳动主要表现在调查研究、制定政策、监督实施，其劳动成果表现为综合的社会经济效益；而事业单位工作人员的劳动以其所从事的事业不同可以分为两类，一类是以自然物为对象的劳动，如科研、设计等，其个人或集体的劳动成果基本可以直接表现为经济效益，另一类是以人为对象的劳动，如教育、卫生、文艺等，其个人或集体劳动成果表现为专门领域的社会效益。行政单位和事业单位的发展方向不同。行政单位主要是在转变管理职能的基础上，逐步精减，而各类事业单位则是要强化自身的社会功能。① 事业单位"去行政化"关注的一个核心是如何将管理人员从行政的桎梏中解脱，而不影响运行良好的现行制度安排，诸如轮岗制度、干部交流制度等。

---

① 徐颂陶等：《中国工资制度改革》，中国财政经济出版社，1989，第 97 页。

# 第六章
# 比较与借鉴：国外类似组织中的
# 管理人员

　　用开放的视野借鉴国外的经验一直是各国经济、管理体制改革的重要方式。但是由于制度环境的差异性，国外鲜有与事业单位完全对应的组织①。如果要找到具有借鉴意义的国外实践，则可以在类似于事业单位的国外组织中寻求。当前事业单位改革还正处于摸索推进阶段，事业单位分类改革的基本思路是用功能"剥离"的方法，将承担行政职能的事业单位划归行政部门，将从事生产经营的事业单位划归为企业，剩余为承担公益服务的单位，继续留在事业单位中，并突出和加强其公益特性。按照这个思路，未来的事业单位将全部具有国家举办的公益事业性质，因此，从组织运作的管理与功能适应的原则来看，国外能够为事业单位改革提供经验的应是国家举办的公益性组织，另外，从公益性组织的特性来看，非营利组织的管理同样为我们提供了一些参考经验。所以，为了全面体现国外组织的经验，本章将从组织性质、运行目标两个角度作为借鉴的主要依据，关注面是整个人事制度，关注的核心将是职员管理涉及的几个主要方面：管理人员的职业发展、管理效率、激励的有效性等。

## 第一节　国外可比对象的选择标准与范围

　　在国外，承担公益性事业的主体是非营利组织，即所谓的第三部门。政府、企业对社会运作的分工早已形成了符合现代社会运转的机制。非营

---

　　① 本章用"类似组织"统称与中国事业单位类似的国外组织，"类似"的标准详见本章第一节。

利组织在这样的背景下承担了政府与企业不能和不易涉入的社会功能，并在不断的探索中形成了符合自身运作和发展的组织与管理模式。中国事业单位的形成受到了计划经济的影响，虽然社会主义市场经济体制在探索中不断建立和完善，但事业单位改革落后于政府和企业的脚步，并在一定程度上承担了政府与企业改革所卸下的负担。特别是在人事管理问题上，其改革的脚步过于迟缓。在此背景下，想寻找到相应的实践经验，需要首先界定国外可比较与借鉴的对象。事业单位与非营利机构在以下几个方面需要做出明确的区分。第一，自由程度不同。非营利组织是社会自治组织，在中国，事业单位和政府的关系比较密切。其原因一方面是由社会制度的差异造成的，另一方面主要是由中国的社会自治能力不足造成的。事业单位虽然形式上是独立的法人机构，但在实质上，则附属于相应的政府机构。第二，经费来源有差异。事业单位是由国家出资建立的，运作经费主要来源是国家财政补助。尽管事业单位分类改革将事业单位分为公益一类、公益二类、公益三类，并给予不同的财政政策，但依靠财政支持是事业单位最为显著的特征。而非营利组织的成立和运作则主要依靠社会募捐，少量依靠国家财政的补给。第三，行政干预程度不同。事业单位在一定程度上可以被看作行政机构的分支。由于历史原因和自身的特殊性，行政色彩比较浓厚。不同事业单位有着不同的等级，而且在事业单位领导层面上，同样体现为对应公务员的相应级别。第四，人员身份不同。在同一事业单位中，人员有着身份的差异。有些人员具有公务员身份，主要集中在行政类事业单位中，有些人员是参照公务员法管理的人员，有些人员具有事业单位人员身份，随着公共服务需求的增加，事业单位不断增大，而编制量维持不变甚至收缩，造成大量新入职人员成为编制外人员，即所谓的聘任人员。在非营利组织中，则不存在如此大的人员身份差异。

如果按照事业单位的定义来重新估算国外的类似组织，则很多公立大学、公立医院、公立科研机构等都是非常典型的"事业单位"。产生这一差异性的原因很简单，主要在于中国将这类机构统称为"事业单位"，在法律上它们都属于事业法人，而且国家成立了专门的事业单位登记管理局，以统一负责所有事业单位的登记注册等事项，并颁发了专门的事业单位登记管理条例。尽管各类事业单位由相应的政府业务机关分别管理，但国家制定了统一的事业单位人事、财务管理政策等，正是由于中国对公立机构采取了统一的管理模式，而西方国家主要采取分散管理的模式，各类公共服务机构分别由各自的业务机关指导或监管，国家并没有对这类机构实行专门的统一登记政策，也没有制定统一的人事、财务等政策。① 而在研究领域，中国事业单位研究可谓步履维艰，借鉴西方经验时通常是不能找到标杆或标尺的，西方国家不同类型的公立机构差别太大②。因此，在学术界，通常会以专业类别来做研究，例如，对医疗卫生系统、教育系统、社会福利机构等领域的研究，较少会抽象笼统地涉及公共机构问题。这其实也是中国事业单位研究难以与国际主流研究接轨的原因之一。

## 一 比较对象的选择标准及依据

参考国外类似事业单位的改革，首先是从渐进稳定改革角度出发，依照现有组织性质和岗位性质与中国事业单位的同质性来比较，是值得借鉴的。③ 从表 6 - 1 中可以看到，按照这种思路，可以参考的对象包括：政府部门的代理机构、公法行政实体以及政府企业中的非营利性企业。其次则是从发展的角度，按照事业单位分类改革的理想结果关注非营利组织应匹配什么样的人事制度和组织架构，才能提供更为有效的公共产品，从这个角度看，国外非营利组织也是非常值得借鉴的。最后按照组织的功能来分析事业单位中最为重要的组成部分——学校、医院和科研机构等在国外的实践经验，这种分析会更具针对性。总之，无论参考哪种组织类型，都应关注管理人员制度改革所处的基本社会环境和组织环境，本书所选择的比较对象和划定的范围首先是组织中人员所处的基本环境，再在此基础上关注类似组织中管理岗位工作人员的制度设计问题。由于我国职员制度改革还在探索中，其主要内容并不健全，但其实质是针对事业单位中的管理人员提出的一种新型人力资源管理思路，所以按照现代人力资源管理的基本环节来分析国外人事管理制度是可行的，本章针对国外典型组织的人事分析将围绕聘任、岗位分析、职级、薪酬等方面展开。

---

① 邓国胜等:《事业单位治理结构与绩效评估》，北京大学出版社，2008，第 6 页。
② 仅仅关于公立机构是否包括非营利组织，就是一个持久的争论，当前有关非营利组织和政府两大领域的研究已经形成了自己的生态体系，很难再把二者放在一个概念的框架下进行理论创新。笔者认为，组织的分类朝着专业方向发展更具研究价值。
③ 对于事业单位及其制度的概念难以有统一的标准，西方亦是如此，去除单一化，模式化是事业单位发展的基础之一。参见黄恒学《论现代事业制度及其主要特征》，《北京大学学报》（哲学社会科学版）1998 年第 5 期，第 42 页。

表 6 - 1　国外社会组织类别划分

| | | | |
|---|---|---|---|
| 公共部门 | | 政府部门 | |
| | | 政府部门的代理机构 | |
| | 公法行政实体 | 落实政府政策的公法行政实体 | 有理事会 |
| | | | 实行区别控制 |
| | | 受政府政策引导的公法行政实体 | |
| | | 独立行使法定权力的公法行政实体 | |
| | 政府企业 | 非营利性企业 | |
| | | 国有企业 | |
| 非营利部门 | | 非营利机构 | |
| 私营部门 | 私营企业 | 中小企业 | |
| | | 大公司 | |

资料来源：世界银行东亚与太平洋地区减贫与经济管理局《中国：深化事业单位改革　改善公共服务提供》，中信出版社，2005，第 28 ~ 29 页。

## 二　与事业单位性质相似的国外机构

为了全面分析国外类似事业单位的机构的管理制度，本书将从三个分类来解释国外类似事业单位的机构。

其一，从税收角度看，鉴于事业单位和非营利组织在税收层面上都有一定的免税性质，所以，有必要列出国外免税机构的类别。以美国为例，美国通常所讲的非营利部门被划入税号 510（c），从表 6 - 2 中可以看到，这个税号包括慈善组织、教育组织、工会、商会、宗教组织、合作社和互助型的公司等。但最常见的还是 501(c)(3) 中包含的一些机构。对社会组织免税的理由在于社会组织有助于公益事业的壮大，政府不需要通过转移支付的方式来帮扶社会公益事业。从这一角度看，免税机构也符合中国对事业单位的定义。

表 6 - 2　美国免税机构

| |
|---|
| 501(c)(1)——根据国会法案［包括联邦信贷法（Federal Credit Union Act）］建立的公司 |
| 501(c)(2)——享受税收减免的纯粹控股公司（Title Holding Corporation） |
| 501(c)(3)——宗教、教育、慈善、科学、文学、公共安全测试（Testing for Public Safety）、促进业余体育竞争和防止虐待儿童或动物七个类型的组织 |
| 501(c)(4)——公民联盟、社会福利机构和地方雇员协会 |
| 501(c)(5)——劳动、农业和园艺组织 |

| | |
|---|---|
| 501（c）（6）——商业联盟、商业协会、房地产联盟等组织 | |
| 501（c）（7）——社交团体和康乐会 | |
| 501（c）（8）——信托受益协会（Fraternal Beneficiary Societies and Associations） | |
| 501（c）（9）——自愿雇员受益协会（Voluntary Employee Beneficiary Association） | |
| 501（c）（10）——对内兄弟社团和联合会（Domestic Fraternal Societies and Associations） | |
| 501（c）（11）——教师退休基金协会 | |
| 501（c）（12）——慈善人寿保险协会、联合灌溉公司、公共电话公司等 | |
| 501（c）（13）——坟墓管理机构和公司 | |
| 501（c）（14）——联邦授权信用社和共同储备基金 | |
| 501（c）（15）——互助保险公司和社团 | |
| 501（c）（16）——资助农业灌溉的合作社 | |
| 501（c）（17）——补充失业信托基金 | |
| 501（c）（18）——员工年金信托基金（1959 年 6 月 25 日之前建立） | |
| 501（c）（19）——邮政机构或军队服役人员和退伍人员组织 | |
| 501（c）（21）——黑肺病患者受益基金 | |
| 501（c）（22）——允许自由退款的支付基金（Withdrawal Liability Payment Fund） | |
| 501（c）（23）——老兵协会（1880 年以前建立） | |
| 501（c）（25）——纯粹控股公司或多头控股信托基金（Trusts with Multiple Parents） | |
| 501（c）（26）——联邦资助的为高危人群提供医疗保险的组织 | |
| 501（c）（27）——联邦资助的职工赔偿再保险组织 | |
| 501（c）（28）——国家铁路退休工人投资信托基金（National Railroad Retirement Investment Trust） | |
| 501（d）——宗教和传教组织 | |
| 501（e）——医院服务合作机构 | |
| 501（f）——教育机构合作投资机构 | |
| 501（k）——儿童保育机构 | |
| 501（n）——慈善风险联营组织 | |
| 501（q）——信用咨询机构 | |
| 501（a）——农民合作组织 | |
| 527——政党、竞选组织 | |

资料来源：美国国税局（Internal Revenue Service）《557 号文件：免税机构》（Publication 557：Tax Exempt Status for Your Organization），2008。

其二，按照事业单位功能来归纳，其主要对象将锁定在类似于行政类事业单位的组织上。中国事业单位强调的核心有两个，一个是国有，另一个是非营利性。但真正的"国有"体现在与政府关系的紧密性上，以履行一定的行政职能，这一类单位通常被称为行政事业单位。当前事业单位进一步细化分类是以职能为标准的（见表6-3），其目标在于理清政府、市场和社会组织的界限，行政类事业单位基本的发展思路将是转为行政机构，事实上，事业单位中剩下的几类，其人事制度都或多或少地包含官僚化的特征，由于事业单位职员制度改革的一个主要目标就是"去行政化"，那么选择行政特征的事业单位具有直接的可比价值。

表6-3 事业单位分类

| 分类 | | 职能 | 举例 |
|------|------|------|------|
| 行政类 | | 有法律法规授权,承担行政职能的事业单位 | 社会科学联合会、气象局等 |
| 经营服务类 | | 完全由市场进行资源配置 | 一般性报社、出版社、招待所等 |
| 公益类 | 公益一类 | 承担义务教育、基础性科研、公共文化、公共卫生及基层的基本医疗服务等公益服务,不能或不宜由市场配置资源的单位或机构 | 公办中小学、社会救助与救援机构等 |
| | 公益二类 | 面向社会提供公益服务,按照政府确定的公益服务价格收取费用,其资源在一定区域或程度上可通过市场配置 | 普通高等教育机构、非营利医疗机构等 |

资料来源：笔者根据2011年《中共中央 国务院关于分类推进事业单位改革的指导意见》整理而成。

世界银行东亚与太平洋地区减贫与经济管理局在2005年的一份关于中国事业单位改革的课题中，对经合组织国家类似事业单位的组织进行了归纳，所采用的思路就是以行政类事业单位作为代表，这类组织在不同国家有不同的称谓，并且在职能定位上有一定的差异性，但从总体上来看，都能分担政府行政职能或辅助决策、代执行公共政策等。典型国家的行政类事业单位如表6-4所示。

表6-4 典型国家的行政类事业单位

| 国家 | 名称 |
|------|------|
| 加拿大 | 服务代理机构、特殊业务机构、部门服务机构、共同管理公司 |
| 法国 | 公共机构、独立行政机构 |
| 德国 | 联邦机构、公法人机构 |
| 荷兰 | 独立行政实体、代理机构 |

| 国家 | 名称 |
|------|------|
| 新西兰 | 皇家实体、半自治机构 |
| 瑞典 | 委员会、代理机构 |
| 英国 | 执行机构、非部门公共实体 |
| 美国 | 独立代理机构、独立监管委员会、政府公司 |

资料来源：改编自经合组织《分散化的公共治理：代理机构、权力主体和其他政府实体》，中信出版社，2004。

　　其三，按照不同组织在社会中的功能来比较。也就是从国外学校、医院等机构来分析。事实上，国外机构的分类似乎更重视职能，淡化公私属性，例如表6-5中列出的美国部分知名非营利机构。从中可以看出，以事业单位分类标准为依据，美国的一些非营利机构被划分到不同类型中。从表6-5的划分结果上看，大学属于二类，类似于中国的高等教育机构，医院则包括了一类和二类两部分，由于缺乏国外的具体标准，很难将其予以区分。从这个角度看，以事业单位的几个重要主体——科学、教育、卫生组织为出发点，分别寻找其实践特征，这比按公私性质、一类和二类划分性质等能够获得更为直接的借鉴经验。因此，本章第二节将围绕三个思路分别介绍，首先，介绍类似行政类的组织——独立性机构；其次，介绍国外的非营利组织；最后，选择学校、医院和科研组织三类主体来进行介绍。

表6-5　美国部分知名非营利机构

| 类型 | 中文名称 | 英文名称 |
|------|----------|----------|
| 大学(二类) | 康奈尔大学、耶鲁大学 | Cornell University、Yale University |
| 医院(一类、二类) | 纽约市立健康和医院集团 | New York City Health and Hospitals Corporatio |
| 援助机构(一类) | 美国红十字协会 | American Red Cross |
| 青少年教育机构(一类) | 男童子军/女童子军协会 | Boy/Girl Scouts of America |
| 媒体(经营类) | 美国公共电台 | National Public Radio(NPR) |
| 公民性倡议机构(一类) | 环境防卫基金 | Environmental Defense Fund |
| 智库(二类) | 外交关系委员会 | Council on Foreign Relations |
| 私人基金会(一类) | 洛克菲勒基金会 | Rockefeller Foundation |
| 公募机构(一类) | 美国癌症协会 | American Cancer Society |

# 第二节　不同比较视角下的管理岗位与人员

## 一　隶属关系视角：独立性机构的管理人员

从国际范围内来看，类似于中国行政类事业单位，诸如法定机构
（Statutory Board）、独立机构（Independent Agency）、执行局（Executive
Board）等，它们和行政事业单位的职能相似，主要执行一些与政府机构职
能相关的任务。① 一般来讲，国外类似于中国事业单位的组织，其管理体
制大多是政府管理机制与企业管理机制的结合体，但有向企业管理转变的
趋势。在人事制度上，也体现出了政府官僚体系和企业自主管理的两种模
式，和中国事业单位类似，高层管理人员由政府任命和管理，中低层管理
人员的任命和管理比较自主和灵活。

新加坡的"法定机构"是一个专门的立法机构设立的执行专门职能的
官方自主机构。"法定机构"介于政府与市场之间，也是独立于政府序列
和公务员体系之外的法定实体，一般从事监管、执行、服务工作。各种各
样的法定机构在推进新加坡经济发展和社会治理方面发挥着举足轻重的作
用。一部分法定机构的职能是发展基础设施并提供基本服务，例如公共事
业局（the Public Utilities Board）的建立就是为了向公众提供电力、水和天
然气；一部分机构是发展教育的法定机构，例如为了促进技术教育和职业教
育，新加坡政府先后建立工艺教育学院（Institute of Technical Education）、新
加坡理工学院、南洋理工学院等；在环境保护与卫生方面，2002 年成立的
新加坡国家环境局（National Environmental Agency）是执行国家环境政策
的法定机构。虽然法定机构有其独特的法律地位，但它们仍然由新加坡政
府各部委负责管辖，其内部的管理体制由三部分组成：董事会主席通常由
议员、高级公务员或专业领域的专业人员担任（由总理任命），董事会其
他成员则为高级公务员、专业人士、学者或协会会员；管理团队主要由执
行主席、秘书和各部门主任组成；辅助人员主要由行政专员、文员组成，

---

① 宋世明：《行政类事业单位改革国际视野》，《瞭望》2012 年第 17 期。

负责执行上面的决定。①。法定机构的管理人员并没有被纳入公务员序列之中，在不同机构中，管理人员的薪酬待遇、晋升机会等会有一定的差异性。比较而言，由于法定机构的薪酬可以自己决定，管理人员薪酬一般高于公务员，以吸引和留住人才。还有一批人是从市场上直接雇用而来，其工资体现市场性。由于用人制度具有相对性，很多法定机构常常采用企业化管理的思路与方法对员工进行管理，注重对工作过程与结果的考核，通过设置奖励性薪酬，激励员工提升效率。

在美国，与中国行政类事业单位相似的机构称为"独立机构"。联邦政府独立机构，例如，联邦通信委员会、中央情报局、美国总务署等依法享有行政权、委托立法权和委托司法权，与中国事业单位不同的是，它们仅承担类似于中央政府层级行政类事业单位所履行的职能，并没有基层的事业组织。独立机构由国会依法设立，负责人需要走由总统提名、议会任免、总统任命的程序。独立机构的管理人员分为几类，高层管理者由政府任命，其他管理人员包括考试录用的职业公务员、临时招募的工作人员等。从工作性质上看，独立机构的管理人员的工作和公务员的工作类似，都是以具体事务性工作为主。在职业发展上，独立机构为管理人员提供了均等的发展机会，甚至是实习生和临时工作者，都可能获得成为正式雇员的机会。以美国国家环境保护局（EPA）为例，只要是在美国国家环境保护局工作的人都有机会参加环保职业计划（ECP，Environmental Careers Program），一旦入选此计划，就有正式雇员的身份。独立机构管理人员的薪酬福利制度、晋升制度都将参考联邦公务员制度②。

日本政府对那些已无必要由政府组织通过行使公共权力而直接管理，但又不能交由民间机构实施的事务和事业，在以立法的方式将其目的、任务和业务范围做出明确规定之后，授予这类公共服务组织以独立法人资格，它们在资金运作、业务经营、人事管理方面享有充分的自主权。独立法人机构也成为公法人机构。在日本，教育、科技、卫生等涉及政府基本职能的社会公益事业主要由"公法人机构"承担。在日本，公法人机构的

---

① 部长对法定机构的董事会和最高管理层有任免权，参见崔晶《新加坡法定机构的运营模式及启示》，《东南亚纵横》2011 年第 6 期，第 51～54 页。

② 参见 http://www.epa.gov/careers/ecp.html，http://www.opm.gov/policy‐data‐oversight/pay‐leave。

管理人员基本上都是公务员，其执行公务员的工资与福利制度。其组织运作方式和政府的类似，但是受到政府的管理。例如：政府决定其设立、撤并；政府主管部门任命组织领导者；主管部门监督管理其日常业务；机构不得从事有收入的活动（在特定情况下获得的收入也必须上缴财政）。与政府行政机构相比，公法人机构是政府政策的执行者，而一般政府行政机构则是政策制定者[①]。日本还有特殊法人与认可法人，它们在功能上与公法人相似，但在管理体制上有差异。其雇员不是公务员，但和中国"参公"单位类似，员工也是参照公务人员管理的。日本独立性机构实行首长负责制，首长作为法人代表，全面主持机构的经营和管理活动。首长由主管行政单位任命，但是有些机构的首长可以通过公开竞聘产生。独立性机构法人的职员身份分为公务员和非公务员两类。承担职能与国家生活和社会经济的安定直接相关的机构的职员保持公务员身份，反之，职员则不再继续保留国家公务员身份。前者适用公务员法，后者适用一般劳动法。独立行政法人职员的录用程序、业务考核方式、奖惩措施由各个法人机构的首长根据法规和本机构的具体情况做出决定。职员劳动报酬的基准将在参照公务员工资水准和民间企业职员工资水准的基础上，通过对机构的经营业绩、各岗位职责内容和工作效率等因素的综合考虑，由法人的首长会同主管部门确定，并通知各省的评价委员会[②]。

　　由英国政府部门资助的非政府公共机构也不少。根据不同的资金安排、职能和活动，它们可以分为四类。（1）执行事业机构。依法成立，行使管理、规范和商业职能，有自己的员工和独立的财政预算。（2）咨询事业机构。就具体的感兴趣的课题向部长提供独立、专业的建议。（3）裁决事业机构。通常由资助部门提供人员支持，没有独立的财政预算。（4）独立监管理事会。其职责是确保公共财产的安全，对使用公共财产者进行监督并保证受益人的受益，其费用由其资助部门提供[③]。英国执行局和核心司隶属于中央各部。核心司负责政策制定，执行局负责执行政策和提供服务。和事业单位类似，它们受主管部门领导，经费预算和人事任免受主管

①　葛延风：《波兰、日本社会公益事业体制考察——对我国事业单位体制改革的启示》，《决策咨询通讯》2003 年第 3 期，第 62～68 页。

②　郑国安等主编《非营利组织与中国事业单位体制改革》，机械工业出版社，2002，第 35～41 页。

③　王名、李勇、黄浩明编著《英国非营利组织》，社会科学文献出版社，2009，第 88 页。

部门约束，接受主管部长与公众的监督，覆盖面宽，广泛布局在科学、教育、卫生、社保、国防、农业等。英国执行事业机构行政首长的选拔原则上采用公开竞聘的方式，政府主管部门在向社会公开招聘和选拔时，对应聘者的资格做出具体的说明。值得注意的是，执行事业机构作为一种组织和制度的创新，在对应聘者的要求中特别强调领导变革能力，特别重视对民间企业管理人员的引进。但由于组织性质具有差异性，这种尝试从企业中直接吸取特殊人力资本的做法并没有取得太大的成功，大部分执行机构的领导者依然是原来公共部门的管理人员。执行机构的职员拥有的是国家公务员资格，其身份保障适用于国家公务员法的调整，职员的工资和福利水准取决于机构的业务经营绩效（其标准由机构领导与政府主管部门协商）。

## 二　社会功能角度：非营利组织的管理人员

非营利组织最明显的一个特点就是独立于政府之外，并非政府的管属机构，进行自我管理和控制，人员管理制度比较灵活，有自身的董事会并独立完成组织的使命。本部分选择澳大利亚、英国和美国三个国家的非营利组织作为例证。由于大量非营利组织的工作人员从事具体协调和分配资源的工作，并不依靠专业技术直接生产和提供公共产品和服务，所以对于其管理人员的分析可以从整体雇员的情况了解。

董事会制是澳大利亚非营利组织最常用的管理模式，董事会由议会批准，作为政府代理人由政府相关部门任命，管理人员的来源是多样的，可以来自政府、协会或社区等；组织的日常运作由行政长官（最高级管理人员）负责，经董事会任命，向董事会负责。非营利组织人事管理体系相对自主，对各类岗位数量比例不做具体要求。政府不干预非营利组织内人员编制和职位，组织根据工作需要和经费情况自主决定各类岗位数量和比例。在人员雇用方式上，一般管理人员以合同聘任制为主。单位通过媒体发布信息，对报名人员进行筛选，通过笔试、面试等招考程序者，可正式签订协议；特殊岗位特殊处理。为了激励人才发挥价值，一些高层次专业人才实行终身制。在一些普通工勤类或者是辅助性岗位的人员，例如非营利医院的护理人员，则通过委托中介选派。在薪酬制度上，管理岗位的总体标准和水平确定后会再按不同级别来进行调整（倾向年功积累）。在对管理人员的考核上，指标的选取是比较慎重的，也相对科学，其考核导向也倾向于员工的发展，例如在考核任务完成同时，还考核业绩提升的幅度，督促个人努力。在晋升安排上，管理人员有职务晋升和级别晋升。职务晋升与招募类似，通过公开空缺数，设定标准，公开竞聘；级别晋升的依据是根据工作年限调整，由组织根据对个人的考核意见做出级别晋升的决定。在一些专业岗位，一般从岗位评价出发，资格要求要体现岗位需求，对管理人员实行注册管理。

英国的非营利组织中慈善组织占据了很大的一部分，在基督教文化传统下，慈善事业组织在模式中形成了较为完善的人员管理制度。大多数慈善组织都实行理事会架构。理事多是社会中有经济基础、社会声望的人，他们并不索取报酬，或只拿象征性的少量报酬，慈善组织的高级管理人员通常是荣耀和身份的象征。英国非营利组织实行自主的管理制度。董事会通过决议任命高级管理人员，普通管理人员大多来自社会招聘，领取市场化的薪酬，还有一部分来自志愿者，参与慈善组织事务，但并不属于慈善组织工作人员，一般没有报酬。由于组织架构的原因，非营利组织的普通管理人员职业发展并不需要依靠职级来实现，而是通过建立健全保障制度，薪酬待遇正常增长制度，薪酬标准随个人工作年限和物价上涨水平进行调整，基本上能够满足普通管理人员的发展需求。以英国"世界宣明会"（World Vision）为例，作为一个关注儿童发展的慈善组织，它们在招聘人员时，明确说明在提供高于平均薪酬水平的待遇之外，还会有假期、差旅补助、保险金等[①]但是它们对管理人员的知识、能力要求标准非常高，不仅需要个人较高的服务动机，而且十分看重个人在企业、政府的管理经历、表达沟通能力。值得注意的是英国有专门机构——慈善委员会对慈善组织进行管理。慈善委员会独立于政府运作，它在政府与社会之间构建起一座桥梁，慈善委员会的理事尽管由部长任命，向议会负责而不是向部长负责，部长或相应的政府部门只具有知情权而已。慈善委员会的最高首长与政府部长是平级的，由英国首相任命。其主要职能是登记和监督。从聘任和薪酬角度看，慈善委员会主任以及其他慈善委员会委员等高级管理人员由国务大臣指

---

① 例如，招聘一名资深市场专员（Senior Marketing Officer），其所提供的基本报酬是30776～33000英镑，这在英国略高于公民平均工资。参见 http：//worldvisionuk. easycruit. com/vacancy/1140919/65717？ iso = gb。

定，受聘于王室的文职管理人员有点类似于聘任制公务员①。

美国非营利组织发达的原因之一在于有一支庞大的职业群体。很多组织的创始人、董事和管理人员等大多是前议员、联邦政府官员、大学教授、公司经理、社会活动家、律师和其他方面的专家。由于他们有更高的知识层次、社交圈、丰富的经验以及奉献精神，故能以较小的成本为组织提供高效的管理和服务。② 从人力资源总量上看，2005 年，美国非营利组织雇用了 1290 万名员工，约占美国劳动力总数的 9.7%。非营利组织员工的年平均工资是 34339 美元，与 1998 年的 25592 美元相比，平均工资涨幅高达 34.2%。将非营利部门的工资和其他行业的工资对比可以发现，低于全国所有行业平均值（39629 美元），但略高于蓝领职工的平均收入。而且非营利部门的平均年收入是白领的 3/4，是公共管理领域行政首长收入的三成，是普通公共管理人员和官员收入的一半。③ 在教育和培训方面，美国很多大学都开设非营利组织的课程，也有很多培训机构对非营利组织的领导者和管理人员进行业务培训。各类咨询机构、评估机构、行业组织遍布各地，对非营利组织的能力建设水平的提高起到很好的作用。美国非营利组织非常注重章程建设，非营利组织的日常运作、监督管理、使命等都体现在章程中，非营利组织的章程要求承诺本机构不以营利为目的而成立，且主要围绕自身使命开展活动。章程明确理事人数、构成、职责，领导人员的产生方式等。美国非营利组织中的自我约束力量主要来自理事会。理事会握有组织的决策权。志愿者是非营利组织的重要人力资源，根据人口调查的数据，2008 年 9 月至 2009 年 9 月，共有 6336 万名 16 周岁以上的美国人（约占人口的 26.8%）参加过志愿服务。④ 志愿者的主要活动领域是宗教组织，接着是与教育类或青年服务相关的组织，另外还有一些志愿者为社会服务类或社区服务类的组织提供了大量的服务。志愿者的主要活动是筹款、收集和分发食物等。在美国，由于非营利组织的薪酬待遇并未处于领先水平，纵使非营利组织的领导者可以依靠

---

① Cunningham I. , "Sweet Charity! Managing Employee Commitment in the UK Voluntary Sector," *Employee Relations*, 2001, 23 (3), pp. 226 – 240.

② 王名、李勇、黄浩明编著《美国非营利组织》，社会科学文献出版社，2012，第 125 页。

③ 数据参见 Thomas H. Pollak, *Amy Blackwood*, *The Nonprofit Almanac* 2008 （The Urban Insitute Press, 2008）, p. 27。

④ 数据来源：Bureau of Labor Statistics, Volunteering in the United States, 2009。

一些具有崇高使命感的社会名流，但组织日常运作仍然需要大量的管理和工作人员，因此，吸引和留住人才成为美国当前非营利组织面临的重要挑战。应想方设法吸引并留住拔尖的年轻人才，同时也要引进中年优秀管理者。非营利组织在高校内成立社团，并采用"体验"模式，如开展实习或其他实践项目等，以提高学生对非营利组织的认识。

### 三　社会行业视角：学校、医院和科研组织的管理人员

国外科研机构对于管理人员的制度设计并没有过多的创新，高层管理者的主要职责在于决定科研方向、获得资金支持等，一般管理人员的责任目标就是为科研提供服务。由于科研机构属于技术密集型组织，其人员的知识水平、学历、专业特长较政府部门甚至高校都高。因此，科研机构中的管理人员真正是管理背景出身的并不是很多，但同样具有较高的能力和素质。国外科研机构的人力资源管理糅合了专业技术人员和管理人员，并没有凸显管理人员的特色。公益性科研机构的治理模式普遍采用理事会制，以提高决策的科学性。在德国，一般是围绕专家成立研究工作室，并不断引进相关人员，科研机构管理人员更多的是提供服务，科研机构给予各类专家更多的自主决定权，管理人员则负责协调和办事，全部重心放在建设更高水平的科技队伍上。在日常管理中，管理人员的一项重要工作还在于对单位内人才培训和激励制度的研究，以获取更多资源支持等。在薪酬待遇上，科研机构非常注重人员的人力资源投资回报，与薪酬挂钩的是学历、科研成果等，组织虽然也注重学历背景，但更看重按照工作量和支持作用发挥的效果来定待遇。在日本科研机构，无论是专业技术人员还是管理人员大多采取终身雇用制，其薪酬待遇注重年功积累。而年工序列表工资制意味着员工的工资水平由其资历和学历来决定，其他补贴与个人在该机构的工作年限和贡献有关。[①] 工资体系设计思路大多采用职级工资制，即随着工作年限的增加，个人职级可以提升。为鼓励员工努力工作，单位为个人提供的福利水平较高，但是这与单位总体绩效相关，单位效益越好，个人福利水平也就越高。科研机构对专业技术人员和管理人员的工资及补偿有一定的原则：既有市场竞争力，又兼顾内部公平，还突出个人工

---

① 　郭军灵、盛亚：《美日德非营利科研机构管理的比较研究及其启示》，《科研管理》2004年第 5 期，第 99、116 ~ 121 页。

作价值①。在人员横向交流发展上，国外机构非常重视这种交流式学习和体验。例如法国国家科研中心（CNRS）与190所高等院校保持非常密切的对口协作关系，有3/4的实验室设在高校内，CNRS有一半科研人员在大学工作，同时CNRS与法国其他科研机构有紧密的联系。CNRS一直鼓励其人员向高等教育机构、公共部门以及企业流动②。美国国立卫生研究院为优化人才资源，在促进内部人才岗位良性流动的同时，强调人才引进的多元化和合理流动以确保其科学研究和自身发展的活力。日本理化学研究所为了充分发挥人才的积极性作用，采取年薪制和合同制结合的方式汇聚各领域人才，通过有效的激励和约束机制促使高层次人才在新的科学领域进行自主创新，开拓研究。

国外医疗机构的私营化程度较高，在人员管理制度上体现出较大的差异性，但建立董事会治理模式是私立医院的普遍做法。董事具有属地性，即医院所在区域公众具有对董事的选举权。高级管理人员一般任期为三年左右，在选拔标准上关注能力与技能的组织与匹配，通常情况下董事会的高级管理人员会有来自各个领域的杰出人才，包括法律、管理、医护等领域的人才。在没有董事会的医院，其院长由职工民主选举而成。其他人员都实行公开招聘、逐级聘用。专业技术人员（医师）的职权范围通常是不同的，一般依据董事会授权而定③。值得注意的是，医疗部门的主要管理人员一般由全体医务人员从医师中选举产生。美国公立医院的运作方式类似中国传统国有事业单位的运作方式④。以美国退伍军人医疗系统（VHA，Veterans Health Administration）为例，管理人员、医生和护士均为联邦政府雇员，是公务员和准公务员；薪酬制度采用年薪制，基本是固定收入，没有和当期绩效挂钩的奖金⑤。VHA的管理层由上级主管部门聘任。尽管VHA可以解雇管理人员及医务人员，但是难度远比私营部门大。VHA 92%的运营经费来自财政拨款，其余由商业医疗保险支付。其固定资产投

---

① 李健、高彤、徐雪芳、孙兆强、高迪、宋一平：《国外公益性科研机构管理机制对我国的启示》，《科学学研究》2008年第S2期，第361~364页。
② 马陆亭：《科学技术促进中的高等学校架构》，广东高等教育出版社，2006，第39页。
③ 罗永忠：《我国公立医院管理体制改革深度分析与对策研究》，中南大学博士学位论文，2010。
④ 《美国VHA：公立医院改革范本》，《医药经济报》2012年3月5日第012版。
⑤ 参见VHA官网，https://www.Vha.com/AboutVHA/careers/Pages/default.aspx。

资完全来自财政预算，也要报计划，等待漫长的审批。一个 VHA 一旦建立，较难关闭。英国很多医院也是公立性质的，在政府领导下，英国医院院长负责整体统筹和指挥。在医院内部管理设置上，按照不同功能模块划分，包括财务、人力和护理等专门管理部门。管理人员，特别是具有领导职务的管理人员，通常具有公共管理、经理管理等专业背景，并在管理实践中继续参加一定的管理培训。

国外高校有教授治校的传统，虽然有专业的高级管理人员，但是核心的管理权力在于教授。以美国的一些大学为例，教授委员会是管理权力的集中体现，在学术规划、教师任用、科研经费分配、专业设置与调整、课程及内容安排等学术事务上拥有决定权。它的主要作用在于防止行政官员犯专业性错误，有助于阻止一个独立的职业学术管理者阶层的发展，确保了教师在学术事务上长期的霸主地位，这在很多方面减少了教师与行政管理人员之间潜在的冲突。最为重要的是，这种教师高权威的制度广泛地保存并保护了大学的历史特征和传统价值。[①] 教授委员会自身与校行政职能部门的分权、其各下属委员会与学校各行政职能部门的分权，确保了大学学术权力与行政权力的平衡。在具体的岗位设置上，高校工勤岗位、管理岗位和专业技术岗位都有统一的划分标准。公开透明的招聘制度是各大学选人用人的根本制度。招聘十分注重程序公平。在招聘的各个阶段，诸如人员需求、岗位要求、广告发布、资格审查等都有严格的程序和标准。在招聘过程中，关注的核心在于专业能力，杜绝以性别、学历背景的歧视现象。为了更好地激励工作人员，大学中除了职称晋升制度之外，也会按照岗位管理的方式设计新的晋升制度。以利兹大学为例，全校共分研究岗位、教学和研究岗位、教学岗位、专家岗位、管理岗位以及技术和教辅岗位 6 个岗位。不同的岗位有不同的职责分析。研究岗位、教学和研究岗位、教学岗位与专家岗位分为 7~10 级，管理人员为 6~10 级，技术和教辅人员为 4~6 级，工勤人员为 1~3 级。每级有相应的职责并对应相同级别的工资水平[②]。在培训方面。英国非常重视对高校管理者进行培训，将管理类员工分为初级管理人员、中级管理人员和高级管理人

---

[①] 谷贤林：《美国研究型大学教授权力分析及启示》，《中国高教研究》2007 年第 10 期，第 53~55 页。

[②] 史习红：《英国高校人力资源管理及启示》，《天津市教科院学报》2008 年第 2 期，第 42~44 页。

员，分别制定不同的培训方案。针对高层的培训有专门的资金支持，培训内容主要是：如何拓宽并形成战略视野；端正价值观；形成领导力；激励下属积极工作与成长的技巧等。对于初级管理人员和中级管理人员的培训主要是业务和能力训练。基本内容则是通过设置课程及考核，培养和发现有发展需求和潜力的人员；确定更高岗位的知识和技能方法。

建立科学的网络管理系统也成了提升管理人员日常工作效率的主要途径。例如建立人事管理平台可以方便人力资源管理部门对应聘者进行筛选和对在职人员的薪酬发放、考核进行更便捷的数据管理，对这些系统的掌握也成为管理人员培训的主要课程内容。类似平台的架构可以把管理者从事务性工作中解脱，使其将主要的时间和精力放在新的业务上或者放在更贴切的人性服务上，掌握技术工具也成为普通管理人员的一项战略性学习任务。[1] 在考核方面。职责的履行需要有相应的考核与评测制度作为保障。以美国州立大学为例，对于管理人员的评价以定性为主，兼有定量，不仅关注日常工作任务完成情况，还会考核个人的态度、敬业精神等。考核主体是多层次全方位的，包括服务对象、领导、学生等，不同人员的打分权重不同，主要依据是与任务的关联程度。最终分数也会分不同的等级。考核结果与后期的奖励、薪酬、聘任等都有关系。[2]

## 第三节　国际经验及其对事业单位管理人员职业发展的启示

从三个视角洞悉国际上公共服务机构的运作和人员管理可以发现与中国事业单位管理相似的做法和创新的举措，对比的意义在于发现差距并通过借鉴解决问题，国外类似中国事业单位的组织有很多地方值得学习。

### 一　可借鉴的基本经验

（一）薪酬标准灵活，管理人员待遇随工作性质变化而调整

以行政工作为主的类似组织，一般会参照公务员的薪酬制度，并将薪

---

① 袁庆林、林新奇：《英国高校人力资源管理经验初探》，《外国教育研究》2012 年第 10 期，第 79～87、120 页。

② 朱艳华：《美国州立高校人力资源管理的特点》，《当代经济》2008 年第 1 期，第 116～117 页。

酬标准定得略高于同级公务员；以生产为主的类似组织，一般根据市场规则定工资，工资水平与行业水平有较大的相关性；以公共服务的协调、分配为主的非营利组织倾向于略低于市场水平的薪酬，其薪酬标准设定的前提是工作本身的价值带给个人的成就感要高于经济报酬。除此之外，管理人员的薪酬标准有一个基本参考线——社会的平均薪酬水平。由于市场水平不同，各类人员的薪酬标准是动态变化的。在没有划分管理与技术岗位的组织中，其实存在按照岗位贡献定工资的基本规则，即同样是管理岗位，在设置岗位之初，岗位的基本要求、对组织的贡献大小等已经确立，综合事务部门的管理人员、财务管理人员、人力资源管理人员的薪酬存在差异，依据岗位评价得分进行分配。之所以没有对其进行总体归为一大类的管理，是因为他们之间的工作内容和专业性有很大的不同，只需要按照科学岗位评价来分配薪酬即可。

在不同的国家，类似机构的管理人员薪酬设定的重心也是不同的，日本倾向于以年功序列增长的工资制度，增加员工对组织的敬业度，减少人才流失。美国、英国更注重以岗位、能力为基础的薪酬制度，通过招聘合适的岗位胜任者来实现岗位的价值，通过人员的有序流动来实现发展。其背后的原因可能是文化和制度差异，中国事业单位管理人员的制度安排既关注年功增长，也希望通过岗位设置提高效率，这种设计并不冲突，出现问题的原因在于整体的薪酬安排过于刚性，限制了其他配套制度作用的发挥。

（二）采用公开、透明的聘任制，职业发展不受单位局限

聘任制在国外很多公共部门十分普遍，聘任方法也相对简单易行，有利于解决雇员能进能出、能上能下的问题，有利于人员流动，吸引人才，破除人才单位和部门所有制，给所聘部门带来先进的管理经验、方法和手段，使该部门的领导层能够及时更新并始终保持活力。聘任制实施有两个核心，一个是公开性，另一个是公正性。公开公正的聘任制度需要从法律、政策等角度入手。诸如英国高校，不仅建立完备的法律法规，还积极地采取反歧视政策，主动为弱势群体和受保护群体提供力所能及的各种帮助。牛津大学的员工招聘与选拔明确倡导员工的多样化，追求招聘过程的公平性。美国的非营利组织在设立之初，特别要求考虑回避制度，如果家族成立家族基金会，则家族成员被聘为理事会会员的数量是有限制的，此举是为了避免"一言堂"的困局。

专业技术人员和管理人员虽然大都采用聘任制，但有一定的差异性。诸如医院、高校和科研机构的聘任制度，特别是对专业技术人员的聘任制度是非常灵活的，管理人员则相对固定。这也是由专业技术人员和管理人员在组织中作用的差异性所决定的，同时也受到文化的影响。在日本和法国，专业技术人员的流动性较大，聘任制度也相当灵活，一般认为专业技术人员的流动会带来知识的交流和更新，对于组织和个人双方都是有益的。管理人员在一个组织中并无太大的知识更新，聘任时间越久，个人对组织的了解就会越深刻，经验也会更加丰富，再加上管理作为"官僚"的另一种表达，传承着一种向上晋升而非左右调动的信号，所以同样面临灵活的聘任制度，管理人员是相对稳定的。由于实行灵活的聘任制度，管理人员的职业发展空间是一个社会系统，例如一个医院管理者在受困于才能得不到发挥或工资无法增长等因素的影响时会凭借在已有单位积累的经验和能力，到另一家医院应聘同级或者更高级别的管理岗位，这都是可行的，其不会因为聘任关系的确立，而在一家单位结束自己的职业生涯。

（三）灵活的职能划分配以科学的岗位设置，保障公共服务的效率

国外类似事业单位的机构职能设定非常灵活，同样在组织内部，职位、职级设置讲究动态调整。国外类似事业单位机构的职能和存在的意义取决于社会需求，并依据需求的变化而快速调整。英国执行局就是一个典型的代表，相关行政部门的领导定期对执行局的绩效进行评估，其结果的好坏不仅决定执行局最高管理者的留存与否，而且还会影响到机构自身的存废。[①]这可能与国外较为健全的就业和社会保障制度有关，机构存在不会对社会造成太大的影响，无论是高级管理人员还是普通管理人员，在机构废除之后，可以凭借个人积累的工作经验找到新的工作。岗位任职资格更讲究能力和经历。在国外医院，管理人员任职资格非常明晰，一般要求管理学背景出身，以及相关医学背景，交叉学科背景的应聘者会具有相对优势，如果没有相应专业背景，则必须具有一定的管理工作经历或受过管理培训。值得注意的是，管理培训不是一个简单的培训经历，很多培训需要通过严格的考试，才能取得培训资格证明。这种将考核与培训融于一体的培训制度有效地保证了培训的质量，对于管理人员

---

① 王名、李勇、黄浩明编著《英国非营利组织》，社会科学文献出版社，2009，第82~113页。

在具体工作中效率的提升有很大的促进作用。在非营利机构，一个中级管理人员的职位说明基本上围绕主要业务能力；一个外事管理人员的沟通能力就涉及与客户，团队，不同性别、不同年龄段群体的能力差异性，这用来最终考核确定个人适合哪一块业务的管理。在管理职级的划分上，单位有自主的设置权力，并冠之以不同的称谓。个人可以在单位内部实现从低到高的正常晋升，由于职级与薪酬等级还有一定的对应关系，不同单位会根据单位运作情况调整最低级工资标准，实现不打破职级关系的正常涨工资或降工资的目标。

（四）管理人员的身份与组织性质相匹配，体现出行业特色

在国外类似组织中，管理人员的身份性质与工作性质有很大的相关性。一般而言，独立机构、执行机构等与政府部门联系紧密，主要负责行政管理和协调，提供决策意见，协助政策执行的组织，其管理人员以公务员为主，兼有一部分社会化用工人员。这在美国、日本和法国都是普遍现象。采用公务员身份而非企业雇用员工身份的主要原因，在笔者看来更多的是从组织性质角度、比较公平的角度考虑，政府机构作为公共部门采用公务员制度，那么公法人机构、独立机构等部门由于具备公共部门的性质，人员管理制度也应该采用与其相匹配的制度，这一简单的思路很好地照顾到了相同性质单位中工作人员的公平心态，在公共部门无法满足个人物质需求的情况下，至少给予个人以身份的荣誉，以作为补偿。与政府关系较远的高校、医院等的管理人员鲜有公务员身份，由于通常采用的是理事会治理模式，高级管理人员（理事）只在决策层面参与，日常管理运作则交由选定的管理人员负责。选定的管理者在任期、资格、责任等方面都有严格、具体的规定。其薪酬较高，来源方式多样，可能来自社区有威望的人，也可能是企业中有丰富管理经验的人。大量的普通管理人员则按照各医院、学校等的招聘制度进行应聘。普通管理者不是公务员，而是一般的社会单位人员，其薪酬福利、晋升发展等与各单位发展联系紧密。

由于管理工作性质的差异，不同层面的管理人员也有身份上的差异，同中国很多事业单位类似，在美国、日本等国，很多与政府关系密切的独立机构、执行机构或是由政府财政支撑的医院、学校等的高层管理者也由政府部门任命，其大部分是公务员，即使不是公务员，也会被给予相当于一定级别公务员的待遇。除此之外的中级管理人员和普通管理人员则由委员会聘任，实行独立的用人制度。这种模式一方面为组织发展方向提供了

清晰的指导，有助于公立事业单位更好地完成组织使命；另一方面可以减轻财政负担，盘活单位自主用人制度。其主要的弊端在于，用人机制的灵活性受到削弱，特别是在以专业技术为核心的机构中，行政干预管理人员选拔不利于人才脱颖而出，同时有可能造成不良的组织氛围。

## 二 对事业单位管理人员职业发展的启示

通过对国外类似中国事业单位机构人事制度等方面的分析和经验总结，笔者认为，以职员制度改革为契机，推进事业单位管理人员职业发展应关注以下几点。

其一，在深化事业单位改革的基础上细化管理岗位的分类。职员制度是为了打破固化的干部身份，针对事业单位中管理岗位人员做出的制度创新，尽管管理人员在事业单位中发挥着不可替代的作用，但是组织中一项专项的制度调整需要与整体的改革相适应。行政单位、公益单位和企业的人事制度存在很大的差异性，虽然向企业学习管理效率成为政府改革的重要方向之一，但政府运作模式和使命定位限制了人员管理制度的灵活性，而作为行使公共权力的领导者和管理者，政府雇员在人事安排上需要被监督和受到制约，很难将普遍应用在非营利组织和企业的聘任制作为一项根本的制度沿用下去。当前中国的事业单位分类改革依据单位功能特征、发展方向等，将事业单位分为行政管理类事业单位、公益类事业单位、经营服务类事业单位，行政管理类事业单位将其行政职能划归行政机构或转为行政机构；经营服务类事业单位则转为企业；公益类事业单位得以保留，并突出公益属性。这一分类的现实意义在于从功能和市场层面将混揉在一起的事业单位进行了梳理，并为人事制度安排提供了清晰的思路，可以有效避免人事制度与组织不匹配的现象。

建立在分类改革基础之上的职员制度，还应关注新的分类。就初次分类之后保留的事业单位而言，公益一类、公益二类的划分可能并非最终的分类结果。从职员制度本身来看，要想符合组织特征，必须考虑组织性质、员工特征、组织文化等，这些因素都是划分不同类别的参考标准，例如，在日本，在很多纯公益的组织中，其成员具有公务员身份，而在美国其则是一般雇员。因此，建立在分类基础上的管理制度，需要保持一种灵活性，不能一概而论。具体到管理岗位，有必要对其进行细化，主要按照管理对象、管理知识的差异来细化管理岗位的类别，以建立起以管理人员知识、能力为核心的职业化核心框架，实现管理岗位与人员更加专业的匹配。

其二，职员制度的推进应关注管理人员专业水平的提高。当前事业单位的效率低、财务乱、人员混杂等问题，可以归结为管理低效甚至无效。由于历史原因，事业单位在一定程度上成为政府改革和国有企业改革问题的回收站，特别是人事问题，政府人员、国企人员和部队转业人员大量拥挤在事业单位中，人与岗位无法匹配的矛盾不断沉积的结果造成了当前事业单位人事制度改革"尾大不掉"的现状。从西方经验来看，组织中人员安排的最终目标一方面是尊重个人价值实现，另一方面是有效完成个人岗位职责，最终实现组织使命和满足员工需求的共赢局面。按照现代人力资源管理的解释，人与岗位匹配是实现这一目标的一个重要途径。岗位的稳定性为岗位上的工作人员提供了职业发展的可能，需求理论认为，生存、关系和发展是个人的主要需求，一般而言，岗位很容易满足个人生存和关系的需求，但发展的需求是不容易满足的。① 因此，管理人员作为事业单位中不可替代的力量，需要拓展个人职业发展的通道，通过合理的职级设计、岗位轮换、薪酬提升等多样化的发展方式，最终为组织发展和个人发展的共赢提供保障。关注管理人员专业水平的提升是现代教育发展的必然结果，也是社会职业的基本要求。西方在管理专业化的要求上比中国更为严格。这些都可以从专业细化程度、岗位资格、培训的正规性、职业通道设计等方面看出来。事业单位职员要提升专业化水平，一方面应通过培训学习，建立理论与实践相结合的教育培训课程制度；另一方面则需要建立健全一种严格的管理资格认证体系保证专业的权威性。关注职员的专业化和职业化问题，以人为核心的制度建设，能够从根本上保证职员制度的推行。

其三，事业单位管理人员发展路径不能全盘参照非营利组织模式。尽管事业单位分类改革的最终方向是建立一个强大的公益性组织，但是在分类改革没有彻底厘清之前，职员制度的推行不宜全盘参照国外非营利组织运作的模式。② 其主要原因有以下几点。首先，非营利组织的运作依据是

① 〔美〕爱德华·劳勒三世：《组织中的激励》，陈剑芬译，中国人民大学出版社，2011，第70页。

② 将我国事业单位改成"非营利组织"，只能是"非营利"的，而不可能是"非政府"的。参见朱光明《非营利机构与我国事业单位改革的目标选择》，《中国行政管理》2004年第3期，第25～27页。

组织使命，事业单位运作处于行政与市场夹缝中，换句话讲是要么偏向政府，要么偏向企业，自身宗旨并没有明确。这就造成人事安排中更多将政府与企业人事制度杂糅在一起。在行政色彩浓厚的背景下，依照公平、自由原则构建非营利组织人事制度是起不到提升效率的作用的。其次，从国外经验来看，并非所有类似事业单位的人事制度都按照非营利组织的模式运作。美国公立医院、英国执行局等的内部人员基本都是公务员，其决策也依靠政府高层领导者，员工按照等级制晋升等，上述的人事制度基本是按照行政官僚制度设计的，但非营利组织在运行效率和职能作用的发挥上，并不输于其他类似组织。因此，在建立和健全职员制度的过程中，不应把非营利组织的一切模式奉为标准，不论政府、企业还是非营利组织，对事业单位有益的都可以借鉴。最后，事业单位与非营利组织还有一个重要的区别在于，非营利组织具有大量的志愿者群体，其与组织没有雇佣关系，依靠道德约束，自由而有序地参与工作，而事业单位的职员基本上要么是一般雇员，要么是公务员，其面对的管理对象基本是组织内部的雇用人员，在面对不同的管理客体时，绝对不能简单照搬彼此的管理模式。

其四，事业单位管理人员职业发展应关注行业特征。事业单位涵盖的行业众多，行业的差异性对于事业单位改革具有较大的影响。首先，在事业单位中，不同行业的组织有自身的发展规律，虽然都具有公益性，但加入了市场成分之后，就有了方向性的变动。例如，一方面，在聘任制度中，高校和医院管理人员的聘任年限会有差异，绩效考核指标也会有很大的差别，所以事业单位职员制度改革绝对不存在一个统一的模式；另一方面，不同的行业有一个共同的特性，那就是更加的专业化，这种发展趋势会因为简单划分单位性质造成不良的后果。高校的学科设置就体现出了这种专业化的趋势，20 年前，管理学还是一门新兴的学科，而现在针对医院的医疗卫生管理专业，针对高校的教育行政管理专业，针对土地资源的土地管理专业等不断涌现并得到重视，管理向一个精细化的方向发展，而这一领域的管理人员不仅要具备基本的管理知识和技能，还需要对行业有深度的了解，对行业的理解程度决定管理人员是否在选、育、用、留人才，在绩效考核、薪酬分配等方面做出合理的调整以最终影响到管理的有效性。高校和医院都属于事业单位，但由于在社会分工中的作用差别较大，其管理人员在组织中发挥的作用及其地位也就有差异，应该按照单位自身特征进行改革。事业单位职员制度改革的总体方向明确——依据单位特点灵活变动。总体来看，按照单位性质分类改革为进一步的人事、财务等内部改革创造了良好的基础环境，但进行深化的内部改革，需要参照自身行业特点和岗位特点做出适度的调整。

# 第四节　小结

借鉴国外管理经验一直是我国探索政府和社会管理之道的重要途径。由于中国事业单位的特殊性，本章在选取国外类似机构时采用三个判断标准。其一，以国家政治权力的参与为主要标准，政府部门代理机构、公法行政实体以及政府企业中的非营利性企业是主要的参照对象；其二，从改革的发展角度看，以组织使命的营利性与非营利性作为标准，将国外非营利组织作为主要的参照对象；其三，从行业角度出发，按照组织的功能来分析，事业单位中较为重要的组成部分——国外的学校、医院和科研机构是主要的参照对象。由于管理文化和制度的差异，职员制度并不是国际通用的，我们的对比和借鉴研究主要是从其制度本质角度去搜集相关信息，包括国外类似组织的人力资源管理制度、主要职能说明、影响人员管理的其他因素的解释等。

从三个不同视角观察类似事业单位组织的管理岗位和管理人员发现，它们有着不同的特征，也有着相似的运行轨迹。公共服务的复杂性、广阔性和需求特征决定了公共服务的供给者应是多样的而不是专一的，服务组织的方式也是多样的而不是格式化的。总体来看，各种类似组织在不同的大环境下能够实现有效的公共服务供给，具备了一些值得借鉴的经验。其一，薪酬标准灵活，管理人员待遇随工作性质变化而调整，在不同国家，类似机构的管理人员薪酬设定的重心也是不同的，例如，日本倾向于以年功序列增长的工资制度；美国、英国更注重以岗位、能力为基础的薪酬制度，通过招聘合适的岗位胜任者来实现岗位的价值，通过人员的有序流动来实现发展。其二，采用公开、透明的聘任制，职业发展不受单位限制，聘任方法也相对简单易行，有利于解决雇员能进能出、能上能下的问题，有利于人员流动，吸引人才，破除人才单位和部门所有制，给所聘部门带来先进的管理经验、方法和手段，使该部门的领导层能够及时更新并始终保持活力。其三，灵活的职能划分配以科学的岗位设置，保障公共服务的效率，机构的职能和存在的意义取决于社会需求，并依据需求的变化而快速调整，岗位任职资格更讲究能力和经历。其四，管理人员的身份与组织性质相匹配，体现出行业特色。在行政相关性较强的组织中，管理人员的身份多参照公务员制度管理，有的则直接按照公务员制度管理，与市场和社会相关性强的组织中管理人员多采用社会化用工方式，其薪酬福利、晋升发展等与各单位发展联系紧密。管理人员的身份也随层级不同而发生相应变化，高层管理通常同政府机构关系紧密，其身份更具有公务员背景，而中下层则更多是社会化用工。

通过对国外类似中国事业单位人事制度等方面的分析和经验总结发现，以职员制度改革为契机，推进事业单位管理人员职业发展应关注以下几点。第一，在深化事业单位改革的基础上细化管理岗位的分类，按照管理对象、管理知识的差异来细化管理岗位类别，以建立起以管理人员知识、能力为核心的职业化核心框架，实现管理岗位与人员更加专业的匹配。第二，职员制度的推进应关注管理人员专业化的提高，一方面是通过培训学习，建立理论与实践相结合的教育培训课程制度；另一方面则需要建立健全一种严格的管理资格认证体系，以保证专业的权威性。第三，事业单位管理人员发展路径不能全盘参照非营利组织模式，即使是在以私有化为基础的西方社会，公共服务机构也并不完全按照非营利组织思路设计。第四，事业单位管理人员职业发展应关注行业特征，诸如高校和医院都属于事业单位，由于在社会分工中的作用差别较大，其管理人员在组织中所发挥的作用及其地位也就有差异，应该按照单位自身特征进行改革。

# 第七章
# 事业单位职员制度深化改革的方向选择

历史经验表明，良好的社会制度创新能够带来巨大的生产力。但制度的好和坏并不是从开始、过程和结果某一个方面就能够证明的，大多制度创立的初衷都是极好的，但过程并不顺利，结果是糟糕的。有些制度即使有一个"善"的结果，也在执行中几经修正甚至颠覆才实现预期目标。当前，对于渐进式改革的策略基本上是世界各国通用的模式：在总结过去和比较不同地区或国家的经验之后做出理性的选择。现代社会经济发展局势变化迅速，制度如果没有前瞻性和适应性，就将面临更多的调试和失效的局面，这也是不同于以前制度改革的新节奏，具备前瞻性和适应性应是深化事业单位职员制度改革所应把握的核心价值。在总结事业单位管理人员的身份变迁、事业单位管理岗位的管理现状、职员制度改革的核心内涵以及国外不同地区管理制度之后，对于下一步的深化职员制度改革应有怎样的路径认知和选择的可能性，我们需要做一个重新的评估。

## 第一节　政策问题反溯与前瞻

如果将事业单位职员制度政策的起始点定位在 1992 年，20 多年的改革就是一个相对漫长的过程。从整体上看，整个改革有序推进解决了不少难题，诸如聘任制打破身份禁锢，岗位管理的引入将工作明细化等，在前面的论述中，我们深入分析了其创新价值和后续面临改善的方面，这样的视角有助于我们通览全貌，但从政策制定出发，我们发现这个概况不能充分解释为什么到现在职员制度效果还没有较大的突破，为什么迄今为止我们还要面临20多年前依然要面临的问题。由此，需要回归到事业单位职员制度所要解决的根本性问题，而我们已经解决的问题是原本要面对的核心问题吗？面对新的社会环境，政策是不是已经到了终结的阶段。以下从政策分析的角度来理解我们所面对的问题。

为了便于剖析问题，我们需要从政策科学的角度重新厘定职员制度的政策环境、价值和过程，这个反溯过程便于理解我们改革徘徊的深层原因——没有聚焦于真问题。从事业单位产生至今天的事业单位的分类改革，事业单位实现了一个从单一到复合再到单一的循环圈，从单一到复合即原来事业单位建立的环境是社会主义建设初期，计划经济时期按照国家统一的制度安排集中力量办公共事业的大背景。按照组织运作目标的不同划分单位，所谓机关单位负责行政，所谓国有（基本都是国有）企业负责生产，其他不易划分的还是国有资产参与举办的归事业单位。在当时的背景之下，如果按照为"公"的性质来划分，事业单位就是最纯粹的事业单位，这和当前分类改革之后的公益一类、公益二类是一致的。商品经济时期营造了一种新的氛围，那就是走向市场，鼓励事业单位的市场行为，在当时分类并不明确的事业单位中，有些类型的单位通过探索发现其更符合企业特征，由此"转向"了企业身份，只是其在后来政府简政放权的改革过程中直接脱离了行政系统。①

从这个角度看，事业单位所处政策环境决定了组织本身的"纯"度，也决定了事业单位是不是需要纯化。背景变化会对组织内部产生影响，组织需要进行内部的调整来适应环境变化。深入来看这个过程，事业单位内部的改革是十分微小的，大部分调整都围绕外部适应性问题。诸如《事业单位登记管理暂行条例》是用来规范政府对其管理问题的，事业单位聘任制度和岗位管理制度要适应市场机制，事业单位收入分配制度要适应并与外部市场接轨（见表7-1）。事业单位的内部适应性问题是什么，其实就是解决组织使命达成和组织人员发展有效结合的问题，这也是解决问题的关键。回顾过去，所有的制度改革都针对外部而忽视内部。

---

① 在这里，我们认为事业单位、政府和国有企业都可被划归行政系统，它们性质相同，只是行政"量"存在差异而已。

表 7 - 1 职员政策价值分析

| 职员制度表述 | 问题感知 | 问题搜索 | 问题界定 | 问题陈述 | 外部价值 | 内部价值 |
|---|---|---|---|---|---|---|
| 岗位管理 | 管理混乱 | 双肩挑;待遇差别不公平 | 工作分工不明,缺乏科学岗位管理 | 缺乏现代岗位分类和现代管理方法造成管理混乱 | 统一实施,便于有关部门管理 | 内部分工更加细化,管理更加科学 |
| 聘任 | 人员烦冗 | 身份终身制造成人员进不来,出不去 | 在人员管理制度上模仿行政机关 | 由于事业单位不是行政机关,不能完全依照公务员制度,人员过于烦冗,需要减员 | 节约行政开支,建立有别于行政机关的聘任制度 | 盘活人才,建立规范的人员管理制度 |
| 取消行政级别 | 级别存在意义不大 | 阻碍改革;效率提高;行政化对接 | 增加改革难度,管理僵化 | 事业单位行政级别造成其行政化管理 | 减少干预,让管理回归主体 | 需要自主管理但需要主管支持 |
| 建立等级秩序 | 无发展路径 | 晋升困难;转专业技术岗位 | 缺乏符合自身特点的晋升秩序 | 管理人员缺乏发展通道造成了晋升困局 | 减少内耗,稳定人员发展 | 与其他序列的社会公平比较,与内部公平比较 |
| 岗位绩效 | 干多干少差不少 | 岗位不同工资大同小异;磨洋工;人浮于事 | 没有科学收入分配依据和标准 | 缺乏科学分配和激励制度造成组织效率低 | 激发活力,提高绩效 | 财政是否减少,如何调动积极性 |

为了便于分析,我们从政策问题构建的程序角度分四个阶段分析。第一阶段:以"问题感知"体悟"问题情境"。第二阶段:以"问题搜索"认定"元问题"。第三阶段:以"问题界定"发现"实质问题"。第四阶段:以"问题陈述"建立"正式问题"。通过对四个阶段的比较分析发现职员制度深化改革的难度在于外部牵引力十足,职员制度改革的内源动力是匮乏的。

以职员制度改革目标中,事业单位改革的难点——去行政化为例,可以清晰地发现内外政策价值偏差造成了我们在解决问题时不能聚焦,改革效果出现偏差。在问题情景中,无论是公众、政府主管部门还是事业单位自身都发现其对应的行政级别并没有发挥更多的积极作用,这可能只是在制度制定之初的一项具体安排而已，而且这种对应关系不仅限制了组织领导者的发展，还让组织工作丧失自主性，事业单位多数情况下成为主管部门的执行和服务机构。于是相关部门就要放开级别对应的条框以盘活组织。但与此同时，在很多交流和工作对接中，特别是在人才交流方面，还需要这样的一种级别对应。而就事业单位而言，对于取消行政级别而完全独立的局面，它并不会马上适应，在突然断绝上级指令后也存在一种身份认知的惶恐，特别是在资源的供给问题上，唯恐行政级别的取消会减少财政资源的支持。在建立职员等级秩序上，事业单位也陷入了一种内外焦点并不一致的困局，改革的整体设计具有宏观的可行性，但在面临具体事宜的时候，可能一个小小的制度冲突就会让改革举步维艰。从外部来看，职员职级对应等设计取消了行政化，并考虑到稳定的过渡，使职员等级对应不同的行政级别，诸如职员六级对应行政副处级，这在事实上形成了一种"伪行政关系"。所谓的去行政的"质"，而不去行政的"形"在官僚体制下是不存在的。在组织内部，事业单位内部更关注与其他序列社会公平的比较、与内部公平的比较，都还聚焦在级别上，只是这种级别从行政称谓变成了自身的职员称谓。

考虑自愿性政策工具和混合性工具的应用，过度依赖政府行政行为的本质是对强制性工具的强调。[1] 通过了解影响政策分析工具选择的相关因素（如图 7-1 所示）发现，事业单位在推行职员制度时会更多依赖政府的行政行为。最核心的问题在于已确定的政策目标，改革之初的目标定位都更多地考虑了政府如何对事业单位进行管理，而非以事业单位自主解决问题为核心，由此产生的路径依赖效应影响深远。

从政策工具自身特征上看，诞生于计划经济时代的政令管制既能被政府管理部门熟练应用，也能快速解决问题，先前的各项政策工具都更多地选择了依靠行政，行政文化浓厚的组织难以为其他政策工具留有余地。从另一个角度看，政策过程中的"非制度"诸如公共服务供给的第三方群体力量、事业单位自主管理的"文化"等都过于弱小，这也使强制性工具成为一种必然的选择。

从对职员制度相关内容的回溯中不难发现，政策目标从整体上看是一

---

[1] 霍莱特和拉梅什依据政策工具的强制性程度。参见李玲玲《论政策工具与公共行政》，《理论探讨》2008 年第 1 期，第 133~137 页。

致的，但剖析来看存在一定的偏差，其关键在于不同群体间存在价值偏差。我们在政策制定中稍不留意就陷入了一个解决边缘问题而回避核心问题的惯性中。那么围绕内部所关心的问题展开，我们将面临怎样的一个现实？建构一个高绩效的事业单位组织需要在科学管理体系、人才活力、公平健全的制度、财务等方面进行设计和优化。但我们发现不得不面对的第一个现实是，事业单位外源性动力过强造成的内源性动力不足。第二个现实是，制度规范对标行政机构而非组织行业带来改革偏差。第三个现实是，事业单位管理者在脱离行政体系中面临左右不安的选择困境。每一个现实困境都倒逼职员制度走深化改革的道路，只是所谓的深化不再以外部动力为主，而在于以内源性动力为建设核心。

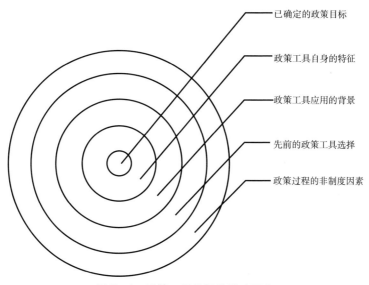

已确定的政策目标

政策工具自身的特征

政策工具应用的背景

先前的政策工具选择

政策过程的非制度因素

**图 7 - 1　政策工具选择的影响因素**

## 第二节　职员制度深化改革的环境与新价值

职员制度改革的现状基本达到了一种行政预期，但距离社会预期还有差距。从上述职员制度改革的政策回顾中不难发现职员制度改革所分析的环境建立在原有的社会生态中，即事业单位依然是与政府紧密相关的公共服务供给者，市场力量有限参与公共服务的购买，非营利组织虽然壮大但依然弱小等。现有的社会生态并没有太大变化，社会组织主要还是由政府、企业、第三方组织组成。但是不能忽视的是三类主体的力量和关系发生了变化，三类主体在面临生产公共物品上有了更多的协同而不是分工，在衔接方式上更加灵活。我们关注的公共服务不再是由谁来提供，而是大家一起如何更好、更高效地提供：少谈一些身份问题，更多关注结果。这种转变的背后是一些环境的变化对政府管理思路提出了新的要求，而在此背景下，职员制度的改革如果不能回归劳动和职业本身就将面临一种无奈的终结。

　　改革开放以来的经验表明，以经济建设为中心的战略思路为国家发展提供了充足的动力，在发展中解决社会问题在当前依旧是十分有效的解决方式，但当有些社会问题积累到一定程度，必须用治理社会的方式来解决时，当经济发展遇到瓶颈时，被较好经济形势掩盖的过去的社会问题也将井喷式地呈现。不难推断，在以经济建设为中心的当下，经济环境是所有改革所依赖的基础环境，经济环境提供根本的动力机制。近些年，中国经济发展势头走向了一种新常态，新常态最核心的意义在于转变了对经济价值的狂热追逐，转而面向了社会领域，从间接解决社会问题转向直接应对社会难题的策略，在此之前，尽管职员制度的定位是事业单位内管理人员的核心制度创新，但是固化的事业单位身份在整个改革的历程中并没有搭上经济改革的便车。从这个意义上看，职员和制度改革动力从间接的"经济侧"变成了直接的"社会面"推进。但当前形势并非如此，现有解决社会问题的思路不是依靠社会制度改革和法制建设就能直接解决的，20世纪80年代西方新公共管理理论无论对学界还是对政府都产生了极大的影响，特别是三十多年过去之后，政府中的精英群体阶层正是受此思想成长的一代，对于依靠市场力量推动社会改革思路推崇备至。在事业单位改革中，诸如聘任制、岗位绩效、政府购买公共服务衔接等相关政策的根源性动力也来源于此。在对社会和经济环境进行综合考虑之后，政策前行的动力尽管充足，但是在方向上似乎会有一些偏差，这种偏差可能会让职员制度走向不同的道路。尽管方向不同，但至少走出了当下困局，这可能是所有改革者经常引以为慰的说辞。可以预见的是，不同的方向只要偏差不大，就未尝不是一个好策略，用渐进调试模式解决公共问题也是最常见的制度策略。

　　稳定中求效率，还是效率中求稳定这是两个不同的价值定位。对组织效率的提升始终是管理者最重要的价值追求之一。历次改革表明，无论是政府还是事业单位本身对于低效现象的容忍度在降到一定程度时都必然要进行制度的革新，这包括薪酬制度的调整、绩效考核理念的引入等。然而，公共部门的改革不同于私人组织的改革，特别是在用人制度上，私人部门在劳动法的框架内自由地更替人力资本，以达到对效率的最高追求。但事业单位并没有这样的一种追求动力和已有的制度保障框架，另外在公共产品供给上，更多追求一种持续稳定的供给（最低水平供给），而对于高质量和高效率追求的动力并不足。换句话说，事业单位的管理是在稳定中求效率，以稳定供给为首要价值。而社会组织和企业如果要供给公共产品通常就会在效率中求稳定。因为效率是其能够介入公共产品供给的敲门砖，其只有在跨入门槛之后，才会关注产品的其他价值。效率和稳定兼顾是一种行动理念，但是在具体的行动中还是有先后顺序和主次矛盾的，尽管二者之间并不存在一种根本性的冲突。不存在根本性冲突和一致性是两个截然不同的概念。事业单位职员制度改革到现在并没有厘清二者的关系。但在新经济形式和新的社会背景之下，改革的深化需要做出一个判断。这基于以下两个判断。其一，在职员面临缺乏经济激励的情况下（这也是必然面对的一个核心问题），是以直接的经济激励为主，还是以强化保障性刺激为主？[1]　如果要以直接的经济激励为主，那么如何去解决所用经济部分的合理性和合法性问题？其二，在事业单位和其他参与公共服务的组织进行竞争中，政府所确立的"竞标"规则是否只关注效率，供给质量如果不存在明显的差异，那么质量标准的强化会不会影响竞标结果？其实这两个问题背后是对政府部门价值选择的提问，如果答案不同，改革就会走出两条不同的演进道路。

总而言之，必须确定的是劳动回报的公平。回归到职员制度改革本身，政府对其改革深化的方案起初可能产生偏差，制度改革的深化可能沿用不同的路径。但是无论是以效率为核心还是以稳定为核心，对于人力资本投入的回报的重视是已经明确了的核心价值。这从根本上转变了以权力和职务为依据的回报机制，也纠正了权力和职务是人力资本回报的官僚逻辑。职员制度改革的深化如果能够确保人力资本的增殖和劳动回报的公平，改革路径的微小差异就不会对结果产生影响，可谓殊途同归。必须保障对人力资本投资回报的重视是因为事业单位管理人员无论是学历还是其

---

[1]　尽管赫茨伯格在双因素理论中已经明确解释保障性因素不会产生较强的激励效果，但既往的改革用保障性因素作为激励的核心。

工资内容都体现了较大的投资额，但回报并不对等。未来工作要求也决定了管理工作需要持续的人力资本投资，如果没有合理的投资回报率，那么管理人才的投资热情也必然消退。劳动回报是劳动价值的应有反馈。马克思关于劳动价值论的论述在现有社会中被重新认识，其中主要的原因在于资本的价值在公共领域的比较优势已经开始消退，这在采用市场化手段改造公共部门管理的理念中并没有作为核心被提炼出来，重提劳动价值回报对于保证事业单位管理稳定和持续是一个关键举措。

## 第三节　职员制度三种可能的深化路径

在对政策和环境进行分析之后，我们对于深化职员制度改革的方向有了更为明确的认识。作为一种推理，只有对证据和原有路径进行分析才能使其更有价值。基于前期的分析，深化职员制度的改革有三种可能，这三种可能不是建立在对政府政策的判断上，而是建立在社会和环境发展的逻辑上。这三种可能是职业经理人路径、公务员路径和非营利治理模式路径。三种可能尽管有身份的差异，但在身份背后是一个共同的社会新角色。因为，原来事业单位的管理人员并没有固定的角色。

### 一　事业单位的职业经理人之路

通常认为职业经理人最早出现于美国铁路企业中，19 世纪 40 年代，当铁路运营由于各种管理不善而出现危机时，创业者和出资人选择聘用专业的管理者来统筹运输事务。近现代职业经理人就出现在运输行业中，职业经理人通常有较高的运筹和协调能力，在整个市场中有较高的社会地位，与此同时，其自我规范和约束也有较高的标准。在工业化大发展的潮流中，职业经理人依靠良好的市场机遇和雄厚的人力资本赢得了社会的认可，到了 20 世纪 60 年代，随着全球管理专业的开设，因管理咨询兴起的职业经理人更是迎来了一段黄金发展期。到了 20 世纪末 21 世纪初的时候，全球经济的合作与竞争开启，大型企业已经在全球范围内进行市场布局和竞争，同时也在开启人才竞争的新局面。在世界经济中，职业经理人扮演着越来越重要的角色。由于早期发达经济体在人才管理培养上具有先进经验，新兴经济体开始了一种全面的标杆式学习，不仅关注技术和管理制度的静态引入，还把难以复制和吸纳的人才培养纳入核心的学习范畴之中。

教育全球化为此提供了新的契机，美国管理学家德鲁克、彼得圣吉等对管理理念和管理人才非常重视并予以强调，通过高等教育和职业培训的方式为职业经理人在全球的崛起打开了思想通道。中国改革开放所建立的党委领导下的经理（厂长）负责制，在私人领域对民营企业性质的认定及逐步的开放和鼓励政策让中国也具备了职业经理人发展的可能，但这些条件并不成熟。直到 1994 年公司法的颁布，现代企业制度的建立才正式预示着中国企业对于产权、责权、企业和政治、科学管理等相关概念有了足够的重视和深刻的认知。党的十六大之后确立的管理作为生产要素按照贡献参与分配，各种行业中开始涌现更多的职业经理人。随后在 2003 年出台的《中共中央国务院关于进一步加强人才工作的决定》中，提出了要"坚持三支人才队伍建设一起抓。党政人才、企业经营管理人才和专业技术人才是我国人才队伍的主体，必须分类指导，整体推进"，明确说明了"发展企业经营管理人才评价机构，探索社会化的职业经理人资质评价制度"。从上述职业经理人的发展概要中可以看出，职业经理人在社会中（特别是在西方社会中）具有十分有利的发展环境，以美国为代表的西方市场经济下的职业经理人至少在自由竞争秩序、职业流动性、经济大发展、政府或第三方评价机构等方面，较中国具有无可比拟的优势。中国职业经理人市场相比美国也有较大的差距。事业单位管理人员如果要走向职业经理人发展道路，就面临一些机遇和挑战。国家对于事业单位管理的改革方向和决心为深化职员制度改革提供了一条职业经理人发展思路。第一，最为重要的一点是事业单位从业人员具有足够大的市场，事业单位在数量上具备了足够大的内部改革和调整的市场。第二，在改革策略上，学习和借鉴西方非营利组织的思路和企业化理念的引入为管理人员职业化提供了制度活力。聘任制度和管理岗位的认定在不同事业单位具备了一种流动的可能性，尽管在当下更多的流动在于单位内部职位上的纵向晋升和横向岗位的流动，但如果改革继续推进，打破"单位制"的束缚就将大大促进管理人员在技能、职业伦理、职业资格上的强化，辅之以资格认证等，也将在形式上形成类似于企业职业经理人的群体。从这个角度看，如果事业单位群体内实现一个小生态，那么事业单位管理人员职业化的进程在制度的培育中可能会追赶上市场上企业职业经理人的发展，但是另一种可能是过于市场化的行为将使事业单位的管理岗位全面开放，企业职业经理人市场可能会对原有事业单位的管理系统产生冲击，甚至会对其予以吞并，这里有一个重要的前提是事业单位的管理应有足够高的外部经济激励，否则也难以引入对薪酬要求苛刻的职业经理人。第三，事业单位管理人员走向职业经理人道路需要职业崛起的空间与机遇。职业崛起的空间在于事业单位在以后的发展中承担更多的公共服务职能，即该组织在社会中存在一种类似于"公共服务产业"的兴起，而不是作为一种政府的执行机构或者市场补充机构。至少现在看来这样的趋势还不明显，公共服务的市场有多大并不取决于事业单位有多少，也不依赖于政府机构是否足够强，公共服务的"市场份额"分配可能会受到政策的影响。第四，在信息不对称的情况下，职业化的事业单位管理人员具备某种任职资格和能力，可能需要一种资质证明以降级市场搜寻成本和交易费用，这就需要市场上有类似于猎头公司的组织或者是猎头公司业务范围扩张到事业单位管理人群中，或者是国家对其进行资格界定。当前中国是有这样的空间的，但这种机遇稍纵即逝，只在改革的窗口出现的情况下才有可能，也只有在社会转型期面临新的政治经济结构调整的情势下机会才更大。第五，需要关注的是事业单位自身的自治程度，这种自治程度一方面源自政府对其行政化力量的强弱，另一方面则取决于内部事业单位管理人员特别是高层领导者人力资本的大小，自治并不是脱离约束的完全的市场化行为，问题的关键是自治是管理者自主性培育和管理价值检验的关键领域，太强的行政化干预可能将管理的责任和效用淡化，无法为管理的价值补充充分的解释，管理人员人力资本大小也决定着其是否可以走职业经理人的道路，职业经理人市场最重要的标志也在于其自身就是最强的资本。

## 二 事业单位的公务员之路

西方对事业单位管理人员的职业发展设计和中国具有相似之处，有些直接归入公务员体系，比如执行机构人员，还有一些直接从市场上招聘，其按照市场化的路径发展。不同的是，西方更讲究"名正言顺"，即如果你干公务员的工作那直接划归公务员，否则就划归市场。中国的不同在于事业单位确实存在且其成员已成为一种重要的职业群体，其中不乏众多的知识工作者。按照中国事业单位分类的逻辑推演，最终留存于事业单位体系的最重要的特点之一在于享有政府财政的支持，这部分开支中重要的一部分就是人员费用。因此，考虑走公务员体系也是值得探索的一条出路。

以公务员为模板设计职业通道的合理性在于工作特征、组织内的公平性。职员制度改革是对事业单位管理人员的制度设计，这部分人的工作内容类似于对政府机构的综合管理，主要是办公文件整理、组织协调、信息整合、内部沟通与外部衔接等。尤为值得指出的是，无论公务员还是事业单位管理者都属于公共部门，从事公共服务，这在目的上也具有一致性。组织内的公平在于平衡管理人员和专业技术人员的待遇。通常来看，事业单位中的专业技术人员可以依靠专业特长向外探索兼职兼薪，内部也有合理的技术发展激励通道，这在事实上造成了管理人员和专业技术人员的回报不均衡，而公务员身份最大的利好在于具备了更好的保障性，在工作内容上两者并无太大的差异，如果赋予管理人员身份和相应的发展通道，则可以将其看作一种平衡的补偿。

完全沿用公务员通道与政府机构改革并不相适应。这主要还是因为政府机构本身是一个独立的生态，从事业单位建立之初至今，事业单位在生态位置上从属于政府机构。这也说明了在诸多改革文件中尽管将政府机构和事业单位放在一起，但在涉及制度建设时则是独立开来，政府机构改革在前，事业单位改革在后。二者重合的地方在于一些机构中存在特色的"参公事业单位编制"。一项统计表明，政府公务员的人数为1000多万人，相比事业单位人数的3000万人少了三分之二，如果事业单位人员中三分之一为管理岗位人员，按照将事业单位管理人员纳入公务员管理则会面临增编一倍的局面。这对于走精简路线的政府来说是一个极大的挑战。

从工作内容和人员匹配、工作量和人员数量匹配的现代管理理念出发，政府改革的思路需要重新调整，即编制的增加建立在工作内容增加的基础上，无论是从财政科学预算上还是在回应民意的理由上都是可以接受的。政府改革先于事业单位改革的传统路径下，事业单位往往承接了很多政府精简的机构和人员，而在经济和社会发展迅猛的今天，定期梳理精简举措的适应性不仅是对原有政策的追踪反馈，还能重新用一种统筹政府和事业单位改革的框架理解人员分流和人员重新回流的问题。当前，事业单位管理人员在高级别（副处级）以上时可以转变为公务员，而对于大多数管理人员来说是不可行的。这样的制度设计提供了一条交流路线，有助于盘活公共人才。鉴于以上分析，这种交流通道存在一种拓宽的可能性。其一，事业单位正在纯化，扩大交流途径不会增加管理混乱的风险；其二，日益增加的公共事务让政府机构开始从市场上招聘更多的编外人员，也有通过从其他机构借调等方式来补充人力缺口的，这种编外人才的招聘和借调方式的用人可能性面临法律的约束甚至挑战法律的权威性，而通过在工作相似的事业单位中建立一种类似和相同的职业发展通道，对于管理将有更充足的制度保障和人才供给。

### 三　事业单位非营利治理模式之路

在改革的选择上，往往都存在第三条道路，而之所以被称为第三条道路是因为时机并不成熟，但如果其发展良好也有可能是最佳的一条道路。第三条道路是保持现有制度的稳定，并探索"去行政化"的思路以建立事业单位管理人员独立的管理体系。这就包括建立法人治理结构，学习探索西方非营利组织的运营方式和建立符合现代市场体系的晋升路径等。

事业单位法人治理结构以实现其宗旨为目标，实行举办权与管理权分离，以决策层及其领导下的管理层为主要架构，是由一系列激励和约束机制组成的制度安排；核心是建立不以举办权为基础的决策机制，实现决策权、执行权和监督权科学运行、相互协调；关键是引入事业单位外部人员（主要是服务对象）参与决策和监督；目的是确保事业单位公益属性，有效解决公益服务的公平和效率问题。从其目标来看，似乎这对于事业单位管理人员来说并没有一种直接的制度影响，但是可以带来推动力。这种推动力从广东等地的实践经验上看，不仅有助于回应群众和确保公益目标实现，还有助于服务对象参与管理，更为重要的是有助于问责（监督）管理层。这种问责机制就是对事业单位管理人员专业水平和服务意识的最好考证。职员制度深化的一个重要目标就在于让管理人员的职能充分发挥出来，法人治理结构的有效性在于在不改变身份、隶属关系等现状的情况下，为管理人员职能发挥提出了一个实验框架。

探索西方非营利组织的运营是一种学习策略，也是一种超前的尝试。从对比国外非营利组织的人员管理来看，我们发现非营利组织由于具备较多的私人资助和公共资助，其管理人员的志愿精神和志愿者群体的无偿性都是事业单位所不能及的。尽管在国内具有《卫生计生单位接受公益事业捐赠管理办法（试行）》等相关规定，但捐赠的量相比西方来说是极少的，眼下并不会带来一种规模效应以为事业单位的管理带来新的调整，一种可能是事业单位所接受的私人资助大于公共财政时，管理模式和管理制度将面临一种新的调整。

管理人员的志愿精神、较高的职业素养和人力资本水平都是值得借鉴的一部分。西方非营利组织的管理逻辑具有较强的灵活性，锁定组织使命，供给物力、财力，发挥志愿精神来达成最终目标。这对于事业单位来讲似乎是一个艰难的演化过程。事业单位职员制度要解决的是组织内部分人员的发展问题从而和组织协调发展，而非营利组织的管理甚至不用考虑内部交易成本的问题，管理人员的发展根本不存在瓶颈问题，关键的是其管理者的志愿精神和管理者的社会资本来源都依靠的是外部而不在非营利组织自身。

在这个思路下我们来看如果按照学习非营利组织的思路，事业单位职员制度的深化就可能要考虑三点内容。其一，增加管理人员身份多样性，不限制管理人员必须通过现有专门方式招考进入，在招录环节增强对其志愿精神的考察；其二，内部管理的通道可以依照企业管理人员晋升通道及人员多少和责任分配情况来自行设计，并设计与其相匹配的福利薪酬待遇；其三，更加灵活的用人策略，多元化的人才组合可以让事业单位的管理更少依赖市场和政府，探索出独立自主且专注于公共服务的人才队伍。

## 第四节　深化职员制度的一种必然选择

职员制度的深化改革不是对一种称谓的更全面的解释或是对一个政策的细微优化。三种可能是三条不同的政策演化路径，背后是相同的动力，这种动力也将其推向相似的方位。通过上述分析不难发现，这种推动力无论是外部拉力，还是内源性动力，抑或是侧面的推动力都是当今社会对事业单位管理职能提出的要求。一个组织如果没有一个明确的社会定位必将在社会转型中崩溃，一个组织如果没有在服务和产品供给的竞争中占据优势也将被淘汰。社会规则的背后是自然法则在起作用。完全的市场竞争规则可能会产生一种具备活力的秩序，但人的自主性的发挥特别是为某种目标而精进的制度力量也是人类能够在"完全竞争"的自然环境中获胜的重要力量。现代城邦和现代社会文明的建构也依赖于人的主观能动性的发挥，并依靠自然竞争优胜劣汰。事业单位的改革，特别是关于人员发展的改革应在市场检验和政策回溯的经验中发挥制度的凝聚和引领作用，落脚于人的发展和组织使命的达成而采用行动。深化职员制度改革的三个思路最终落脚于管理人员本身是对其能力、职业规范、职业伦理等总职业要素的要求，因此，无论是哪种道路，一个社会群体的社会服务需求在于提升自己的职业能力。与社会、企业、培训市场流行的职业化不同，事业单位管理人员如何"走"关系到未来中国整体的公共服务供给效率和效能，企业的职业化培训更关注的是自身管理内部的效能。

很多人会自然地认为职业化是一个伪命题，至少在很多领域是如此，比如企业在网络时代无法面对舆论危机，于是就有人提出要有职业化的公关人才或者成立专门的公关部门，律师行业发展与西方差距较大，于是就有人提出律师的职业化，消防员在救灾中牺牲，有人就提出武警编制义务兵服役时间短，缺乏经验造成牺牲率高，应该学西方职业化等。职业化本身是一个大概念，不同的职业领域所反映的职业化是不一样的。企业人员的职业化更多的是对技能的专业性要求，律师的职业化更强调职业伦理和规范性，消防员的职业化关键在于其身份编制的问题。对事业单位管理人员的职业化的深入剖析不难发现，其职业化的难点还是在于身份与岗位两个核心。从三条道路的选择中不难发现深化改革的核心，职业经理人的思路在于打破原有事业单位组织的束缚，走向流动性更强的市场，从而改变自身的身份，在竞争中不断检验胜任能力则是解决岗位职责的问题；公务员的道路是回归行政体系中，依然是先解决身份，再去优化其工作内容；按照第三条道路则是先解决岗位工作本身的效率问题，再通过多元化人才流动来解决身份的问题。身份和岗位的问题不仅在事业单位存在，而且很多行业的工作人员在特定阶段也会面临同样的难题。整个社会系统、行业子系统等外部环境的变化对于组织及其人员的影响远比我们观察到的要深远，战略学派的观点让我们关注使命和愿景的坚守，关注环境的变动趋势以调整组织形态、组织制度，人力资本理论则认为在任何时候人力资本的投资都会有超出预期的回报。我们用职业化这一概念，作为事业单位对于持续"解决"事业单位管理人员在身份和岗位上"彷徨"的局面，所必须采取的一系列行动的概括。

## 第五节　小结

具备前瞻性和适应性应是深化事业单位职员制度改革所应把握的核心价值，在总结事业单位管理人员身份变迁、事业单位管理岗位现状、职员制度改革的核心内涵以及国外不同地区管理制度之后，对于下一步深化职员制度改革应有怎样的路径认知和选择的可能性，我们需要做一个重新的评估。

通过对职员制度的政策环境、政策价值和政策演进的过程研究发现，事业单位职员制度所解决的问题并非"真"问题。事业单位内部的改革十分"微小"，大部分调整都围绕外部适应性问题，而解决组织使命达成和组织人员发展有效结合的内部适应性问题才是关键所在，回顾过去，所有的制度改革都针对外部而忽视了内部。从政策问题构建的程序角度分四个阶段分析：以"问题感知"体悟"问题情境"；以"问题搜索"认定"元问题"；以"问题界定"发现"实质问题"；以"问题陈述"建立"正式问题"。比较来看，职员制度深化改革的难度在于照顾面过于偏外，职员制度改革内部动力是匮乏的。我们在政策制定中稍不留意就陷入了一个解决边缘问题而回避核心问题的惯性中。

职员制度改革的现状基本达到了一种行政预期，但距离社会预期还有差距。政府、市场、第三方组织三类主体的力量发生了变化，三类主体在面临生产公共物品上有了更多的协同而不是分工，在衔接方式上更加灵活。我们关注的公共服务不再是由谁来提供，而是大家一起怎样才能提供得更好、更高效。少谈一些身份问题，更多关注结果。在这样的新环境下，职业制度深化改革的价值应该关注的方面是：其一，经济环境和社会环境都对职员制度改革有影响，关注社会的影响同时不能忽略经济的力量；其二，在稳定中求效率，还是在效率中求稳定，这是两个不同的价值定位，不同改革路线会走出不同的演进道路；其三，必须确定的是劳动回报的公平。

深化职员制度改革有三种可能，这三种可能不是建立在对政府政策的判断上，而是在社会和环境发展的逻辑上。这三种可能如下。其一，像职业经理人一样，通过市场价值来确定自身定位。管理人员人力资本大小也决定其是否可以走职业经理人的道路，职业经理人市场最重要的标志也在于其自身就是最强的资本。其二，回归公务员身份，通过国家政策调整建立一种类似公务员的职业通道。在相似事业单位中建立一种类似和相同的职业发展通道，对于事业单位管理将有更充足的制度保障和人才供给。其三，继续转型，等待事业单位组织"非营利能力"的提高。增加管理人员身份多样性、企业管理人员晋升通道，灵活的用人策略，多元化的人才组合让事业单位的管理不依赖于市场和政府以探索出非营利的管理道路。三种可能是三条不同的政策演化方式，背后是同样的动力和相似的方位。事业单位的改革，特别是关于人员发展的改革应在市场检验和政策回溯的经验中发挥制度的凝聚和引领作用，通过落脚于人的发展和组织使命的达成而采取行动。深化职员制度改革的三个思路最终落脚于管理人员本身是对其能力、职业规范、职业伦理等职业要素的要求。对于事业单位管理人员职业化的深入剖析不难发现，其职业化的难点还在于身份与岗位两个核心。我们用职业化这一概念，作为事业单位对于持续"解决"事业单位管理人员在身份和岗位上"彷徨"的局面，所必须采取的一系列行动的概括。

# 第八章
# 事业单位管理人员职业化的
# 路径建构

围绕事业单位管理人员工作现状、管理制度改革中存在的问题分析发现，看似合理的制度安排未必能达到预期效果。渐进式的改革是一种必要的策略，明确而又科学的目标尤其重要，职员制度的深化改革必须围绕管理人员的职业化这一核心目标。然而，探索事业单位管理人员职业发展并非一蹴而就的事，在回顾管理人员身份变化、调研总结管理岗位与人员特征、管理工作新挑战以及国外类似组织经验的基础上，本章尝试勾勒一个初步的规范性框架以作为事业单位管理人员职业化的参考内容。

## 第一节　职业化建构的逻辑

事业单位管理人员的职业化是构建一个标准系统的过程。职业化的发展包含了两部分内容，一部分是需要专业化的思路去赢取专业技术的竞争优势，另一部分则是通过职业制度的构建来搭建一个让管理人员持续发展的环境。专业性的提升是一个内部精进的途径，制度则是外部推动力，二者的共同作用是推进职业化的基本路径。职业化的丰富内涵并不局限于管理人员本身，而在于管理的生态。在一个好的制度环境下，将有更多的人受益于制度的红利，所以事业单位管理人员的职业化不仅涉及管理人员自身，还要关注外部环境（如图 8 - 1 所示）。

在解决职业化包含的基本范畴之后，我们需要剖析管理职能来探索管理怎样做到专业。协调是管理的基本职能，也是最重要的职能之一，所谓协同增效正是现代管理科学的基本价值。按照组织协调的逻辑去解决管理效能的问题，组织的协调分为五种机制：相互调节、直接监督、工作流程标准化、工作输出标准化、员工技能标准化。它们共同作用，将组织聚合在一起。相互调节是通过非正式的简单沟通实现对工作的协调，在超过最初的简单阶段之后，组织将倾向于运用直接监督的机制实现协调，当工作内容明确或程序化时，工作流程可以实现标准化，当工作的结果可以确定时，可以进行输出的标准化，如果工作本身和工作输出都无法标准化，那么当工作所需技能要求非常清楚时，就可以对员工技能和知识进行标准化。随着组织的工作变得越来越复杂，组织偏好的协调机制就从相互调节转向直接监督，再到标准化；而标准化既可以是工作流程标准化，也可以是工作输出或员工技能标准化，最后又回归到相互调节上来。有的工作本身和工作结果都无法标准化，那么组织只能通过将员工的技能标准化来实现工作协调的目的。比如陶器厂直接从学校雇用制陶工人，医院直接雇用医生。明茨伯格举例说："麻醉师和外科医生在给病人切除阑尾时，几乎不用交流，凭借其接受过的培训，他们就知道从对方手里接过什么器械。"增强事业单位管理工作协调性的主要方法就在于，如果其产品无法标准化，那么通过流程标准和技能标准是最有效地实现协同增效的方式。事实上这样的标准化在各个行业中已经有了发展的历史。在医院里面，护理人员即使不懂医术，但通过标准化的流程规则，以及服务技能的专业培训，也能实现职业化；在银行职员中，前台人员通过制度学习和专业培训，也实现了职业化的办公；现代工厂里的安全员并没有一个标准的工作输出，而在熟悉和严格执行标准化流程中，实现了自身执行技能的标准化，最终也实现了职业化的发展。大多数行业也都在经历类似的发展过程。

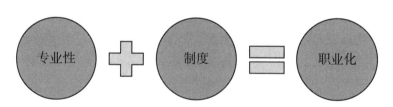

图 8 - 1 职业化简析

事业单位使命的确立是管理人员职业化的终极服务目标。作为组织而存在的事业单位，必须思考自身存在的意义，这就要回到德鲁克所提到的三个重要问题上：我们的业务是什么？我们的客户是谁？客户认可的价值是什么？追根溯源，对于这三个问题的回答是公共服务、公共产品有效的供给（包括质量与效率）。事业单位管理人员职业发展要以事业单位的使命达成为重心，那么管理者首先应是对自己有一个工作使命的定位——寻找专业化和效率以提升工作本身的意义并最终实现管理人员自我的职业地位和发展。在现有形势之下讨论事业单位管理人员职业化建构的必要性，是需要一个战略定位的，即事业单位管理人员在职业化建构之后，最终会达到什么样的预期目标的问题。职业化的事业单位管理人员，应该是以有助于事业单位使命达成为最终目标的。对于事业单位使命的分析，套用非营利组织的目标尽管是一个可取的思路，但会忽视事业单位的特殊性——国有资产的参与和公益性。① 首先，对于管理人员来说，既要保证国有资产参与下事业单位的效率保持在一定高的水平上，也要解决其效能问题，即主要解决社会中不宜由社会和企业提供的公共产品的有效供给问题。其次，在谈到事业单位运作时，就管理岗位的具体工作内容而言，需要明确管理工作是协调、组织、控制等模块的合理性运作②，并在此基础上保障事业单位功能的实现，那么在整体上，管理人员的定位在于保障和服务于与公共服务和产品相关的专业人员以实现相关专业性公共服务和产品的供给。由此，事业单位管理人员职业化的目标也就较为清晰地呈现，即定位于事业单位相关专业职能的保障和服务，通过自身管理流程和相关制度的变革，促进事业单位管理人员职业身份、职业能力、职业通道的形成，从而提供高效的单位内部公共服务，实现事业单位组织使命。

　　管理的进一步分工是管理人员走向职业化的重要基础。分工一直是社会进步的重要标志之一，也是提升效率的关键所在。在事业单位运作中，随着不同类别工作专业化程度的提高，分工越来越明显，这也对管理工作带来了一定的影响。总体来看，事业单位的管理面临两类分工的现实需要，它迫使其管理岗位应由职业化的、专业化的人员来胜任。两类分工中，一类是管理专业越来越细化，增加了职业发展的知识和能力深度。在新中国成立初期，仅仅需要熟悉一套行政规范就足以应对事业单位管理工

---

① 借鉴非营利组织改革，最重要的在于从其关注的最终价值出发，也就是用改革的非营利逻辑代替市场逻辑和行政逻辑。参见李文钊、董克用《中国事业单位改革：理念与政策建议》，《中国人民大学学报》2010 年第 5 期，第 134～142 页。

② 控制和指挥两项管理职能是事业单位高级管理岗位的主要内容。

作的大部分内容。当前则是需要了解不同单位性质的专业知识（例如医疗管理、教育管理、项目管理等）、不同管理学科的专业知识（例如财务管理、人力资源管理等），以满足日常管理工作的需求。这种专业的分工更多体现在专业的知识、能力的要求上，即通过规范岗位对工作知识、能力的要求，提高其工作人员相应的职业素质。通过一类专业等级、专业标准的提高，来促进工作人员梯度发展，建构一类职业的基本秩序。在很多专业技术领域，这一模式得到了很好的运作，工作人员通过不断提升自身的专业知识、实验水平等争取更高的职业头衔，获得专业的更高权威，以及获得更高的职业声望和地位。事业单位管理人员面对细分的专业趋势，应在职业化的模块中突出一种纵向知识和能力提升的梯度，以激励其专业性的提高。另一类是管理在事业单位运作中的分工，需要稳定的人员留驻特定的岗位。管理岗位在事业单位的地位不可动摇，一些关键管理岗位甚至决定了事业单位自身运作的秩序和方向。普通管理岗位由于承担了事业单位整体运作的相关职能，成为保障事业单位正常运作的关键部分，也是不可缺失的。因此，保证管理岗位工作人员的稳定性也是保证事业单位合理运作的基础所在。职业化的一个重要作用在于提供稳定的职业发展秩序和通道，以吸引和留住岗位上的工作人员，实现其在现有岗位职责范围内的流动和发展，这样一来，即使是不同单位人员的流动也不会对单位运作产生大范围的不良影响。

效率的提升是对事业单位管理人员职业化的要求，也是一种检验。从行政序列分离之后，事业单位对于运作效率的要求通常是以企业为参照系的。尽管不能完全参照，也无法进行企业化运作，但提升管理效率的可能性在事业单位改革中也是难以回避的一个重要议题。对于效率的研究更多的经验支持来自企业。而一向管理效率低下的行政组织也从企业化的改革思路中获得了灵感。这些方法包括目标管理方法、流程再造、质量管理、职能转变等。这些有效的管理改革，一些是从功能上改造，一些则来自流程。严格地讲，功能的改造是分离和结合的方法，是从整体上剥离与主要职能无效的工作，减少无用功，以提高效率。对流程的改造是提升管理效率最为关键的方法，它包括标准化的动作、模块设计、流程的重组等，如通过设计一类标准，制定相应的规范来直接提高管理的效率。在独立于行政秩序之前，事业单位参考的是行政管理方式，因此，对于效率的追求，行政部门走在事业单位的前面，因为它将主要职能之外的管理工作分离于行政管理之外，尽管并没有完全分离，但事实上已经是行政改革的一大进步。事业单位管理的效率提升，也在分类改革的整体框架之下进行，通过对以社会功能定位为依据的划分，来保留事业单位的主体功能，再通过具体的岗位划分来实现对流程标准化的管理。因此，在独立于行政部门之外的事业单位改革中，对于向管理要效率，需要对管理人员进行一种职业化标准的建构，在独立之初，这种探索和改革显得尤为重要，职业化的标准既是对管理模块、管理流程的熟悉，也是对管理工作在事业单位中整体目标的重新锚定。

一套科学的职业发展制度是职业化最直观的显现。事业单位管理人员脱离了传统行政人的身份，考虑到单位性质的特殊性，不能按照企业人力资源管理的思路，在这种情况下，需要明确自身的身份。在以岗位管理为基础的现代人力资源管理制度下，岗位意味着责任、工作任务、薪酬待遇等各种事物的集合，被聘到其位的人员即享有相应的待遇，承担相应责任，集合的事物越多，其岗位所附带的身份就越明显。同一岗位性质上的工作人员需要一种共同的社会身份，以确定在社会工作分工中的合法身份。与行政身份脱离不完全，既有事业单位性质的现实要求，也有事业单位改革惰性的原因。以国有资产、公益性为特征的事业单位属性赋予事业单位管理人员一种"国有"的身份，管理人员不愿意脱离带有"公务员"特性的身份特征，不愿意放弃其背后所附带的经济保障和政治地位。尽管事业单位法人治理的调整使得事业单位在从属关系上有了一定的独立性，但管理人员的权力偏好性使其独立的身份性难以得到认可，即使在无法晋升、待遇较低的生存发展困境之下，其身份认同也还是偏向于行政人。随着社会组织的发展，社会的进一步发展，独立法人的事业单位不能再依靠行政部门，需要独立的管理秩序，强化自身的属性，为组织中的人员提供新的发展通道，以建立一种稳定的职业，形成一种新的、独立的身份，而不是在同一工作层面，具有双重或多重的身份。

在职业类别多样的现代社会，提供一种合法、合理的身份就在于给予其工作岗位，并以岗位为基础激励其在岗位上创造社会财富，以财富创造来定义其声望和身份。事业单位管理人员职业化的构建可以从制度上保证一种职业人身份存在的合理性和合法性，更为后续事业单位管理人员的敬业、专业、贡献、效率等提供一个总体的保障。因此，在事业单位管理人员尚未形成一种立足社会的职业身份的情势下，建构职业的身份是职业化的主要目标之一。

## 第二节　事业单位管理人员职业化简要模型

通俗地讲，职业化就是某一工作及其工作人员如何走向有序、稳定的专门化的过程。因此，职业化的主要内容基本体现在专业性、道德规范、社会认可、稳定的收入等方面。从水平上看，不同职业的职业化水平是有差异性的。例如，律师和护士在当前社会中都是一个专门化的职业。但相比律师来说，护士的职业化标准远远没有律师的标准高。从两类职业从业者的资格获取难度、收入、社会声望等方面看，护士的职业化远远不及律师。尽管造成两类职业差异性的原因更多需要从社会的需求层面来判断，但是一个严格的标准对于一类职业来说，犹如社会官僚制的台阶，高的标准所带来的认同和利益对从业者来说是更有利的，对职业的发展也是有促进作用的。

对于事业单位管理人员的职业化分析，由于管理工作的复杂性和事业单位管理水平的滞后，难以归纳和制定出一个统一的标准，但是可以从职业化的基本特征上寻找有效的标杆。针对社会中各类管理人员的专业化分析基本形成了一个初步的职业化要素框架。它包括：专业性、社会地位、职业组织、道德规范、职级薪酬等方面（如图 8 - 2 所示）。

在这个基本框架之下，我们很容易就能找到事业单位管理人员在各方面的不足及问题。

在社会地位层面，事业单位管理人员的身份从公务员转向行政人员，再到一个事业单位的管理人员，但是总体上看，这种身份是模糊的，更多体现出单位的特征，即高校的行政人员、医院的行政人员，再加上事业单位编制身份，不能体现出其事业单位管理者的社会身份，也就无从谈及其社会地位和职业声望。造成这种情势的原因更多是管理制度无法及时调整和自主创新。事业单位管理人员在各种身份转型中是模糊的，无法定位自身在事业单位中的价值。那么，寻找事业单位管理人员职业化社会地位，可以尝试从定义事业单位管理人员使命开始，以工作价值的大小作为判断个人职业价值的因素之一。

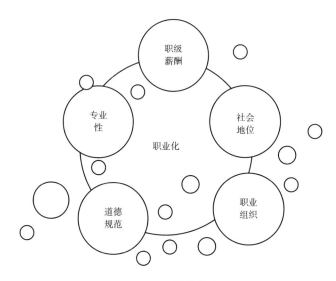

**图 8 - 2　职业化的基本要素**

注：图中各个圆代表不同的因素，圆圈大小代表重要性，与职业化中心圆的交汇程度
代表其与职业化的紧密程度。

在职业协会层面，一个职业协会组织的存在、大小与强弱在一定程度
上反映了该职业的兴盛程度。事业单位管理人员没有协会组织，取而代之
的是行政化的管理组织。尽管称谓都是事业单位管理人员，也享有这一身
份所带来的基本薪酬待遇，但是没有定位于提升事业单位管理人员自身水
平的协会组织，事业单位管理人员只要在满足基本资格以后，通过考试选
拔，即具备了从事工作的条件，也就有机会获取永久的身份资格。不同的
是，社会各类行业标准组织，及其制定的标准是发展的，即专业标准、专
业能力是不断根据工作任务的复杂性和丰富性而动态调整的。从当前来
看，事业单位管理人员的"行业组织"及其制定的标准分别表现为行政部
门及其颁布的各种改革规章。①

在管理工作的专业性上，事业单位管理人员可能是职业化要素中最为
符合的一项。从事业单位管理人员的任职资格中可以看出，基本要具备一
般管理的知识和能力，带有其他专业属性的（例如财务、档案）工作人员

---

① 从功能上看，协会组织和行政组织制定的事业单位管理人员职业资格标准其实是一样的，
只是主体不一样，而且，协会组织的出现需要一定的市场化推动，但在现有行政管控下，
这暂时难以实现。因此，后续职业化探讨不涉及协会组织建构问题。

还需要具有相应的专业知识和实践能力。但是单一的岗位分类则降低了专业性。那么对事业单位管理人员专业性的分析需要界定综合行政专业和专业性管理专业。

在职业道德中，事业单位管理人员并没有明确的职业道德规范，仅有的是《事业单位工作人员处分暂行规定》，而这一规定给出的是一道职业底线，可供参考的只有面向所有职业的"社会主义职业道德"。考虑到事业单位性质以及其身份的原始背景，从一般职业道德和公务员职业道德的结合处也能够寻找其职业道德的基本点。

在发展通道和薪酬增长上，事业单位管理人员参照的是行政晋升，工资随职级增长而增长，并没有建立自身的晋升秩序。考虑到现在职员制度改革思路，在职级重新设计上，事业单位管理人员可以在十级框架之下探索新的职级改造。值得注意的是，事业单位管理人员发展通道在和薪酬挂钩时面临一个适度性的问题，也就是说，如果晋升通道与薪酬挂钩不够紧密，那么晋级对于个人的激励效果将不会太明显，而如果晋级通道和薪酬挂钩过于紧密，晋级则成了一个赢取报酬的关键通道，事业单位管理模式将变成企业运作的模式，不利于工作的可持续性，也将导致事业单位偏离公共性。

一项制度的合理建构，需要建立在解决当前问题的前提下，也要立足于战略发展的需求。围绕当前事业单位管理岗位人员出现的问题进行归纳和分析发现，服务于事业单位核心业务是事业单位管理人员的定位，以管理技能和知识等提高工作熟练程度和创新是其职业化的内在核心，相对独立的管理人员晋升通道的设计是其职业化的基本条件，保障事业单位公益性的有效运行是事业单位管理人员职业化的主要目标。由此产生事业单位管理人员职业化的几个核心要素：管理人员的使命定位、职级设置、职业规范、知识能力构成（如图8-3所示）。

在职业化要素方面考虑的是职业化的内在性，职业化的形成少不了外在动力。所谓的外在动力，一方面是消减阻力，另一方面则是提供动力。在事业单位管理人员职业化过程，最大的外在阻力在于行政化。因此该模型的进一步完善必须考虑"去行政化"的问题。改革开放的经验表明，市场的力量是巨大的，利用市场力量打破原有禁锢和开拓新的发展局面是一条值得深入探索的道路。只有发挥事业单位在市场中的主体作用，激发其发展活力才能带来更大的社会效益。事业单位管理人员职业化本身是一种探索如何融入社会大市场的行为，外在的动力因素在于，在提供有效财政保障的基础上，实现单位的自主性，以及事业单位管理岗位之间的职业流动性。职业化动力解析如图8-4所示。

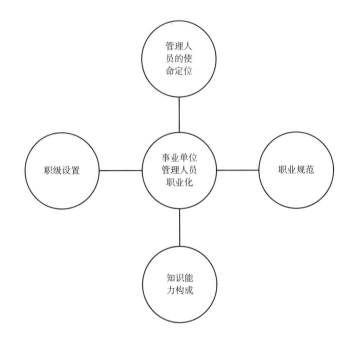

图8-3　事业单位管理人员职业化要素

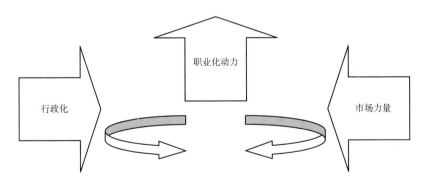

图8-4　职业化动力解析

# 第三节　走向职业化的事业单位管理人员

## 一　事业单位管理人员使命定位

就像事业单位的使命定位在为公众提供有效的公共服务，以实现其职能的价值一样，事业单位管理人员的服务性定位也是其职业发展的路径选择。如何实现人的发展和单位使命的协同，首先需要解决的是拟合方向的问题。

结合我国事业单位管理人员身份及其作用的转变历程分析发现，管理人员在事业单位中的角色定位在于服务，具体而言应是事业单位内部公共服务的提供者。事业单位内的公共服务包括一般的行政类服务，还包括财务服务、人才管理服务等，岗位职责都导向了事业单位主体业务，为社会提供有价值的公务服务产品，诸如提供教育公共服务、卫生医疗、交通保障等。这些与事业单位使命联系较密切的公共服务提供，又都依托于专业技术岗位工作人员的直接贡献，而不是由管理人员直接提供。

管理人员在事业单位中的服务定位具有双重意义。一方面，管理人员服务定位首先是解决管理权力和专业技术在事业单位中的地位的争论问题，解决了管理人员工作方式的问题，即从管控转向了协助供给。在专业性质较强的事业单位，技术工作一直是以专业性公共产品的生产和有效供给为基础的，管理人员的定位在于有效协调和调配内部的资源，以实现专业性公共物品的生产或服务的提供；在以管理岗位为主的事业单位，管理的定位也是为了外部资源的有效调配，以实现其公益性的总目标。无论是专业技术还是管理，只要是在事业单位属性之下，管理的最终目标都在于服务事业单位的使命，而不像行政机构那样会偏向实现权力的有效分配，这样将事业单位管理的意义从繁杂的行政事务中解脱出来有利于事业单位内部的"去行政化"。另一方面，管理人员的服务定位还在于解决事业单位管理的专业性问题，即服务的专业性，在缺乏专业服务定位的前提下，事业单位的管理内容包含太多无关内容，这些管理内容本应被精简或被市场化，例如后勤的管理工作等。在精简思路的探索下，管理人员的工作内容被分为两大类别，并形成了两大服务体系。一类以综合管理为中心，其岗位涉及工会、办公室、党委等，工作特征一般体现为行政事务，其服务是对行政隶属关系的负责；另一类是专业性的管理，诸如财务管理、档案管理、人力资源管理等，其工作特征体现为较强的专业性知识管理，其服务是对事业单位本身的有效运作。事业单位管理定位如图 8 – 5 所示。

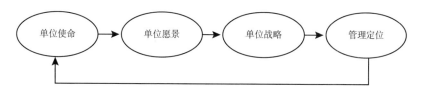

**图 8 – 5　事业单位管理定位**

　　实现管理人员的服务定位需要通过创建管理人员的使命陈述来完成，即通过创建使命陈述，创造管理工作的使命感，建立关于管理工作基本目标的共识，以简洁的声明表达这种共识，并以此作为组织的指向标来指导人们的决策。① 保障和促进管理人员产生积极的使命感，首先，需要构建一个平等和谐的组织环境。这就要求事业单位破除行政等级差异的观念，建立彼此的认同感，在坦诚、和谐的组织氛围中才能将事业单位使命植入个人，对于使命中的核心价值和目标产生共鸣，从而激发管理人员的使命感。其次，培养事业单位管理人员的使命感可以依托学习型组织建设来强化。当前进行的学习型单位的建设是学习型组织理论的具体应用，面对复杂多变的社会环境，以主动学习的姿态来应对新挑战本身就是对僵化体制的一种反思。在学习型组织建设中，个人、团队或组织都能获得持续性学习的机会，组织成员一般具有强烈的学习意识和自觉性，不再依赖等级和行政命令来支配，而是需要在一个共同构建的愿景下发挥个人的自主性和自觉性。在这样的组织建设中，事业单位愿景、战略、文化、结构及过程均支持成员学习，学习成果将直接运用于工作流程的改善，管理人员能够通过有效的学习行为增加处理事务的灵活性，从而大大提高自身的工作效率和服务水平（如图 8 – 6 所示）。②

　　再者，要关注事业单位管理人员对使命认同的差异性。西方公共服务动机理论认为，有些人具有为他人做好事和塑造良好社会形象的意向，对

---

① 〔美〕戴维·奥斯本、〔美〕彼得·普拉斯特里克：《政府改革手册：战略与工具》，谭功荣译，中国人民大学出版社，2004，第 562 页。

② 施养正：《我国建设学习型政府的思考》，《管理世界》2011 年第 7 期，第 171～172 页。

公共服务有着更为纯朴的动机。① 对于高服务动机的个人来讲，清晰的服务使命更能唤起其个人的使命感，也将使服务更有效率和具有持续性，管理人员对自己的工作有清晰认识时就会更加主动地去完成自己的工作和一些他们认为重要、可以达成的有挑战性的工作。② 因此，在选拔和培养管理人员过程中，强调对公共服务动机的考察可以更有效地保障组织的稳定性和政策执行力。值得补充的一点是，培养组织成员的使命感要通过多样化的教育方式来实现。一个较好的实践性教育正在实行——通过基层培养、基层挂职等在单位间进行交流，在艰苦基层的体验和锻炼能够让个人深刻地感受到管理工作的重点和应坚守的价值选择。

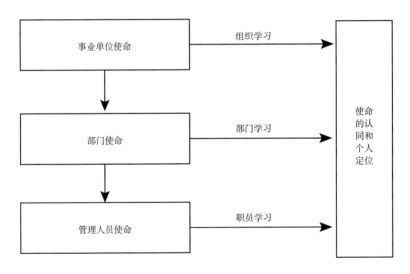

图 8 - 6　管理人员使命学习和定位

围绕使命完善绩效考核体系是将使命与责任结合的现实路径，也是事业单位管理人员使命在现实中的最终落脚点。以使命为依据的绩效考核体系应关注起点、指标和可持续性三个角度。首先是建立的起点从职责向使命转移。从理论上讲，绩效考核的指标设定必须依据组织使命细化而来，绩效考核的内容应同使命强调的价值、目标和相关者的利益相一致。但在

① James L. Perry, Annie Hondeghem, *Motivation in Public Management*: *The Call of Public Service* (Oxford: Oxford University Press, 2008), p. 3.
② Bradley E. Wright, "Public Service and Motivation: Does Mission Matter?" *Public Administration Review*, 2007, 1 (2), pp. 54 - 64.

现实当中并非如此，绩效管理指标设定的实际路径是从岗位职责出发，如果在科学的职位分析尚未建立的组织中，将岗位职责作为绩效考核指标设定的起点，则实属建立了一个空中楼阁。其次，要关注绩效考核指标设置的合理性。有学者提出从价值观念上对绩效管理进行科学的定位，要充分认识绩效管理的系统性、战略性和全面性，不能将绩效管理当成目标压制和任务控制的手段，而要使绩效管理升华为推进公共责任机制重建、政府战略使命管理、扩大公共行政公众参与、推进依法高效文明行政的综合机制。这一思路的核心在于解决政府绩效管理混乱的局面，以公共价值为中心来设置绩效考核指标，在使命层面上，也就是围绕使命而建立科学的绩效指标体系，并通过绩效管理实现组织目标。最后，需要强调的就是绩效的持续性、政府绩效管理的可持续性包括政府绩效评估行为和内容的可持续性、政府绩效结果使用的可持续性。作为过程的政府绩效管理，需要进行评价、反馈、沟通和改进才能促进其不断创新，从而持续提升政府绩效水平。要延续这种可持续性可以从提供法律法规支持，改变工作重心随领导任期变更，调整政府绩效评估的管理主义倾向等方面进行改善。但最重要的还在于从重视管理向重视公共价值转变。

## 二　事业单位管理人员职级设计

不同于企业的是，事业单位由于具有非营利性，其管理劳动不能参与剩余价值的分配。对于管理人员的激励问题，除了一般的福利、奖金之外，更为重要的是晋升制度保障，即提供个人发展的通道。将晋升发展作为管理人员参与价值分配的机制多集中于行政机关，国际上行政机关普遍采取的做法就是稳定的福利保障、一般的薪酬待遇和可企及的晋升通道①。事业单位不同于行政部门的一点是，事业单位是提供公共产品的，管理人员参与公共产品的价值产生和实现过程，可以探索区别于行政机关的价值分配模式。这也是为什么在有些国家，类似事业单位的组织的薪酬水平一般会高于公务员。

考虑到事业单位管理岗位十级模式的价值以及改动难度，管理人

---

① 在新加坡、芬兰等国家，以高薪为手段的廉政建设虽然取得了一定成果，但并没有引起国际大范围效仿。在中国，有学者论证了高薪预防腐败的作用只是必要条件而非充分条件。有学者从文化、制度、国情角度解释其在中国难以实行的原因。参见谢明《论"高薪养廉"》，《北京行政学院学报》2002 年第 3 期，第 14 ~ 19 页；屠莲芳《高薪养廉在我国不宜实行》，《理论学习与探索》1996 年第 4 期，第 25 ~ 29 页。

员的职级设置可以在既定框架之下进行细化、灵活的调整。但是从地方的实践经验上看，这些改动并没有从激励管理人员成长、调动工作积极性方面进行调改，而是简单的套用。① 例如在温州的一项事业单位职员制度改革的方案设置中，根据单位隶属关系和行政级别来重新排序，划定最高职级和最低职级，包括一级职员、二级职员、三级职员、四级职员、五级职员和六级职员，其中四级及以上职员又分副职和正职。担任领导职务的人员不再按规定确定职员等级，享受同职级待遇。在非领导职务上面一人一职（因工作需要，经任免机关批准，可以在事业单位内兼任一个实职）。但是在对应关系、各级职数的控制上，其思路（主要是工资上）是直接对应，即六级职员执行现在十级职员的岗位工资；五级职员执行现在九级职员的岗位工资；四级职员（副职）执行现在八级职员的岗位工资；四级职员（正职）执行现在七级职员的岗位工资；三级职员（副职）执行现在六级职员的岗位工资。地方职员职级设计示例见表 8 - 1。

表 8 - 1  地方职员职级设计示例

| 地方职级 | 国家职级 | 单位级别 |
| --- | --- | --- |
| 二级（正） | 国家三级 | 正局级 |
| 二级（副） | 国家四级 | 副局级 |
| 三级（正） | 国家五级 | 正处级 |
| 三级（副） | 国家六级 | 副处级 |
| 四级（正） | 国家七级 | 正科级 |
| 四级（副） | 国家八级 | 副科级 |
| 五级 | 国家九级 | 科员 |
| 六级 | 国家十级 | 办事员 |

重新设置职级序列十分必要，在国家职级序列下，按照有利于专业提升原则细分管理岗位，按照发挥职级激励作用原则拉长等级，按照激发事业单位整体活力原则实行动态等级设置。表 8 - 2 为现有管理模式下的职员职级设置。

---

① 这一点也是由历史原因造成的，由于《事业单位工作人员工资制度改革实施办法》发布时间早于《事业单位岗位设置方案》，当前事业单位工资改革采用套改思路。

表 8 - 2　现有管理模式下的职员职级设置

| 单位级别 | 职员级别 | 决策管理类（领导） | 综合管理(行政、工会、办公室管理岗位等) | 专业管理（财务、人力等） |
|---|---|---|---|---|
| 正部级 | 一级职员 | — | — | — |
| 副部级 | 二级职员 | — | — | — |
| 正局级 | 三级职员 | 一级 | — | 专业类一级 |
| 副局级 | 四级职员 | 二级 | 综合类一级 | 专业类二级 |
| 正处级 | 五级职员 | 三级 | 综合类二级 | 专业类三级 |
| | | 四级 | 综合类三级 | 专业类四级 |
| 副处级 | 六级职员 | 五级 | 综合类四级 | 专业类五级 |
| | | 六级 | 综合类五级 | 专业类六级 |
| 正科级 | 七级职员 | 七级 | 综合类六级 | 专业类七级 |
| 副科级 | 八级职员 | 八级 | 综合类七级 | 专业类八级 |
| | | | 综合类八级 | |
| 科级 | 九级职员 | 九级 | 综合类九级 | 专业类九级 |
| 股级 | 十级职员 | 十级 | 综合类十级 | 专业类十级 |

　　这种设置综合考虑事业单位性质因素、岗位差异因素，采取动态等级设置思路，即对不同类别事业单位的管理不按照隶属关系确定其最高职员等级，而是按照事业单位的规模、技术力量、技术水平、管理评估等达到一定的标准，就确定其为相应的等级。规模缩小、技术水平下降时就及时降低事业单位等级。隶属关系中由于管理人员交流所需，按照隶属关系对应级别参加交流活动即可，而在单位的管理人员序列中，所有单位晋升只按照单位内序列进行。例如，以一个正局级事业单位为例，由于其规模、技术等因素在综合评价之后达到正局级，那么单位管理人员最高级别即为国家职员序列中三级职员，但在单位内部定为一级职员，从最高级到最低级依旧设立十个内部职员等级，在统筹管理人员队伍不同工作年限、学历、水平之后，在关键职级中可以重新进行拉长。例如在表 8 - 2 中，在六级职员和五级职员通道中，管理人员通过晋升到达"天花板"处，根据拟定的标准，将其分为两级以增加职级数，这便于职员晋升。相应地，由于事业单位规模、技术、职能等因素调整，那么应依据标准重新定义最高级，再由单位自主调整内部职级。

　　与动态设置思路同时进行的是将事业单位各类管理岗位按照工作性质的特点进一步细分，可分为决策管理岗位（涉及行政领导）、综合管理岗位（涉及一般行政）、专业管理岗位（突出事业单位各种辅助性管理特点和价值）（见表8 - 3）。在表 8 - 3 中，决策管理岗位一般承担单位行政职务，其领导作用决定了岗位的重要性，应给予决策管理岗位工作人员单位高级职员级别。在综合管理岗位上，由于事务性工作居多，如果个人工作的熟练程度足以应对日常工作，则最高综合管理职级可以相应比决策管理岗位低 1～2 级，再重新设定综合管理的十级职员序列。在专业管理岗位，例如一家综合医院的财务部门可能在单位运作和发展中发挥重要的积极作用，人力资源部门可能在护理人员的有效补给上提供重要的支撑，那么这些需要提高专业知识以适应新挑战的部门岗位，可以划为专业管理岗位，并将其提到和决策管理岗位同等的级别，且据此设置专业管理职级。

表 8 - 3　管理岗位细分

| 内容 | 决策管理岗位 | 综合管理岗位 | 专业管理岗位 |
|---|---|---|---|
| 工作核心 | 领导、决策、责任 | 事务、流程、协调 | 专业服务、专业价值提升、复杂操作 |
| 绩效、晋升标准 | 领导能力、效果 | 熟练度、流程创新、工作态度 | 专业知识、专业能力、服务水平 |
| 薪酬依据 | 责任、决策结果 | 任务量、方法创新 | 专业技能提升、为组织带来专业价值 |

　　职级与薪酬挂钩过于紧密并不是科学的选择，个人的发展经常与升职或加薪挂钩是有百害而无一利的，即使没有挂钩，但人们也往往还会将其联系起来。① 特别是在晋升被严格控制的情况下。如果事业单位不能在工资总额既定条件下自主分配，则应在管理岗位细分之后，从以职级为主的工资转向以各岗位工作职责为主的工资上面。专业管理岗位按照专业考核标准可以拿到专业津贴。决策管理岗位按照责任大小可以拿到职务津贴。综合管理岗位、专业管理岗位人员都可参加岗位的竞聘，实现竞争上岗。综合管理岗位按照事务性繁忙程度和熟练程度拿到任务津贴，通过考核工作认真程度、熟练程度等纵向晋升。对于当前管理人员的薪酬制度，考虑到其两个主要组成部分的关联性，可以在不改变事业单位管理人员使用的十个岗位等级的情况下，将原来的岗位工资和薪级工资加以合并，以形成一张完整的岗位薪级工资表。事业单位管理人员在岗位等级确定之后，如果所从事的岗位或职务没有变化，则岗位等级不变，但在岗位内部的薪级可以每年（或更长时间）调整一次。不过，薪级工资的调整幅度要适当，以使在总体岗位薪级工资不变的情况下，岗位薪级工资的年度加薪比例基

---

① 〔奥〕弗雷德蒙德·马利克：《管理成就生活》，李亚等译，机械工业出版社，2009，第163 页。

本上为 2% ~ 3% 。

管理人员岗位工资方案见表 8 - 4。

### 表 8 - 4　管理人员岗位工资方案

单位：元

| 岗位等级 | 岗位薪级工资标准 | | | | | | | | | |
|---|---|---|---|---|---|---|---|---|---|---|
| | 1 档 | 2 档 | 3 档 | 4 档 | 5 档 | 6 档 | 7 档 | 8 档 | 9 档 | 10 档 |
| 一级 | 5472 | 5663 | 5862 | 6067 | 6279 | 6499 | 6726 | 6962 | 7205 | 7458 |
| 二级 | 4238 | 4387 | 4540 | 4699 | 4863 | 5034 | 5210 | 5392 | 5581 | 5776 |
| 三级 | 3263 | 3377 | 3496 | 3618 | 3745 | 3876 | 4011 | 4152 | 4297 | 4447 |
| 四级 | 2597 | 2688 | 2782 | 2879 | 2980 | 3084 | 3192 | 3304 | 3419 | 3539 |
| 五级 | 2079 | 2152 | 2227 | 2305 | 2386 | 2470 | 2556 | 2645 | 2738 | 2834 |
| 六级 | 1691 | 1751 | 1812 | 1875 | 1941 | 2009 | 2079 | 2152 | 2227 | 2305 |
| 七级 | 1433 | 1483 | 1535 | 1588 | 1644 | 1702 | 1761 | 1823 | 1887 | 1953 |
| 八级 | 1273 | 1318 | 1364 | 1412 | 1461 | 1512 | 1565 | 1620 | 1677 | 1736 |
| 九级 | 1066 | 1098 | 1131 | 1164 | 1199 | 1235 | 1272 | 1311 | 1350 | 1390 |
| 十级 | 993 | 1023 | 1054 | 1085 | 1118 | 1152 | 1186 | 1222 | 1258 | 1296 |

　　这个方案的特点是将原来的职员制度中的岗位工资和薪级工资合并，形成一张完整的工资表。一旦事业单位管理人员的岗位等级确定，在没有调整岗位或职务晋升的情况下，岗位等级便相对稳定。但事业单位管理人员会通过两个途径涨工资，一是在本岗位等级内部可以按照工作年限和绩效考核结果沿着薪级进行调整，二是整个工资表的工资水平可以根据物价水平以及市场上的企业工资平均上涨幅度进行一年一次或两年一次的调整。这种设计一方面简化了事业单位管理人员的基本工资表，另一方面给事业单位管理人员带来更高敬业度和满意度。[①] 在合成一张工资表之后，大家就会感到自己的工资每年都是在上调的，只是不同的岗位等级上调的幅度有差异而已。而且，下一级岗位上的职员在工作时间较长的情况下，岗位薪级工资很自然地就能够达到并且逐渐超过上一级岗位职员的最低一

---

① 事业单位管理人员工资结构包含岗位工资和薪级工资，从原始薪级表可以看出，薪级工资的最小级差是每个月 11 元，最大级差也仅仅为每个月 80 元，尽管薪级工资每年都上调，但对于绝大多数没有行政级别的事业单位管理人员来说，薪级工资几乎可以忽略不计，比如，九级职员的最高薪级工资等级为第三十级，即 703 元，仅仅比第二十九级的薪级工资 673 元高 30 元。这种工资增长在物价大幅上涨的情况下就显得"微不足道"。

级岗位薪级工资。在表 8 - 4 中，十级职员岗位的 4 档岗位薪级工资就已经超过了九级职员岗位的 1 档岗位薪级工资，其最高档 10 档的岗位薪级工资甚至已经超过了八级职员岗位的 1 档岗位薪级工资。这种设计实际上为各个岗位等级上的职员都提供了超过上面一个到两个甚至三个岗位等级的工资水平的机会。上述举例仅仅列举了 10 档，如果拉长到 20 档或者 30 档，则可能发现不同岗位等级之间的工资水平交叉情况更明显。此外，薪级工资的调整也不一定全部确定为每年上调一级，比如，可以确定为在同一个岗位等级任职的前十年每年上调一级薪级工资，满十年以后每两年上调一级薪级工资。因为如果在同一个岗位上任职十年以上而没有岗位变化，则说明任职者的知识和技能并没有实质性的提高，只有资历在增加，且没有更多的经验积累。

### 三 事业单位管理人员的专业性

事业单位对于管理人员的知识和能力无法给出一个明确的标准，尽管在很多领域，普遍通过调查分析来制定岗位胜任力模型来实现，但是在具体效果上，管理效率提升并不大。这可能是由管理工作本身的复杂性所决定的，正如马利克所言，"我们能确定百米运动员、跳高运动员所需达到的要求，然而，对于一般管理员或普通经理，我们几乎无法确定对他们的具体要求。即使可以做到，也会因过于普通、含糊而令我们无从做起"①。

对于任何一个专业，我们通常是拿专家和初学者做对比，而不是对专家和有经验的非专家进行对比。事实上对于专业的理解，特别是管理专业，还应重视从事熟练活动的过程。区别专家和非专家的不只是技术，也不只是知识，还有他们处理问题的方式：专家可以解决问题，有经验的非专家进行例行实践；专家在相关领域不断推进，努力对工作中的结构性问题进行重新思考，而有经验的非专家把问题限制在常规中，囿于自身习惯。② 在事业单位管理人员的专业性提升上，主要考虑通过现有管理专业学习与实际工作需求的结合来拟定管理人员专业能力和知识的基本框架，继而实现将管理理论学习更有效地转向管理实践。从战略统筹上看，需要将高校公共管理专业和事业单位有效对接，并通过改革公

---

① 〔奥〕弗雷德蒙德·马利克：《管理成就生活》，李亚等译，机械工业出版社，2009，第 242 页。

② Bereiter, C., M. Scardamalia, *Surpassing Ourselves：An Inquiry into the Nature and Implications of Expertise* ( Chicago：Open Court , 1993).

共管理学教学方式和方法来实现事业单位管理人员知识和能力的有效转换①。当前高校大量招收 MPA（公共管理硕士）硕究生，一方面对政府、事业单位管理人员进行管理培训，另一方面则是对公共管理后备人才库的建设。个人的专业学习最终应用到公共管理岗位上是一个探索的问题。

由此，对于事业单位管理人员能力的考察标准，我们应从工作场合需求方面进行分析，将管理者能力划分为基础技能和工作场所能力。② 根据美国全国性调查分析得出，一般毕业生所应具备的能力更多体现出综合管理工作的要求，可以将其作为一个基本框架来借鉴。对于基础技能（见表 8-5），通过在事业单位管理人员招考中就能够有所考察，笔试、面试基本上覆盖了所有对基础技能的考察。人岗匹配原则不仅要求岗位求职者的知识结构更好地适应岗位需求，还更关注管理者的胜任能力。在冰山理论模型③中，价值观、自我认知等方面构成了个人能够胜任工作的重要因素。外在的知识和技能很容易识别，并作为评价个人素质的直接依据，而内在的动机、个人特质等因素则往往被忽视。当前，关注事业单位管理人员的专业能力问题，不能简单以学历、工作经历等外显的因素作为评判和选拔标准，应结合内在的特质、动机等因素与岗位需求匹配度来综合评价。

表 8 -5　基础技能

| 基础技能 | 涵盖项目 |
| --- | --- |
| 基本技能 | 阅读、写作、算数、听说 |
| 思考能力 | 创新、决策、处理问题、深刻认识问题、学习、推理 |
| 个人素质 | 责任感、自尊、自信、社交、自我管理、诚信 |

---

① 北美等地区的 MPA 教育多以课程学习为主，一般不要求论文，而我国 MPA 教育则采取"课程+论文"的双模式。对于这方面的改革当前仍有争论，赞同者认为论文设计可以提高综合能力，反对者则强调应用案例的重要性。参见沈勇、程文浩《中国 MPA 教育：十年总结与未来展望》，《清华大学教育研究》2009 年第 3 期，第 59~65 页。

② What Work Requires of Schools：A SCANS Report for America 2000，摘译自美国劳工部官方网站，http://wdr. doleta. gov/SCANS/whatwork/whatwork. pdf。SCANS 全称为 Secretary's Commission on Achieving Necessary Skills。

③ 由麦克利兰在 1973 年提出，他将人员素质的表现分为表面（冰山以上部分），包括知识、技能；深藏在内（冰山以下部分），包括社会角色、自我形象、特质和动机。

对于工作场所能力（见表8-6），事业单位管理人员的服务使命决定了其在工作场合中需要对各类资源予以熟练掌握、有效地协调分配等，这基本涵盖了资源、人际关系、信息、系统、技术等能力。在这些能力中，一个很重要的能力是对工具的选择和应用，工具并非管理这种职业的目的和目标，但是使用工具可以让烦琐的流程和任务变得极其简单，有效地提高效率。事实上对于管理工具有专门的一个总结，共包含七类：会议、报告、工作设计和任务控制、个人工作方法、预算、绩效评估和系统的垃圾处理。① 事业单位管理人员日常工作可以通过精确地、专业地使用这些工具来实现效率和质量的飞跃。

表8-6 工作场所能力

| 工作场所能力 | 涵盖内容 |
| --- | --- |
| 资源 | 认识,组织,计划以及分配时间、金钱、资料设施和人力资源等 |
| 人际关系 | 团队合作,传授他人技能,服务顾客,运用领导力,协商谈判,处理分歧 |
| 信息 | 获取、使用、组织、保存、理解、沟通信息,包括使用计算机进行信息处理 |
| 系统 | 理解复杂的相互关系,理解系统,监督并纠正行为,提高或设计系统 |
| 技术 | 与多种技术打交道——选择技术和工具,把技术应用于工作中,维护并排除故障 |
| 事业单位特性相关知识的运用 | 掌握与事业单位特性相关专业的知识流程、特点、政策等,将其应用于综合管理中以提升辅助工作的效率 |

各类型的事业单位岗位需要的知识也是复杂的，可以进一步细分，诸如行政管理、人力资源管理、财务管理、质量管理、战略管理等岗位经过实践和理论创新已经形成了新的专业体系。这些体系有的围绕工作内容建立，有的根据组织特性建立，有的则根据行业属性建立。一个有效的管理系统必须能够做到各类专业管理有效协调和匹配。例如，医疗卫生行业的管理可能需要专业的财务管理人员，也需要行政管理人员、质量管理人员、风险管理人员等。在事业单位普通的事务性工作中②，为了更好地达

---

① 〔奥〕弗雷德蒙德·马利克：《管理成就生活》，李亚等译，机械工业出版社，2009，第181页。
② 这里的事务性工作是相对于医生工作来说的，不单指普通的行政工作，与医院医生工作相比，医院的办公室、后勤、会计工作都可被纳入事务性工作范畴。

成组织目标，提升效率，这些岗位都需要一些具有与组织使命相关联的知识的人员，以更好地促进组织使命的达成。随着管理与行业或组织特性结合得越来越紧密，社会中已逐渐形成了特定的专业管理知识。管理工作不仅关注个人知识的广度，而且越来越注重管理专业性和与组织相匹配的特定知识结构。

## 四　事业单位管理人员职业规范

职业道德规范是指从业者在职业活动范围内，应当遵守的与职业活动相适应的行为规范，是一定社会范围内道德基本要求在不同的职业活动中所表现出的特定行为规范。它主要体现为职业理想、职业态度、职业意义、职业纪律、职业良心、职业荣誉、职业作风等。严格地说，从古至今只有两类组织务实而为，系统地培训自身未来的管理者，并形成了有效的职业规范，以有意使他们能够胜任理论和实际工作，这两类组织就是军队和教堂。即使是在大公司中，最好的培训项目在持续时间和训练强度上也根本达不到它们的标准。[1] 职业道德规范作为一个形而上的约束机制虽然并未对个人地位、收入等产生较大的影响，但总体上看，这一规范影响从业者的职业声望，以及职业存在和发展的持续性。职业规范并不是空洞的伦理道德约束，而是专业人员在洞悉自身职业发展的各类隐患，为实现从业所带来的精神财富和职业的存续所制定的道德规范，它需要在经过大多数从业者的讨论、认同之后坚守。

职业道德规范并没有水平高低之分，也无要求高下之争。任何一种职业规范都从一个共同的职业理想出发，从态度、作风等方面规范自己的行为，完成个人在职业生涯中的使命，因此有一定的借鉴意义。例如在公务员职业规范中，以为人民服务为使命的职业理想，要求公务员"忠"：在权力使用上要"依法"，在岗位中要"尽职""顾大局"，在工作之外要树立"清廉""礼让"形象，在职业发展中要"专业"等，所有规范涉及从岗位本身到最终职业使命。社会公众职业规范更为宽泛，也具有普遍的借鉴意义。在实现社会和谐发展的使命目标上，各行各业遵照职业发展秩序，在诚信、公道、奉献等道德准则下，实现社会和谐的目标（见表8-7）。

---

[1] 〔奥〕弗雷德蒙德·马利克：《管理成就生活》，李亚等译，机械工业出版社，2009，第28页。
[2] 指代社会主义职业道德的内容。

表8-7　公务员与社会公众职业规范

| 公务员职业规范 | 社会公众职业规范[2] |
|---|---|
| 忠于祖国,忠于人民 | 爱岗敬业 |
| 遵纪守法,依法行政 | 诚实守信 |
| 忠于职守,勤奋工作 | 办事公道 |
| 顾全大局,团结协作 | 服务群众 |
| 清正廉洁,艰苦朴素 | 奉献社会 |
| 忠诚老实,实事求是 | — |
| 刻苦学习,精通业务 | |
| 谦虚谨慎,文明礼貌 | |

　　事业单位管理人员的最初身份是国家干部,他们是群众中的优秀者,国家公务员反映国家的整体形象,他们自然成为群众的楷模和标杆。[1] 事业单位管理人员尽管逐步在脱离"国家人"的身份,但是从事业单位的非营利性来看,事业单位管理者的职业道德水平从一个强制的职业道德约束转向了一个自律的道德约束。[2] 由事业单位管理工作以及事业单位管理者工作的特性出发,探讨其职业性所赋予的道德规范是有意义的。总结来看事业单位是不以营利为目的的,以增进社会福利为目标,主要提供公共服务和产品,以满足社会需求,也需要将国家提供的公共费用予以合理有效利用,从而提供一些政府无法顾及的专业性服务,由于具备大量知识的密集型员工需要成长为知识创新的核心,所以事业单位应改善社会生产条件。事业单位的这些特点表现出了与公务员类似的职业使命,但不同的是一类群体依靠的是权力的有效分配,另一类群体则通过依靠知识和技术创造更多的产品来实现。事业单位工作人员的规范应转向岗位工作本身。"如果因为没有达到某一职业目标,我们就会丧失自己应有的身份,这种情况对我们造成的痛苦跟传统社会中的人们在遭受尊严的损失之后感受到

---

① 张萃萍:《社会进步与人的发展的职业解读（当代敬业精神的价值及其培育）》,中共中央党校出版社,2003,第4页。

② 总体来看,公共管理这种新型的社会治理活动是行政管理职业化的延续,并且是建立在伦理关系基础上的社会治理活动。参见张康之《公共管理职业活动的伦理基础》,《中共中央党校学报》2005年第4期,第32~36页。

的痛苦并无二致。"① 道德规范最终如果能够实现这样一个效果,事业单位管理人员也就真正进入了职业化的范畴。

在事业单位中,与专业技术人员不同,管理人员的价值在于计划、组织、协调和服务,让组织资源向组织使命方向流动。缺乏公共精神的管理人员不仅影响工作的效率,而且在与权力结合的情况下,使"官本位"思想泛滥,这也可能导致腐败问题的产生。因此,在职业规范上,公务员的职业道德规范大部分适用于事业单位管理人员,但是,不同的是,事业单位管理人员应将工作本身作为其职业规范的起点。从岗位上看,通过协调、控制等职能,保障事业单位的高效运作,以实现高质量公共产品的提供应成为其职业的理想;在职业态度上,应爱岗敬业,提升管理水平;在职业责任上,则体现为服务事业单位,保障其高效运作。在基本纪律层上,事业单位管理人员应清正廉洁,事业单位对于违背相关职业纪律的应给予处罚(见表8-8)。

**表8-8　事业单位管理人员职业规范对应**

| 事业单位管理工作的要求 | 职业道德范畴 | 道德规范 |
| --- | --- | --- |
| 提供高质量公共产品 | 职业理想 | 保障和服务 |
| 提升管理水平 | 职业态度 | 专业敬业 |
| 服务事业单位 | 职业责任 | 忠于职守 |
| 公共投入 | 职业纪律* | 清正廉洁 |

注:*《事业单位工作人员处分暂行规定》已经人力资源和社会保障部部务会、监察部部长办公会审议通过,自2012年9月1日起施行。

值得补充的是职业道德受到行业更大的约束。在事业单位所包含的各类行业中,特别是具有承担重要社会责任的人员,例如医生、教师等,都具有自己的基本道德规范。这些基本道德规范也对事业单位管理人员产生一定的激励和约束作用,总而言之,事业单位管理人员的职业道德规范不可或缺,及早制定对于促进事业单位分类改革、转型及岗位工作者的职业发展有积极的促进作用。

---

① 〔英〕阿兰·德波顿:《身份的焦虑》,陈广兴、南治国译,上海译文出版社,2007,第108页。

# 第四节　小结

职业化的发展包含了两部分内容，一部分是需要专业化的思路去赢取专业技术的竞争优势，另一部分则是通过职业制度的构建来搭建一个让管理人员持续发展的环境。专业性的提升是一个内部精进的途径，制度则是外部推动力，二者的共同作用是推进职业化的基本路径。无论是专业化的精进还是外部制度因素的优化，都是通过优化组织的协调实现管理效率与效能。增强事业单位管理工作协调性的主要方法就在于，如果其产品无法标准化，那么确定流程标准和技能标准是最有效地实现协同增效的方式。

事业单位的公共服务特性决定了其管理人员职业化首先考虑的是组织，其次是岗位，最后才是个人的发展。三个方面的排序并不具有不可调和的矛盾，在职业化构建的平台中三者可以是协同的。事业单位管理人员职业发展要以事业单位使命的达成为重心，那么首先应是对自己使命的定位，在这个过程中寻找专业化和效率以提升工作本身的意义，最终才是实现管理人员自我的职业地位提升和发展。事业单位管理人员职业化的依据就在于这三个方面。第一，在使命定位方面，事业单位管理人员定位于事业单位相关专业职能的保障和服务，通过自身管理流程和相关制度的变革，促进事业单位管理人员职业身份、职业能力、职业通道的形成，从而提供高效的单位内部公共服务，实现事业单位组织使命。第二，管理分工的专业性及效率的提升需要在市场因素的激励下实现更大的飞跃，在提升的同时逐渐形成一种社会认同的价值规律。第三，重构职级实现身份发展需要，事业单位管理人员职业化的构建可以从制度上保证一种职业人身份存在的合理性和合法性，更是为后续事业单位管理人员的敬业、专业、贡献、效率等提供一个总体的保障。

事业单位职业化模型的构建是一个系统工程。由于管理工作的复杂性和事业单位管理水平的滞后，难以归纳和制定出一个统一的标准，针对社会中各类管理人员的专业化分析，基本形成了一个初步的职业化的要素框架，它包括管理的专业性、社会地位、行业的认同、道德规范、职级与薪酬等。由此产生事业单位管理人员职业化的核心要素：管理人员的使命定位、职级设置、职业道德规范、知识能力构成四个方面。同时，管理人员的职业化也需要考虑两个相冲突的外部环境因素冲击后的"成长夹缝"，一方面是消减阻力即行政化，另一方面则是提供动力即市场力量，二者受到冲击后即成为职业化的动力。

走向职业化的管理人员包括四个层面。第一，事业单位管理人员的服务性定位是其职业发展的必然选择，使命管理、组织学习等方法是建立有效使命的关键，辅之以科学的绩效考核体系将有助于达成使命。第二，事业单位管理人员职级需要重新设计，综合考虑事业单位性质因素、岗位差异因素，采取动态等级设置思路。不按照隶属关系确定其最高职员等级，而是按照事业单位的规模、技术力量、技术水平、管理评估等达到一定的标准，以确定其相应的等级。与动态设置思路同时进行的是将事业单位各类管理岗位按照工作性质的特点进一步细分，可分为决策管理岗位、综合管理岗位、专业管理岗位。在薪酬待遇方面考虑合并岗位工资和薪级工资，同时建立正常岗位等级晋升制度和市场化调节制度。第三，在事业单位管理人员的专业性提升上，主要考虑通过现有管理专业学习与实际工作需求的结合来拟定管理人员专业能力和知识的基本框架，继而实现将管理理论学习更有效地转向管理实践。对于事业单位管理人员能力的考察标准，应从工作场合需求方面进行分析，将管理者能力分为基础技能和工作场所能力。第四，通过对比公务员和普通社会公众职业规范，结合事业单位特点和工作岗位要求，明确以下内容：从岗位上看，通过协调、控制等职能，保障事业单位的高效运作，实现高质量公共产品的提供应是其职业的理想；在职业的态度上，应爱岗敬业，提升管理能力水平；在职业责任上，则要体现为服务事业单位，保障其高效运作；在基本纪律层面上，事业单位管理人员应廉洁忠诚，事业单位对于违背相关规定的行为应给予处罚。

# 第九章
# 总结与展望

　　基于事业单位涉及行业的多样性和管理工作任务的复杂性，事业单位管理人员职业化并没有一个严格的标准，难以用标准的学术模型来解释和说明。因此，构建管理人员职业化路径的重要意义更在于制度层面。建立了规范化的事业单位管理标准、基本的专业知识和能力框架、具有事业单位特色的职业规范、利于个人发展和专业能力提升的职员序列的事业单位管理体系，相比当前事业单位管理体系来说有所进步。通过事业单位职员制度改革实现管理人员的职业化并非一蹴而就。立足于事业单位提供更好的公共服务和产品的使命，大量的改革都放在宏观分类、财政支持力度和方向等方面，围绕事业单位的微观改革，诸如工资福利、评聘等制度调整，力度不够，收效甚微。建立事业单位职员制度是事业单位总体改革中的细小分支，受到分类改革、岗位设置、聘任制度等的影响。从对职员制度改革进程中的影响因素分析来看，管理人员职业化的障碍更多集中在制度层面。破解制度的束缚有赖于对政策机会的把握，在政策"窗口"开启之前就要做好充足的准备。就当前而言，宏观改革和微观调整是同步的，不能因为无法改动的制度安排就止步不前，推进事业单位管理人员职业化有赖于以岗位为核心，突出各类岗位职责。建立职业化的管理人员团队，不可闭门造车，不能局限于从事业单位既有的人员（编制内人员）中选拔和培养管理人员，需要以开放的态度吸纳事业单位之外的专业管理人员，也需要从战略视角将公共管理专业人才安排到适合的管理岗位上。

　　对于事业单位管理人员职业化问题的探讨，一方面应从管理工作本身讨论，另一方面则应侧重于分析事业单位的组织特征。对于管理工作本身的讨论引发了一个值得探讨的问题，即从现实职业角度看建构管理这一职业的可能性。事实上这是有难度的，由于社会分工的复杂性和管理作为一种职业本身的多样性与职业化基础上的细致分工和技能的提升有一定的矛盾，那么将管理作为职业来统筹和规范面临重重困难。至少在管理这个词出现以后，至今并没有哪个管理领域的哪个管理专家能像医院的医生和学校的教师那样，每个人都认识到管理的重要性，认识到一位有效的管理者是可以比任何技能专家都重要的人物。正如现在很多大学校长不承认自己是管理者，更愿意被称为专家或教授一样，管理者很难认同自己是一个职业管理者。职业化的目的在很多领域都体现为对效率的追求或对自身身份的认同，当把管理放在公共权力领域时，权力的追求者很容易"满足"自身管理者的身份，我们可以将其称为一种职业，它稳定、有序、规范，但缺失了效率，因为它欠缺了对工作本身价值的追求，不追求效率就是本身缺乏职业精神的表现。

本书仅从职员制度层面解释和建构事业单位管理人员的职业化路径，视角相对单一，对职业化本身的论证也略显单薄。从不同领域的职业化情况来看，对事业单位管理人员职业化的研究需要关注以下几点。

其一，不能忽视市场对事业单位管理人员的影响。当前，很多职业的职业化建立在市场作用的基础上，事业单位管理人员的职业化也难以摆脱市场的调控。政府、企业、社会组织三类"单位"的分工的目的在于明确组织功能的定位，对具体管理制度的构建一般是单位自主的探索。就事业单位而言，尴尬的是它从来没有"纯化"的性质，即它既具有行政特性，也具有社会特性。用既定的一种标准探索不是恰当的选择。事业单位管理人员的职业化具体体现为一种人事管理制度，但不是简单地模仿政府、企业、社会组织的任何一种制度，需要结合自己的特点进行探索。在现有制度框架之下，只有以前瞻性的制度改革适应当前和未来的发展趋势，才能实现真正意义上的职业化。

其二，编制的控制力度有可能改变事业单位管理人员职业化方向。用尽量少的编制来保障事业单位的正常运作对于事业单位来说是技术操作问题，对于整个社会来说则是公平问题。由于编制收紧，从编外走向编内变得越来越难，编制转变过程的公平性、合理性也是极难保证的。面对更多的任务，为了维持单位的正常运作，事业单位通常选择用编制作为激励工具，或是用编制所"提供"的薪酬来养活更多的编外人员，以分担工作量。编制调控得好可以发挥激励作用，控制力度不当或是缺乏公平性则会让管理人员重新走上行政化的道路。

其三，事业单位管理人员职业化进程深受中国文化的影响。例如，崇尚"为官"，缺乏对技术的尊重；在劳动力培训上，偏重知识传授与考试，缺乏技能和素质培养；在行为习惯上，重概念轻实质，缺乏对程序和方法的兴趣。就像没有经历过工业化洗礼的企业一样，事业单位对管理改革没有正确认知。这一点是十分危险的，事业单位和改革相对激进的企业同样受到传统"官本位"思想的影响。

其四，事业单位管理人员职业化的研究还需尊重行业的特征。在职业通道的设计方面，各类型的事业单位可以根据自身行业特点、组织特性、组织文化、组织需求和管理人员兴趣来灵活采用或"改造"现有职业发展路径，让管理人员获得充分的发展空间和机会。

其五，事业单位治理结构的调整值得关注。治理结构的调整对管理人员的影响可能具有"革命性"。无论是国外的类似机构的实践还是国内外学者对治理结构的研究都倾向于证明治理结构的调整对管理效率提升具有重要作用。

# 参考文献

## 中文文献

1. 〔英〕阿兰·德波顿:《身份的焦虑》,陈广兴、南治国译,上海译文出版社,2007。

2. 〔美〕爱德华·劳勒三世:《组织中的激励》,陈剑芬译,中国人民大学出版社,2011。

3. 蔡克勇:《实行职员制是高校发展的必然要求》,《理工高教研究》2003年第5期。

4. 蔡则民:《法官职业化建设的探索与实践》,人民法院出版社,2004。

5. 曹锦清、陈中亚:《走出"理想"城堡 中国"单位"现象研究》,海天出版社,1997。

6. 曹文军、王凤云、张清华、王玉慧:《关于高等学校教育职员制度的思考》,《首都医科大学学报》(社科版)2008年增刊。

7. 陈金圣:《用人制度改革:高校"去行政化"的切入点》,《教育发展研究》2010年第11期。

8. 陈钧:《中国篮球职业化可持续发展战略研究》,北京体育大学博士学位论文,2001。

9. 陈龙海、李忠霖主编《职业技能训练》,北京师范大学出版社,2008。

10. 陈一曦:《举国体制下的职业化——我国女子高水平网球运动员培养体制分析》,《湖北体育科技》2008年第4期。

11. 陈征:《论现代管理劳动》,《东南学术》2003年第5期。

12. 程建华:《管理劳动创造商品价值的理论分析》,《生产力研究》2005年第9期。

13. 褚松燕:《中外非政府组织管理体制比较》,国家行政学院出版社,

2008。

14. 崔德行:《公立医院院长职业化发展策略研究》,华中科技大学博士学位论文,2012。

15. 崔晶:《新加坡法定机构的运营模式及启示》,《东南亚纵横》2011年第6期。

16. 〔美〕戴维·奥斯本、〔美〕彼得·普拉斯特里克:《政府改革手册:战略与工具》,谭功荣译,中国人民大学出版社,2004。

17. 当《代中国》丛书编辑部编辑《当代中国的人事管理》(下),当代中国出版社,1994。

18. 邓红:《基于人力资本增值的职业生涯管理》,西南交通大学出版社,2010。

19. 邓晓海:《加强岗位管理 促进事业单位改革》,《管理科学文摘》2006年第10期。

20. 邓志祥:《试论中小学校长职业化》,《江汉大学学报》(人文社会科学版)2002年第5期。

21. 〔美〕E. H. 施恩:《职业的有效管理》,仇海清译,生活·读书·新知三联书店,1992。

22. 范恒山主编《中国事业单位改革探索》(上卷),人民出版社,2010。

23. 范洁:《建设医院职业化管理队伍对策探究》,《卫生软科学》2007年第4期。

24. 方新普、柏慧萍:《从我国社会三大变革与竞技体育发展历程看体育职业化》,《体育与科学》2006年第3期。

25. 〔奥〕弗雷德蒙德·马利克:《管理成就生活》,李亚等译,机械工业出版社,2009。

26. 〔美〕弗雷德里克·泰勒:《科学管理原理》,马风才译,机械工业出版社,2007。

27. 符钢战:《公共产品短缺与中国事业单位改革——兼论政府职能的第二次转变》,《学术月刊》2007年第1期。

28. 付述信:《职业化团队五项管理》,中国财富出版社,2012。

29. 高久群、刘芳、郑仕勇、郑伟贞:《我国公立高校职员薪酬研究》,《中国高校师资研究》2010年第6期。

30. 葛延风:《波兰、日本社会公益事业体制考察——对我国事业单位体制改革的启示》，《决策咨询通讯》2003 年第 3 期。

31. 耿希晨、陶乃煌、林国红：《医院管理人员职业化研究概述》，《中国卫生经济》2002 年第 8 期。

32. 龚春蕾：《高校辅导员职业化专业化问题研究》，华东师范大学博士学位论文，2011。

33. 龚怡祖：《现代大学治理结构：真实命题及中国语境》，《公共管理学报》2008 年第 4 期。

34. 谷贤林：《美国研究型大学教授权力分析及启示》，《中国高教研究》2007 年第 10 期。

35. 顾逊里：《管理劳动的职能与价值演变》，《学理论》2011 年第 15 期。

36. 郭军灵、盛亚：《美日德非营利科研机构管理的比较研究及其启示》，《科研管理》2004 年第 5 期。

37. 〔美〕汉娜·阿伦特：《人的条件》，竺乾威等译，上海人民出版社，1999。

38. 何兵：《司法职业化与民主化》，《法学研究》2005 年第 4 期。

39. 贺武华：《校长职业化的起点：改利益格局，革自身好处》，《浙江教育科学》2012 年第 5 期。

40. 贺永祥：《公务员职业化完善的制度分析》，《湖南科技大学学报》（社会科学版）2008 年第 4 期。

41. 〔加〕亨利·明茨伯格：《管理工作的本质》，方海萍译，中国人民大学出版社，2007。

42. 黄恒学：《论现代事业制度及其主要特征》，《北京大学学报》（哲学社会科学版）1998 年第 5 期。

43. 姜苟：《职业化》，经济管理出版社，2009。

44. 景朝阳：《试谈事业单位的制度沿革》，《中国合作经济》2006 年第 4 期。

45. 景亭：《中国公务员职业化研究》，南京师范大学出版社，2009。

46. 孔炜、杨东：《农村中小学教师职业化胜任特征研究》，西南师范大学出版社，2009。

47. 兰彤：《中国乒乓球职业化管理体制的探索与研究》，北京体育大学博士学位论文，2007。

48. 雷婷：《建设我国医院职业化管理队伍探析》，《中国卫生事业管理》

2004 年第 6 期。

49. 李爱民:《大学教育职员制度改革研究》, 经济管理出版社, 2009。

50. 李凤学、汤晓红:《关于高校管理干部实行职员制的探讨》,《北京邮电大学学报》(社会科学版) 1999 年第 2 期。

51. 李桂宾:《积极完善职员制度　建设专业管理队伍》,《中国高校师资研究》2009 年第 1 期。

52. 李红:《日本农民职业化教育对策分析及启示》,《中国农业教育》2008 年第 2 期。

53. 李健、高彤、徐雪芳、孙兆强、高迪、宋一平:《国外公益性科研机构管理机制对我国的启示》,《科学学研究》2008 年第 S2 期。

54. 李文钊、董克用:《中国事业单位改革:理念与政策建议》,《中国人民大学学报》2010 年第 5 期。

55. 理清:《大学生职业化能力》, 中国财富出版社, 2006。

56. 廖绮霞、王碧华:《中国医院职业化管理发展战略》,《中国卫生事业管理》2009 年第 8 期。

57. 林健:《准职员制:高校管理人事制度改革的新模式》,《中国高等教育》2003 年第 17 期。

58. 刘建军:《单位中国——社会调控体系重构中的个人、组织与国家》, 天津人民出版社, 2000。

59. 刘捷:《专业化:挑战 21 世纪的教师》, 教育科学出版社, 2002。

60. 刘思达:《职业自主性与国家干预——西方职业社会学研究述评》,《社会学研究》2006 年第 1 期。

61. 刘涛:《当前高校职员队伍建设面临的瓶颈及其对策——以武汉大学为例》,《中国高校师资研究》2012 年第 4 期。

62. 刘霞:《事业单位"问题招聘"剖析》,《中国人才》2011 年第 5 期。

63. 刘霞:《事业单位法人治理结构问题初探》,《中国人才》2007 年第 21 期。

64. 刘昕、王俊杰:《事业单位职员制改革:进程、问题与对策》,《国家行政学院学报》2013 年第 4 期。

65. 罗永忠:《我国公立医院管理体制改革深度分析与对策研究》, 中南大学博士学位论文, 2010。

66.《马克思恩格斯全集》(第 23 卷), 人民出版社, 1972。

67. 《马克思恩格斯全集》（第 44 卷），人民出版社，2001。

68. 马建华：《法官职业化研究》，人民法院出版社，2004。

69. 马陆亭：《科学技术促进中的高等学校架构》，广东高等教育出版社，2006。

70. 牛维麟、李立国、詹宏毅：《大学校长职业化的探究与启示》，《中国高等教育》2009 年第 11 期。

71. 彭秀丽：《在建立现代学校制度过程中促进中小学校长的职业化进程》，《当代教育论坛》2005 年第 18 期。

72. 齐明：《高校辅导员职业化建设的要求》，《思想政治教育研究》2008 年第 1 期。

73. 秦朝均等编著《职业化养成理论与实践》，华中科技大学出版社，2009。

74. 秦红艳：《辅导员职业化发展的几点思考》，《改革与开放》2011 年第 16 期。

75. 任新红、夏夏：《从角色定位看我国高校辅导员职业化发展——与美国高校对比》，《西南交通大学学报》（社会科学版）2009 年第 4 期。

76. 尚子扬：《关于高校教育职员制改革的思考》，《东北大学学报》（社会科学版）2006 年第 2 期。

77. 沈雁英主编《医院院长职业化》，人民卫生出版社，2008。

78. 沈勇、程文浩：《中国 MPA 教育：十年总结与未来展望》，《清华大学教育研究》2009 年第 3 期。

79. 盛连喜：《深化职员制改革　为高校管理人员设计好"跑道"》，《中国高等教育》2005 年第 19 期。

80. 施养正：《我国建设学习型政府的思考》，《管理世界》2011 年第 7 期。

81. 施永红、祝水富：《职业化——高校专职政治辅导员队伍建设的必由之路》，《黑龙江高教研究》2002 年第 5 期。

82. 史习红：《英国高校人力资源管理及启示》，《天津市教科院学报》2008 年第 2 期。

83. 世界银行东亚与太平洋地区减贫与经济管理局：《中国：深化事业单位改革　改善公共服务提供》，中信出版社，2005。

84. 〔美〕舒尔茨：《论人力资本投资》，吴珠华等译，北京经济学院出版社，1990。

85. 宋佳蔓：《我国干部人事制度的变迁、改革与展望》，吉林大学出版社，2013。

86. 宋世明：《行政类事业单位改革国际视野》，《瞭望》2012 年第 17 期。

87. 宋振杰：《第一步：新员工职业化六大关键》，北京大学出版社，2008。

88. 谭功荣：《公务员职业化：起源、内涵及模式比较》，《中国行政管理》2009 年第 2 期。

89. 汤兆武、曹南山：《高校去行政化与高校管理者职业化探索》，《现代教育论丛》2011 年第 9 期。

90. 唐娟、曹富国：《公共服务供给的多元模式分析》，《华中师范大学学报》（人文社会科学版）2004 年第 2 期。

91. 屠莲芳：《高薪养廉在我国不宜实行》，《理论学习与探索》1996 年第 4 期。

92. 王海峰：《干部国家与中国建设：一个新的分析概念和框架》，《上海行政学院学报》2012 年第 4 期。

93. 王继华：《校长职业化释要》，北京大学出版社，2003。

94. 王名、李勇、黄浩明编著《美国非营利组织》，社会科学文献出版社，2012。

95. 王名、李勇、黄浩明编著《英国非营利组织》，社会科学文献出版社，2009。

96. 王琼、蒲川：《推动我国医院院长职业化进程——国外医院职业化管理模式对我国的启示》，《中国卫生事业管理》2009 年第 10 期。

97. 王树荫：《论高校辅导员队伍的专业化与职业化》，《思想教育研究》2007 年第 4 期。

98. 王铁军：《校长职业化的系统整体观》，《江苏教育学院学报》（社会科学版）2003 年第 3 期。

99. "我国事业单位改革路径研究"课题组、陈那波：《公共服务供给视角下事业单位改革目标与路径研究——基于国际公共服务绩效的数据包络分析》，《国家行政学院学报》2013 年第 5 期。

100. 吴月齐：《我国高校辅导员职业化现实可行性研究》，《黑龙江高教研究》2008 年第 3 期。

101. 吴知论：《事业单位三分法及改革对策》，《中国行政管理》2003 年第 2 期。

102. 肖红：《建立高校职员制度初探》，《人才开发》2004 年第 8 期。

103. 谢明：《论"高薪养廉"》，《北京行政学院学报》2002 年第 3 期。

104. 辛斌：《高校职员制与"双肩挑"管理干部模式探讨》，《辽宁教育行政学院学报》2008 年第 10 期。

105.《新知识词典》，新知识出版社，1958，第 98 页。

106. 熊艳：《高校教育职员制：现状、必要性与制度设计》，《求实》2012 年第 S1 期。

107. 徐刚：《事业单位人员编制标准：取向、机制及策略》，《中国人民大学学报》2010 年第 5 期。

108. 徐明：《职业化之路七商修炼——工作是看得见的爱》，机械工业出版社，2013。

109. 徐颂陶：《回眸中国人事制度改革 28 年》，中国人事出版社，2007。

110. 徐燚、张光鹏、郭岩：《从中美两国医院院长任职资格的差异探索医院管理"职业化"途径》，《中国卫生事业管理》2010 年第 4 期。

111. 徐银燕、罗小兰：《构建高校人力资源管理制度的四维架构》，《理论月刊》2007 年第 11 期。

112. 徐元俊：《"职员制"视阈下高校"双肩挑"模式改革探究——以高职院校为视角》，《理论导刊》2011 年第 10 期。

113. 许栋、张玉、王国斌、孙奕：《中外医院管理队伍职业化研究差异》，《中国医院》2013 年第 1 期。

114. 许彤：《推进中小学校长职业化的途径》，《天津教育》2007 年第 6 期。

115.〔英〕亚当·斯密：《国民财富的性质和原因的研究》（上卷），郭大力、王亚南译，商务印书馆，1972。

116. 颜丽红：《校长职业化与校长专业化——中国学校校长观念何去何从》，《教育科学研究》2006 年第 4 期。

117. 杨朝仁、叶远西：《企业制度创新与企业家职业化》，海天出版社，2005。

118. 杨海娜：《校长职级制：促进中小学校长专业发展的管理机制》，《现代中小学教育》2006 年第 4 期。

119. 杨静：《高校行政管理队伍建设的反思与建构》，《陕西师范大学学报》（哲学社会科学版）2007 年第 S2 期。

120. 殷晓清：《农民的职业化：社会学视角中的三农问题及其出路》，南京师范大学出版社，2005。

121. 袁方、姚裕群主编《劳动社会学》（第二版），中国劳动社会保障出版社，2004。

122. 袁庆林、林新奇：《英国高校人力资源管理经验初探》，《外国教育研究》2012 年第 10 期。

123. 岳云龙：《从传统管理到现代治理——事业单位改革的目标取向及路径选择》，《中国行政管理》2008 年第 4 期。

124. 张萃萍：《社会进步与人的发展的职业解读（当代敬业精神的价值及其培育）》，中共中央党校出版社，2003。

125. 张海涛：《积极探索高校职员管理体制》，《中共太原市委党校学报》2005 年第 2 期。

126. 张建国、窦世宏、彭青峰编著《职业化进程设计：人才成长的阶梯》，北京工业大学出版社，2003。

127. 张康之：《公共管理职业活动的伦理基础》，《中共中央党校学报》2005 年第 4 期。

128. 张伟杰、王玉芝：《关于教育职员制的几点思考》，《科技进步与对策》2003 年第 17 期。

129. 张文礼、吴光芸：《论服务型政府与公共服务的有效供给》，《兰州大学学报》（社会科学版）2007 年第 3 期。

130. 张文强：《高校政治辅导员职业化研究》，河南大学出版社，2007。

131. 张新平：《对校长职业化的若干思考》，《教育研究与实验》2004 年第 3 期。

132. 章小梅：《关于中国大学校长职业化的思考》，《高等教育研究》2004 年第 2 期。

133. 赵敏：《事业单位：呼唤职员制度》，《中国人才》1996 年第 1 期。

134. 赵曙明：《我国管理者职业化胜任素质研究》，北京大学出版社，2008。

135. 赵文华、高磊、马玲：《论现代大学制度与大学校长职业化》，《复旦教育论坛》2004 年第 3 期。

136. 赵小锁：《中国法官制度构架——法官职业化建设若干问题》，人民法院出版社，2003。

137. 郑国安等主编《非营利组织与中国事业单位体制改革》，机械工业出版社，2002。

138. 钟秉枢、于立贤、董进霞、梁栋：《我国竞技体育职业化若干问题的研究——兼论深化我国运动项目管理体制改革》，《北京体育大学学报》2002年第2期。

139. 周先进：《高校辅导员职业化建设必须强化五项机制》，《湖南社会科学》2006年第3期。

140. 朱光明：《非营利机构与我国事业单位改革的目标选择》，《中国行政管理》2004年第3期。

141. 朱光明：《试论完善事业单位治理结构的基本原则》，《理论学刊》2010年第3期。

142. 朱光明：《政事分开与事业单位改革的路径选择》，《政治学研究》2006年第1期。

143. 朱庆葆：《教育家办学与校长职业化》，《中国高等教育》2011年第11期。

144. 朱艳华：《美国州立高校人力资源管理的特点》，《当代经济》2008年第1期。

145. 邹慧：《试论新农村建设背景下的农民职业化问题》，《青岛农业大学学报》（社会科学版）2009年第3期。

146. 左然：《构建中国特色的现代事业制度——论事业单位改革方向、目标模式及路径选择》，《中国行政管理》2009年第1期。

## 英文文献

1. Abbott A. , The System of Professions: An Essay on the Division of Labor, 1988.

2. Bereiter, C. , M. Scardamalia, *Surpassing Ourselves: An Inquiry into the Nature and Implications of Expertise* (Chicago: Open Court , 1993).

3. Bradley E. Wright, "Public Service and Motivation: Does Mission Matter? " *Public Administration Review* , 2007, 1 (2), pp. 54 – 64.

4. Cumming G. D. , "French NGOs in the Global Era: Professionalization 'without Borders'?" *VOLUNTAS: International Journal of Voluntary and Nonprofit Organizations*, 2008, 19 (4), pp. 372 – 394.

5. Cunningham I. , "Sweet Charity! Managing Employee Commitment in the UK Voluntary Sector," *Employee Relations*, 2001, 23 (3), pp. 226 - 240.

6. Delphine Roigt, "The Question of Professionalization: A Narrative," *HEC Forum* , 2012, 24 (3), pp. 179 - 186.

7. Freidson E. , The Futures of Professionalisation, Health and the Division of Labour, 1977, pp. 14 - 38.

8. Harold L. Wilensky, "The Professionalization of Everyone?" *American Journal of Sociology*, 1964, 70 (2), pp. 137 - 158.

9. James L. Perry, Annie Hondeghem, *Motivation in Public Management: The Call of Public Service* (Oxford: Oxford University Press, 2008), p. 3.

10. James Parker, Michael Beaty, F. , Carson Mencken, Larry Lyon, "The Professionalization of Faculty at Religious Colleges and Universities," *Journal for the Scientific Study of Religion*, 2007, 46 (1), pp. 87 - 100.

11. Lorid Agincourt-Canning, Not in Isolation: How History Can Inform the Debate on Professionalization, HEC Forum, 2012, 24 (3), pp. 6, 165 - 170.

12. Magali Sarfatti Larson, *The Rise of Professionalism: A Sociological Analysis* (California: University of California Press, 1977).

13. Moskovskaia, A. A. , "The Professionalization of Management," *Russian Education & Society*, 2012, 54 (3), pp. 21, 22 - 42.

14. Robert T. Golembiewski, "The Pace and Character of Public Sector Professionalization: Six Selected Questions," *State & Local Government Review*, 1984, 16 (2), pp. 63 - 68.

15. Robert T. Golembiewski, "Professionalization, Performance, and Protectionism: A Contingency View," *Public Productivity Review*, 1983, 7 (3), pp. 251 - 268.

16. Roger Wettenhall , " Let Us Explore the Common Ground: Agencies, Public Corporations and Regulatory Commissions," *Society and Economy*, 2004, 26(2/3 ),pp. 263 - 293.

17. Starc Andrej, Pahor Majda, Ilic Branko, " What Makes Nursing a Profession: Professionalization Elements, " *Health Med*, 2012, 6(11).

18. Thomas Broman, "Rethinking Professionalization: Theory, Practice, and Professional Ideology in Eighteenth-Century German Medicine," *The Journal*

*of Modern History* ，1995，67（4），pp. 835 – 872.

## 其他文献

1.《美国 VHA：公立医院改革范本》，《医药经济报》2012 年 3 月 5 日第 012 版。

2.《全国事业单位改革拿出时间表》，凤凰网，http：//news. ifeng. com/ gundong/detail_ 2011_ 04/10/5643636_ 0. shtml。

3.《事业编制仍是香饽饽》，《中国经济时报》2013 年 1 月 21 日第 002 版

4.《早晨从凌晨 1：00 开始》，《光明日报》2013 年 12 月 30 日 07 版。

5. Bureau of Labor Statistics，Volunteering in the United Stated，2009.

6. http：//worldvisionuk. easycruit. com/vacancy/1140919/65717？iso = gb.

7. http：//www. epa. gov/careers/ecp. html.

8. http：//www. opm. gov/policy – data – oversight/pay – leave/salaries – wages/.

9. http：//www. rky. org. cn/c/cn/video/2011 – 06/07/video_ 1200. html.

10. https：//www. Vha. com/AboutVHA/careers/Pages/default. aspx.

11. Thomas H. Pollak，*Amy Blackwood*，*The Nonprofit Almanac*（The Urban Insitute Press，2008），p. 27.

12. What Work Requires of Schools a SCANS Report for America 2000，美国劳工部官方网站，http：//wdr. doleta. gov/SCANS/whatwork/whatwork. pdf。

# 附 录

## 一 访谈提纲

1. 您认为实施职员制度之后，单位有哪些问题得到了解决，有哪些问题还亟待解决？

2. 在推行职员制度过程中，您认为最大的挑战是什么？

3. 在您所在单位，管理人员职员制度推行中存在什么样的一些问题？

4. 在管理类职员级别晋升过程中，您认为最为关键的考核因素应该包括哪些内容？

5. 与您（管理人员）所在单位专业技术类人员相比，您认为自己应该处于哪一个专业技术等级上，您觉得二者的待遇是否差距很大，可否举例说明？

6. 结合本单位的具体情况，请谈谈事业单位管理工作的难点主要有哪些？管理岗位工作人员的工作特征是什么？

7. 您认为管理岗位的工作人员在事业单位中的定位是什么？

## 二 调研问卷

您好！本调研问卷仅用于中国人民大学的一项科研项目，目的是了解事业单位工作人员的工作状态。我们希望了解您的真实想法。所有问题的答案均无对错之分，问卷数据将完全保密，衷心期待并相信您能够认真地填写。感谢您的参与，祝您身体健康，工作顺利！

1. 您的性别：

   A. 男　B. 女

2. 您所在的年龄段：

A. 25 岁及以下　B. 26～30 岁　C. 31～35 岁

D. 36～40 岁　E. 41～50 岁　F. 51 岁及以上

3. 您在本单位的工作年限：

A. 1～3 年　B. 3～5 年　C. 5～10 年　D. 10～20 年　E. 20 年以上

4. 您的学历：

A. 大专及以下　B. 本科　C. 硕士研究生　D. 博士研究生

5. 所学专业：（如果您有多学科背景，请以最后所学专业为准）

A. 医学、卫生类　B. 管理学类　C. 经济学类　D. 商学类　E. 社会、政治类　F. 哲学类　G. 法律类　H. 艺术类　I. 工学、农学类　J. 教育类　K. 其他

6. 工作性质：

A. 管理类　B. 专业技术类　C. 管理类兼技术类，但以管理类为主

D. 管理类兼技术类，但以技术类为主

7. 行政级别：（如果有的话请填写，没有则跳过）

A. 正处　B. 副处　C. 正科　D. 副科　E. 科员　F. 办事员、管理人员

8. 技术职称：（如果有职称的话请填写，没有则跳过）

A. 正高　B. 副高　C. 中级　D. 初级　E. 员级

9. 您所在单位的级别：

A. 副部级　B. 司局级　C. 处级　D. 科级　E. 科级以下

10. 在工作当中，最令您苦恼的是什么？（请选择两项）

（1）工资低　（2）才能得不到发挥　（3）工作不稳定　（4）工作缺乏成就感　（5）晋升机会小　（6）工作琐碎乏味　（7）同事关系难处理　（8）上级关系难处理　（9）工作缺乏自主性

11. 您认为，在您所在单位哪一类人晋升得比较快？（请选择两项）

（1）学历高的人　（2）在本单位工龄较长的人

（3）与上级有良好关系的人　（4）在同事中有较高威信的人

（5）能力和业绩突出的人

12. 在工作中，您认为什么最重要？（请选择三项）

（1）工资高　（2）能力得到发挥　（3）工作稳定

（4）工作有成就感　（5）晋升机会多　（6）工作价值高

（7）做自己喜欢的工作　（8）有关系良好的同事

（9）有关系良好的上级　（10）工作比较自主

13. 您认为，在您所在单位目前最需要改进的是什么？（请选择三项）

  （1）提高各级管理人员的管理水平  （2）提高收入  （3）增加福利

  （4）增强单位内部信息透明度  （5）改善单位内部人际关系

  （6）给予员工更多的培训和指导  （7）提供更多的晋升机会

  （8）加强绩效考核

14. 我对自己的工资收入是＿＿的。

  （1）很不满意  （2）不满意  （3）一般满意  （4）很满意

15. 我对自己从事的工作内容是＿＿的。

  （1）很不满意  （2）不满意  （3）一般满意  （4）很满意

16. 我对单位提供的晋升机会是＿＿的。

  （1）很不满意  （2）不满意  （3）一般满意  （4）很满意

17. 我对我的直接上级是＿＿的。

  （1）很不满意  （2）不满意  （3）一般满意  （4）很满意

18. 我对我的同事是＿＿的。

  （1）很不满意  （2）不满意  （3）一般满意  （4）很满意

19. 我对工作环境是＿＿的。

  （1）很不满意  （2）不满意  （3）一般满意  （4）很满意

20. 总的来说，我对自己目前所从事的工作是＿＿的。

  （1）很不满意  （2）不满意  （3）一般满意  （4）很满意

21. 我的岗位职责非常明确。

  （1）很不符合  （2）不符合  （3）一般符合  （4）很符合

22. 与同级别专业技术人员相比，我们单位管理人员的收入更高。

  （1）很不符合  （2）不符合  （3）一般符合  （4）很符合

23. 与专业技术人员相比，我们单位对管理人员的重视程度较低。

  （1）很不符合  （2）不符合  （3）一般符合  （4）很符合

24. 与专业技术人员相比，我们单位管理人员晋升更难。

  （1）很不符合  （2）不符合  （3）一般符合  （4）很符合

25. 我们单位的管理岗位对任职者的管理能力要求较高。

  （1）很不符合  （2）不符合  （3）一般符合  （4）很符合

26. 我们单位双肩挑（同时从事管理和专技工作）现象比较普遍。

  （1）很不符合  （2）不符合  （3）一般符合  （4）很符合

27. 我们单位管理人员的工作态度很好。

（1）很不符合　　（2）不符合　　（3）一般符合　　（4）很符合

28. 我们单位大部分管理人员都能胜任自己的工作。

（1）很不符合　　（2）不符合　　（3）一般符合　　（4）很符合

29. 我们单位管理人员在工作中体现出较高的职业道德水平。

（1）很不同意　　（2）不同意　　（3）一般同意　　（4）很同意

30. 事业单位实行"岗位设置管理"之后，有利于弱化单位的官本位。

（1）很不同意　　（2）不同意　　（3）一般同意　　（4）很同意

31. 与管理人员相比，我们单位专业技术人员对本单位的贡献更大。

（1）很不同意　　（2）不同意　　（3）一般同意　　（4）很同意

32. 双肩挑（同时从事管理和技术工作）不利于我们单位管理水平的提高。

（1）很不同意　　（2）不同意　　（3）一般同意　　（4）很同意

33. 我们单位有必要对管理人员进行更多培训。

（1）很不同意　　（2）不同意　　（3）一般同意　　（4）很同意

34. 我们单位管理人员的工作能力很强。

（1）很不同意　　（2）不同意　　（3）一般同意　　（4）很同意

35. 在事业单位从事管理工作，需要懂一些与单位相关的专业知识。

（1）很不同意　　（2）不同意　　（3）一般同意　　（4）很同意

36. 事业单位管理人员的主要定位应是提供更好的服务。

（1）很不同意　　（2）不同意　　（3）一般同意　　（4）很同意

37. 我们单位需要一支专业化的管理人员队伍。

（1）很不同意　　（2）不同意　　（3）一般同意　　（4）很同意

38. 总体上讲，在事业单位从事管理工作意义不大。

（1）很不同意　　（2）不同意　　（3）一般同意　　（4）很同意

39. 我知道单位对我的工作要求。

（1）很不符合　　（2）不符合　　（3）一般符合　　（4）很符合

40. 我有做好我的工作所需要的材料和设备。

（1）很不符合　　（2）不符合　　（3）一般符合　　（4）很符合

41. 在工作中，我每天都有机会做我最擅长的事。

（1）很不符合　　（2）不符合　　（3）一般符合　　（4）很符合

42. 在过去的七天里，我因工作出色受到表扬。

（1）很不符合　　（2）不符合　　（3）一般符合　　（4）很符合

43. 我觉得我的领导或同事关心我的个人情况。

（1）很不符合　　（2）不符合　　（3）一般符合　　（4）很符合

44. 工作单位有人鼓励我的发展。

（1）很不符合　　（2）不符合　　（3）一般符合　　（4）很符合

45. 在工作中，我觉得我的意见受到重视。

（1）很不符合　　（2）不符合　　（3）一般符合　　（4）很符合

46. 单位的使命/目标让我觉得我的工作很重要。

（1）很不符合　　（2）不符合　　（3）一般符合　　（4）很符合

47. 我在工作单位有一个最要好的朋友。

（1）很不符合　　（2）不符合　　（3）一般符合　　（4）很符合

48. 我的同事们致力于高质量的工作。

（1）很不同意　　（2）不同意　　（3）一般同意　　（4）很同意

49. 在过去的六个月内工作单位有人和我谈及我的进步。

（1）很不同意　　（2）不同意　　（3）一般同意　　（4）很同意

50. 过去的一段时间里，我在工作中有机会学习和成长。

（1）很不符合　　（2）不符合　　（3）一般符合　　（4）很符合

51. 工作让我感觉身心疲惫。

（1）从不　　（2）极少　　（3）偶尔　　（4）经常　　（5）频繁

（6）非常频繁　　（7）每天

52. 下班的时候我感觉精疲力竭。

（1）从不　　（2）极少　　（3）偶尔　　（4）经常　　（5）频繁

（6）非常频繁　　（7）每天

53. 早晨起床不得不去面对一天的工作时，我感觉非常累。

（1）从不　　（2）极少　　（3）偶尔　　（4）经常　　（5）频繁

（6）非常频繁　　（7）每天

54. 整天工作对我来说确实压力很大。

（1）从不　　（2）极少　　（3）偶尔　　（4）经常　　（5）频繁

（6）非常频繁　　（7）每天

55. 工作让我有快要崩溃的感觉。

（1）从不　　（2）极少　　（3）偶尔　　（4）经常　　（5）频繁

（6）非常频繁　　（7）每天

56. 自从开始干这份工作，我对工作越来越不感兴趣。

（1）从不　　（2）极少　　（3）偶尔　　（4）经常　　（5）频繁
（6）非常频繁　　（7）每天

57. 我对工作不像以前那样热心了。
（1）从不　　（2）极少　　（3）偶尔　　（4）经常　　（5）频繁
（6）非常频繁　　（7）每天

58. 我怀疑自己所做工作的意义。
（1）从不　　（2）极少　　（3）偶尔　　（4）经常　　（5）频繁
（6）非常频繁　　（7）每天

59. 我对自己所做工作是否有贡献越来越不关心。
（1）从不　　（2）极少　　（3）偶尔　　（4）经常　　（5）频繁
（6）非常频繁　　（7）每天

60. 我能有效地解决工作中出现的问题。
（1）从不　　（2）极少　　（3）偶尔　　（4）经常　　（5）频繁
（6）非常频繁　　（7）每天

61. 我觉得我在为单位做贡献。
（1）从不　　（2）极少　　（3）偶尔　　（4）经常　　（5）频繁
（6）非常频繁　　（7）每天

62. 在我看来，我擅长于自己所做的工作。
（1）从不　　（2）极少　　（3）偶尔　　（4）经常　　（5）频繁
（6）非常频繁　　（7）每天

63. 当完成工作上的一些事情时，我感到非常高兴。
（1）从不　　（2）极少　　（3）偶尔　　（4）经常　　（5）频繁
（6）非常频繁　　（7）每天

64. 我完成了很多有价值的工作。
（1）从不　　（2）极少　　（3）偶尔　　（4）经常　　（5）频繁
（6）非常频繁　　（7）每天

65. 我相信自己能有效地完成各项工作。
（1）从不　　（2）极少　　（3）偶尔　　（4）经常　　（5）频繁
（6）非常频繁　　（7）每天

图书在版编目（CIP）数据

事业单位职员制度研究：身份、岗位与职业化／王
俊杰著．－－北京：社会科学文献出版社，2018.10
（中国劳动关系学院青年学者文库）
ISBN 978 - 7 - 5201 - 2213 - 9

Ⅰ.①事… Ⅱ.①王… Ⅲ.①行政事业单位 - 人事制
度 - 研究 - 中国 Ⅳ.①D630.3

中国版本图书馆 CIP 数据核字（2018）第 029288 号

·中国劳动关系学院青年学者文库·

事业单位职员制度研究
——身份、岗位与职业化

著　　者／王俊杰

出 版 人／谢寿光
项目统筹／高明秀　王晓卿
责任编辑／王晓卿　王春梅

出　　版／社会科学文献出版社·当代世界出版分社（010）59367004
　　　　　　地址：北京市北三环中路甲 29 号院华龙大厦　邮编：100029
　　　　　　网址：www. ssap. com. cn
发　　行／市场营销中心（010）59367081　59367018
印　　装／三河市龙林印务有限公司

规　　格／开　本：787mm × 1092mm　1/16
　　　　　　印　张：14.25　字　数：239 千字
版　　次／2018 年 10 月第 1 版　2018 年 10 月第 1 次印刷
书　　号／ISBN 978 - 7 - 5201 - 2213 - 9
定　　价／69.00 元